光尘
LUXOPUS

学习的本质

［美］桑贾伊·萨尔马 Sanjay Sarma
［美］卢克·约昆图 Luke Yoquinto ／著
吕红丽 ／译

GRASP

The Science Transforming How We Learn

国际文化出版公司
·北京·

图书在版编目（CIP）数据

学习的本质 /（美）桑贾伊 · 萨尔马，（美）卢克 · 约昆图著；吕红丽译. —北京：国际文化出版公司，2022.3（2022.6重印）
ISBN 978-7-5125-1400-3

Ⅰ.①学… Ⅱ.①桑… ②卢… ③吕… Ⅲ.①学习方法 Ⅳ.①G791

中国版本图书馆CIP数据核字(2022)第023577号

北京市版权局著作权合同登记号 图字01-2022-0433号

学习的本质

作　　者	[美] 桑贾伊 · 萨尔马　[美] 卢克 · 约昆图
译　　者	吕红丽
责任编辑	王逸明
出版发行	国际文化出版公司
经　　销	国文润华文化传媒（北京）有限责任公司
印　　刷	文畅阁印刷有限公司
开　　本	880毫米 × 1230毫米　32开 12印张　254千字
版　　次	2022年3月第1版 2022年6月第2次印刷
书　　号	ISBN 978-7-5125-1400-3
定　　价	69.00元

国际文化出版公司
北京朝阳区东土城路乙 9 号　邮编：100013
总编室：（010）64271551　传真：（010）64271578
销售热线：（010）64271187
传真：（010）64271187-800
E-mail：icpc@95777.sina.net

致：姬坦雅莉和塔拉

致：凯尔西和霍普

谨以此书纪念伍迪·弗劳尔斯

目录

引言

冒险启程

学习如同一场冒险——任何从这场冒险中幸存下来的人都会告诉你，冒险之路并非总是一帆风顺。这条冒险之路可能是一个漫长但是能让你受益匪浅的过程，它将改变你体验这个世界的方式，挖掘你深藏的潜力。然而，在重新讲述这一冒险经历时，只有那些胜利者才会赞颂冒险的经过。每一个成功斩获“教育巨龙”的冒险者总会在途中遇到几十个被“教育巨龙”击败的冒险者，横七竖八地躺在附近的洞穴里或沟渠中，怒火中烧，懊悔当初做出冒险的决定。

我在教育冒险的旅程中也遇到过困境，最近的一次不幸发生在我在坎普尔的印度理工学院学习时。直到现在，我对当时所发生的一切依然记忆犹新，仿佛一部以两倍于标准帧速拍摄的电影，就像彼得·杰克逊拍摄的那部《霍比特人》一样无比生动。

事情发生在我大学生活的最后一年，准确地说是发生在大学最后一年的夏天。虽然我进入大学后，学习一直全力以赴，但是不知为何，优异的成绩总与我无缘。最后，就在本该毕业之前，我挂科了一门控件操控课，这可是获得工程学学位的一门必修课。

这意味着我必须要上暑假补习班，这是学校提供给学生的一次“自我救赎”的机会。在印度的大部分地区，夏季一般都是雨季。坎普尔的天气不仅热而且潮湿，和我之前生活过的很多地方一样热。宿舍里没有空调，好在小露台上有两扇落地玻璃门。于是，我像其他暑期补习班“幸运”的家伙们一样，把床推到落地门附近，这样至少我的上半身可以偶尔享受一丝微风。我把我的那些日常用品——从家里带来的一箱衣服、几沓书和一堆糖果堆放在脚边——也就是房间的另一端。

一天早上，我八点左右醒来。睡眼蒙眬中，突然感觉房间有点儿不对劲。

更确切地说，是有什么东西正直勾勾地看着我。那东西还长着一口可怕的牙齿。

我不知道你是否有过这种从半梦半醒突然过渡到毛骨悚然的经历，不过我建议你还是不要尝试了。当时我被吓得全身僵硬，只剩一对眼珠在眼眶中惊恐地转来转去，审视着我的造访者。我定睛一看，原来露着尖牙、盯着我看的是一只猕猴。

惊恐过后，我才意识到自己所处的困境，但为时已晚。我竟然把自己置身于一堆糖果和饥饿的猕猴之间——任何路过的猴子都有可能进来。

在我看来，猴子只有在电视屏幕上时才可爱。现实生活中，它们调皮至极，甚至十分暴力，有的猴子身上还携带狂犬病病毒。我和猴子就这样面对面地对峙了几分钟。我都能想象到我的讣告内容：参加暑假补习班的一名前途无量的学生遇袭身亡。

五年前我上高中时认识的朋友中，恐怕没人能够预料到我的命运会如此不济。当年我和大约 7 万名同龄人共赴高考的战场（如今这支庞大的队伍已增长到约 100 万人），我参加了印度理工学院的入学考试。这场考试曾经是且现在仍然是世界上竞争最激烈的考试。参加考试的考生中，只有排名前 2%（每年根据具体情况会有所浮动）的考生才有机会被印度理工学院录取，这也就意味着，每 50 个中只有一个胜利者。当考试成绩出来后，我发现我成功跻身全国前 500 名之列。这让我深深松了一口气。其实我一出生就中了人生的第一张彩票，因为我的父母都受过良好的教育，他们重视学习和独立思考。只是我家境贫寒，因此父母曾明确告诉我，若想出人头地，必先学业有成。看到通告栏中自己的名字后，我意识到我充满希望的冒险之旅就这样启程了。

然而进入大学后，这条冒险之路变得艰难起来。我很难理解我在学校所学的这些抽象课程如何能在现实生活中起作用，以及为什么起作用。这不是教师的错，我的教师都是印度优秀的教授，大部分学生学得都不错。我也并不是没有用心学习，而且我迫切地希望，我现在在学校所学的东西能像童年时学习的那些东西一样毫不费力地进入我的大脑中。

但是有生以来，学习，第一次对我来说变得困难起来。从某种程度上说，我几乎开始嫉妒起那只在我床尾流口水的猴子来。它只需要沿着宿舍窗户走几圈，看到什么食物就拿走什么。对它而言，我的大学就像一个免费的自助餐厅，摆满了美食，等着它随来随取。学习对于我而言，本应该是这样。我看到我的一些朋友都在努力接受学校所教的知识，但我实在无法强迫自己吃不愿意吃的食物。确切地说，那只猴子比我更适应我的大学生活。

30 多年后的今天，我有幸在此向大家汇报，历经教育冒险中最危险的旅程之后，我最终幸存下来了。那只在床尾觊觎我糖果的猕猴最后仓皇而逃，于是整个夏天我就能静下心来强迫自己复习控件操作这门课（还阅读了约翰·罗纳德·瑞尔·托尔金的《指环王》系列）。然而，如果我没有第二次学习那门课的机会，或者那年夏天在学业上遇到了其他什么障碍，我可能就会错过之后的教育之旅，一想到这里我就感到有点儿不寒而栗。

相反，正因为经历了一系列教育冒险，我才拥有了今天特有的地位：不仅自己终身孜孜不倦地追求知识，还成了其他许多人学习路上的领路人。我是麻省理工学院开放学习项目的负责人，我的工作就是打开麻省理工学院的教育大门，尽可能让更多人受益。

我所探索的方面并非史无前例。不同时代、不同地域的许多人都雄心勃勃地做过类似尝试，其中不乏天才、幻想家、纪律严明者、反纪律主义者、管理者、哲学家和文学圣人[①]。有些人失败了，有些人在特定条件下针对特定学生的教学上取得了成功，有些人眼看着他们的思想几乎传遍世界各地，结果却退缩了。因此，如果说我和我的团队在开放式教育方面的理念是全新的或者与众不同的，也不是没有理由。当然，这一理念不只是来源于我作为一个教育家的经历，不谦虚地说，我确实是一个优秀的教育家；另外，这一理念的形成也不完全归因于麻省理工学院和其他地方正在创造的变革性新教育技术。毕竟，一个多世纪以来，所谓的改革者们一直过度夸大了教育技术的作用。19 世纪末在耶鲁大学教授希伯来语的威廉·雷尼·哈珀认为，美国邮政局才是变革性技术的推动者[②]。他说美国邮政局促进了函授课程的开展："在数量上比我们在学校和学院的课堂上完成得还要多。"1913 年，托马斯·爱迪生对电影技术寄予厚望，认为随着电影的普及，教科书很快就会"过时"。接着收音机得到普及，它"在教室里应该像黑板一样常见"。之后是电视机的大众化，20 世纪 50 年代的技术革新者将电视机称为"21 英寸[③]教室"。1961 年，《大众科学》（*Popular Science*）杂志预测，到 1965 年将有一半

① 比如圣约翰·喇沙（St. John Baptist de La Salle），毕生致力于法国贫困儿童的教育，并于 1685 年创立了教师培训学校，这有可能是欧洲最早的教师培训学校。（原注。本书页下注除注明"原注"外，均为译者注。）

② 当时的函授教学材料是通过美国邮政局发送的，学校为了维持函授的运转，不得不雇用人员处理邮件、批改考卷。

③ 英寸，英制长度单位，1 英寸 =2.54 厘米。

的学生依赖自动“教学机器”满足学习需求。到了20世纪七八十年代，计算机已一跃成为技术行业的佼佼者。1980年，麻省理工学院教育技术先驱西蒙·派珀特[①]预言，计算机很快就会成为“每个孩子生活中的一个重要部分”；等到了1984年，他又预言“计算机将充斥所有学校”。然而事实并非如此：虽然自19世纪中叶以来教育领域出现了一波又一波的技术变革，但我们大多数人学习所用的教室仍与150年前的教室没有太大差异。

因此，当我思考教育应如何变革时，我发现我的思绪更多地萦绕在我的过去，而不是对未来技术的设想。我的思绪又回到我大学时的宿舍和那只猴子，对猴子来说，标准化教学大楼的物理结构就意味着无限的机会。在我自己的教育冒险旅程中，我逐渐意识到那些如出一辙的教育体系（不只是硬件结构，还有软件体系、教育法规、教育传统、组织结构以及一些不言而喻的规则）都是千篇一律的——它们已不再是我思想的乐园，反而束缚了我的学习能力。有的人遇到的情况比我更糟糕。在我的学习冒险旅程中，学习痛苦的关键时期来得比较晚，再加上家人的大力支持，自己需要承担的责任比较少，因此我才能侥幸渡过难关。只能说，我是一个幸运儿。

---

① 西蒙·派珀特，南非比勒陀利亚人，美国麻省理工学院的数学家。他是人工智能发展的一位先驱。1968年他在LISP语言的基础上创立Logo程序语言。

“教育扬谷机”

我并不是第一个注意到教育结构标准化弊端的人。标准化教育表面上是为了培养学生学习，但实际上却妨碍了学生的学习。诸多教育改革者对于教育的现状都产生了质疑，他们不仅对教育现状感到担忧，连形容教育现状的用词都是一样的——他们无一例外地把学校比作了工厂。如阿尔文·托夫勒[①]在其 1970 年出版的《未来的冲击》（*Future Shock*）一书中讽刺道：“把大批学生（原材料）聚集在处于中心位置的学校（工厂）任由教师（工人）进行加工的教育方法只有工业天才才想得出来。”如今，你会发现几乎所有教育改革者都在猛烈抨击所谓的“工厂式”教育模式，从克莱顿·克里斯坦森[②]（认为“工厂式”教育模式就是“分批处理学生”的过程）到世纪基金会（认为“工厂式”教育模式实则是将教师孤立在最前线），无一例外。中间派观点持有者，如美国学习政策研究所也认同这一比喻。著名自由论者约翰·泰勒·盖托也持有同样的观点，他认为“学校就是一座感化院”，让年轻人为“服务一台摧毁心灵的机器”做准备。技术传道者也跟着这股潮流抨击现代教育。萨尔曼·可汗毕业于麻省理工学

① 阿尔文·托夫勒（1928—2016），美国著名未来学家，1970 年出版的《未来的冲击》、1980 年出版的《第三次浪潮》和 1990 年出版的《权力的转移》被称为“未来三部曲”，对当今社会思潮有广泛而深远的影响。

② 克莱顿·克里斯坦森（1952—2020），哈佛大学商学院教授，任职于哈佛商学院总经理及技术与运营管理部。他是“颠覆性技术”这一理念的首创者。他的研究和教学领域集中在新产品和技术开发管理，以及如何为新技术开拓市场等方面。

院，他创立了“可汗学院”，制作了一系列教学视频。他曾说过：“19世纪普鲁士的那一套工厂式教育模式，没有必要再延续下去了。”

这一系列对学校教育的抨击体现出学校的标准化教育模式确实存在严重缺陷。然而，虽然人们普遍将学校比作工厂，但我仍然认为这个比喻还不足以准确地阐释我们所知的大众教育对学习者的影响。

实际上，长期以来教育改革者也提出了类似的问题。历史学家谢尔曼·多恩指出，早在美国南北战争前的几十年，美国学校就被冠上了许多现有学校的罪名，如“工厂式”教育、大批量生产统一的教科书和死记硬背的传统。虽然改革的浪潮不断席卷而来，但是直到19世纪末，新一代改革者对教育的抨击内容仍与他们前任所提出的问题大同小异。这一过程在进步主义时代以及整个20世纪一再重复。因此，今天我们所抨击的“工厂式”学校教育，实际上就是对过去重复、敷衍教学的批评，只不过用了一个新比喻而已。

不过，我们很容易理解人们为什么总是喜欢用“工厂”这个比喻。表面上看，学校确实如工厂一般，首先接收原材料——各具特色的学生，只不过待到学生毕业时，学校生产出的“产品”都是大同小异。因此，我们可以推断，在学生入学到毕业之间，学校一定对学生进行了塑造和定型的过程，就像黏土都被用来制成餐盘、黄金全部被铸造成金条、木材通通削尖被制成牙签。

没有什么能比大学招生更能体现这种同质性的了。近年来，尤其是精英大学在招生时都面临着一个奇怪的问题，即难以区分那些从学校“克隆”出来的学生，因为这些学生在学术能力测试和大学入学考试等依然受人重视的考试中的分数和绩点基本相似。所谓“工厂式”学校教育的“产品”，如果从标准化指标的角度来衡量，产品的一致性确实不可否认。

大批量炮制出具有如此同质性的产品，并非仅靠塑造、定型这个过程就能够完成。世界各地教育体系中的最终输出与输入大相径庭，在我看来，主要因为一个特别的程序：扬谷机筛选过程。

先将谷物进行碾压，然后装入筒管中，吹入空气，这样扬谷机就可以将谷物从谷壳中分离出来，完成脱壳过程。小扬谷机的大小和吸尘器差不多，几乎不占空间，可以放在面包房或咖啡烘焙坊的角落里，而大扬谷机的大小堪比一个仓库。一个工厂如果需要大批量生产基本一样的谷物，不是通过塑造、定型完成的，而是通过消除偏差的方法实现的。制造这种扬谷机时，人们需要考虑能够接受多大程度的损耗。换句话说，为了获得几乎没有谷壳的最终产品，人们能够容忍筛掉多少谷物？

虽然我们很难精确地计算出全球教育这个大扬谷机为了获得完全一致的“最终产品”究竟排除了多少人才，但我们有充分的理由相信这种浪费是巨大的。世界“教育扬谷机”以多种方式淘汰人才，比较显性的方式是拒绝相信考试分数不理想的人才，但也有一些隐性的方式，如从未学过的课程、从未寄出的申请、从未参加的考试、从未读过的书……

一旦你意识到教育体系不仅培养了人才，同时也扼杀了人才，你会发现“教育扬谷机”现象无处不在。

我们通过各种测试和教学方式来筛选人才。这样，我们就筛选出了我们想要教的人、在哪里教、什么时候教以及教多少。我们想当然地认为世界上的每一个人都希望通过正规教育渠道学习，然而从一开始，大量与入学相关的制约因素使得许多人的教育之旅还未启程就已经结束了。也许你想修一些高等教育的课程，但你住的地方离学院或大学太远，或者你“年纪太大”，腿脚不方便（显然这些都是借口，但话又说回来，一边工作一边上学的确比较困难）；也许你上有老、下有小，身负生活中的重重压力；也许你生活的地方没有好学校；也许你所在地的学校不招收种族、种姓或社会地位“不符合要求”的人（有些国家的女孩子被剥夺了一切接受教育的机会；还有一些国家的女孩子在小学时学习遥遥领先，却在之后的学习旅程中受阻，或者在男孩子开始玩机器人的时候转向了刻板的“女性化”领域）；也许你所生活的家庭并不期望你能上大学，或者你生活的环境并不重视高等教育（经济学家卡罗琳·霍克斯比和克里斯多夫·艾弗里在2012年的一项研究中指出，虽然许多名牌大学都推出了各种经济资助政策，但是他们认为“可能绝大多数”家庭条件差，但学习成绩优异的学生都不会申请这些名牌大学）。

并非人人都能获得这些慷慨的经济资助，教育成本本身使得本就冷酷无情的“教育扬谷机”变得更加变化莫测。自20世纪80年代初以来，大学学费的“标价”逐年上涨，高出总通货膨胀率两倍多。学费上涨的原因很多，主要有：大学所涉及的重大科研工作需要大量行政和设备成本；政府教育资金下降；随着高科技领域工资的上涨，教育和医疗等“高接触”领域若要继续生存下去，其工资水平也需要跟上时代步伐。

不过，学费上涨或许是最直接也是最有说服力的解释，简单说就是人们为了能获得普通本科的学历，认为花点学费是值得的。麻省理工学院经济学家大卫·奥特尔在2014年于《科学》(*Science*)杂志上发表的一篇论文指出，攻读大学学历仍然是你所能做的最明智的经济投资之一，大学学历能为你带来大约50万美元的终身收益。就大学教育成本和价值之间不匹配的问题，还有一种稍带偏见的观点，那就是学费的标价之所以如此高，是因为市场具有强大的承受能力，因此学费还有可能继续上涨。经济学家格雷·戈登和亚伦·海德伦德建立了一个有趣的数量模型，分析了美国学费上涨的原因，并为此提供了佐证。他们认为学费上涨的主要驱动力是广泛且源源不断的学生生源，因为越来越多的学生比以往任何时候都更想上理想的大学，他们渴望获得大学学历带来的工资溢价，这些大学的招生数量基本没变，但是学费却上涨了。与此同时，你会发现那些无法带来更多学历溢价的低层次大学，入学人数在不断下降。这也是近年来的发展趋势，这一趋势对营利性大学的冲击尤为严重。

尽管各高校不断扩大招生，也尽最大努力为学生提供经济资助，但学费成本仍然无情地将家境贫寒的学生筛出大学。家庭收入和大学入学率之间存在着紧密而荒谬的关系。哈佛大学的哈吉·柴提带领一个团队在2014年做的一项研究表明，最低收入阶层的大学入学率只有25%，而最高收入阶层的大学入学率则高达95%。更糟糕的是，你的家庭收入越低，你就读的学校名气可能就越低。这不是因为你的天资不足，而是因为你可能需要考虑为家里尽一己之力，因此上学的地方不能太远；抑或是因为申请顶级大学障碍重重，你很难逾越。尽管表面上看，就美国收入流动性而言，非一流大学比精英学校所占比例大，但精英学校中的每名学生都更具优势，能够享受高额的经济资助和丰富的保障资源。“最具讽刺的是，”斯坦福大学的霍克斯比说，“低收入学生上的非一流四年制大学，甚至社区大学所交的学费实际上比最有名的大学、资源最丰富的大学还要多。”

想要增加世界各地人们的学习机会，就必须重新校准教育筛选系统，使之更具包容性，这样学习者就不会再因为家庭收入、地理位置和时间限制等制约因素而失去学习的机会了。增加学习机会，就意味着世界一流大学里的教室需要增加“座位”，实体的也好，虚拟的也好——因为这一需求已经很高，而且仍在日趋增长。然而，与增加教室座位理念相悖的恰恰是一个尽人皆知的现实，即一所学校若要成为一流，就必须“精挑细选”，也就意味着必须拒绝大多数申请者。这样难题就来了。

事实上，精挑细选本身，以及我们精挑细选的做法，就是我们的教育筛选系统挥霍人类潜力最强大，也是最有害的方式之一。把最优秀的学生安排到最受欢迎的座位上，这的确是一个值得赞许的目标。毕竟，我们应该充分利用我们有限的资源。但我们追求这一目标的方式是建立在一系列赤裸裸的假设之上：学习者的潜力是可知的，也是固定的，从出生之日起直至终身都不会改变。这些假设虽然饱受争议，却与我们大多数人对智力的理解是一致的：如果你现在很聪明，那么十年或二十年后你依然聪明，如美国“智商之父”刘易斯·推孟于 1919 年所写：“智力低下的人始终迟钝，智力一般的人始终普通，智力高超的人始终超群。”

智商测验的创始人、法国心理学家阿尔弗雷德·比奈对这样的结论提出了质疑。比奈认为智力具有可替代性的特点。其实，1905 年他创建的智商测验体系时，主要就是为了鉴别那些智力可能需要一定干预的人群。很快，推孟和一些科学研究者也加入了智商测验研究的行列，但不幸的是，他们的世界观深受植根于传统、现在称为“科学种族主义”的影响。这些科学家不断寻找能支撑他们偏见的证据，认为人类的智商是既定的，用推孟的话来说就是“智商是一种天资禀赋”。

“对于这种残酷的悲观主义，我们必须抗议，并采取行动。”1909 年，比奈对此表达了自己的痛惜之情，却无济于事。接下来的十年中，这种观点大行其道。第一次世界大战期间，推孟对 170 万美国陆军进行了智商测试。到了20世纪30年代，所有学校开始了对学生的智商测验，而且通常从小学就开始了。推孟坚信“学校通过对一年级学生进行智力测验，就能非常准确地预测出一个孩子可教育程度的极限”，并且“到孩子五年级或六年级时候，通过这种智商测验就能精准预测出学生的各种能力”。学校利用智商测验的结果将学生进行分类，将其推向不同轨道：智商高的就走高速发展之路，即“大学轨道”或“学术轨道”；而智商相对较低的就走低速发展之路，即“普通轨道”或“职业轨道”。结果，被推向高速发展之路的学生在申请大学时发现自己又面临着另一个曾用于战时的测试项目：学术能力测验，如今简称为SAT，是根据学生学习能力对学生进行分类的一项测验，始于1926年。

从历史的角度来说，SAT的确能够让一部分学习者从“教育扬谷机”中脱颖而出。对于现代人来说，通过在高中生中建立一个比较点，也有助于减少在大学录取过程中依赖于个人关系的情况（只是这种转变不彻底，依然存在比较常见的特殊情况，如有的学生在申请父母曾就读过的大学时，学校就会为这样的申请者[①]开绿灯）。另外，如果学生在学术能力测验中取得优异的成绩，则能增强学生的信心，勇于申请大学，反之则不然。事实上，缅因州自2006年开始要求学生参加SAT考试以来，有10%的学生是因为参加了这项测

① 英语原文是legacy applicants。在大学申请过程中，Legacy applicants指学生申请的是其父母曾就读的院校。

验最终进入了一所四年制大学，如果没有参加这项测验，这 10% 的学生恐怕就没有上大学的机会。历史上，科学种族主义对能力测验的确产生了重大影响，但目标明确的能力测验也能暴露学校里存在的种族偏见。例如，2005 年佛罗里达州的布劳沃德县制订了一项基于能力的通用筛选计划，以填补三年级“天才”教室中的空缺。由于这项测验并不像前几年那样依赖于家长和教师的提名，才使得这些“天才”教室的非裔美国人和西班牙裔学生数量增加了两倍。但是智力和能力测验中也存在大量问题。智力是不可能被直接测量的，因此智商测验是通过受试者完成一系列挑战性习题的方式，勾勒出其大概智商水平，人们认为这些挑战性习题的测验结果，就能反映出一个人的整体智力水平。一些心理学家怀疑，人们所做的这些测验中是否真的存在深层的、普遍的支撑因素。智商怀疑论者还指出，智力测验几乎不可避免地都存有盲点和偏见。例如，生硬的试题无法评估一个人的创造力和人际交往能力，而且长期以来，测试出题者提出的问题（例如“什么是帆船比赛”这样的题目）都是有利于社会经济地位较高的测试者的。

为了便于论证，我们姑且认为上述问题并不重要。我们假设智商测验的得分确实能准确描绘一个人的学习能力。即便如此，智商测验的预测力仍然不够全面，因为智商并不像推孟所设想的那样终身不变。相反，比奈的观点是正确的：智商是可变的、可替代的，会随着你的生活环境和生活阅历的变化发生变化。那么，通过智商测验对学生进行分类的方法，可以根据学生的生活环境状况，而非内在能力进行筛选。总体来说，一个家庭的社会经济地位越低，这个家庭成员的智商就越不稳定（因此也就越不易遗传）。这就意味着对于社会地位低下的人群来说，环境因素对智商测验分数的影响异乎寻常得大。这样的外部因素可能是有益的，也可能是有害的。例如环境污染，如果饮用水或空气中的铅含量超标，就会对智商造成持久的损害；儿童营养不良，或者儿童期遭受虐待和忽视也会对智商产生损害；睡眠不足和沉重的压力，也会短暂地削弱一个人在智商测验和其他标准化测验中所需的认知能力。好的一面是，教育能够提高一个人的智商：平均来说，每多完成一年的学业，你的智商就会提高 2.7 到 4.5 个点。

智力具有可塑性，事实上，只需通过教育就能提高学生的智力。按照心理学家卡罗尔·德韦克所说的“成长型思维模式”对学生进行培养，在特定的情况下，学生的智力就能得到显著提高。然而，智力和能力测试衡量是动态的而非固定不变的。最明显的体现便是备考行业的大规模出现，只要有重大考试就会出现大规模相关考试的备考行业。正如教育历史学家卡尔·凯斯特尔所写：“一代又一代富有家庭，只需通过购买备考资料，就能提高他们孩子的‘能力’，因此把 SAT 作为一种‘学术能力测验’是多么幼稚的举动。”2019 年夏，为了缓解这种扭曲的现状，负责 SAT 的美国大学理事会发布了简要通知，将会根据考生的所在地和生源学校情况，综合分析测验分数，并将于几个月后出台新计划。如果 SAT 分数真的能够充分体现考生的能力，理事会也就不会迈出这试探性的一步了。

虽然 SAT 仍在大学招生中继续发挥着作用，但从 20 世纪 80 年代开始，美国教育机构开始逐渐取消测验学生学术能力的考试，转而采用专门针对具体学科的“学业”考试，这种考试测试的不是智力，而是测试对知识和技能的掌握情况。随着考试习俗的改变，一股破觚斫雕的浪潮席卷了能力考试这座大厦。1993 年，美国大学理事会将 SAT 的名称从“学术能力测验”改为“学术评估测试”；1997 年其再次对名称进行了变更；现在 SAT 这个缩写已经没有什么特别的含义了。与此同时，高中学校所分出的“大学发展轨道”和“普通发展轨道”的术语也发生了微妙的变化，变成了大学先修课程，主要是指那些为走上大学发展轨道的学生铺路的课程。但是实际上改变的只是名字，其他都没变，换汤不换药而已。

我也希望我能向你保证，与前瞻性的能力测试相比，落后的成绩考试更能降低筛选学习者的随意性，但就目前情况来看，我无法做出这一保证。例如，这两种考试都需要认知能力，但是学生参加考试时的急性应激反应又会损害他的认知能力。另外，还存在一个刻板印象威胁[①]的问题：消极的刻板印象会导致处于弱势群体中的

① 刻板印象威胁（stereotype threat）是个体经历的一种风险，处于该风险中的个体担心自己会验证所属群体的消极刻板印象。刻板印象威胁会导致个体行为上的表现下降和心理上的分离与不认同。同时，刻板印象威胁也会受领域认同、群体认同和自我等因素的影响。

学生分心、产生怀疑和焦虑，从而有损于他们在重大测试中的表现，这一理论受到人们的广泛支持。举个例子，2013年，一群男生和女生在特殊高中入学考试中获得了相同的分数，这项考试的成绩是决定学生能否进入纽约市八所最有名的公立高中的唯一标准。但在入学后的第二年，女生的平均成绩显著高于男生，这表明入学考试并没有真实地体现出女生的实力。这有可能是因为和男生相比，女生不愿意胡乱猜答案，但也有可能就是受到刻板印象威胁的影响，使得女生在测试中分心。在女生最需要认知时，这种威胁抢占了她们的认知资源。

如果一个学习者的个体情况是决定她是否值得教育投资的第一个重要因素，对学生进行分类，且带有偏见性的方法是第二个重要因素，那么工作很有可能就成为第三个重要因素（而且是至关重要的因素）。这与我们期望学生如何学习有关。

即使教育工作者是以最善意的方式将知识塞入学生的脑袋中，也经常违反整个研究学科的原则，这些学科统称为认知科学，从高阶心理学到分子层次等研究科学中都存在违反原则的行为。每一种违反原则的行为代价，就是学生的学习冒险之旅被推迟、偏移或中断。

简而言之，我们在努力使教育标准化的教程中，反而让学习变得更困难了。这种不幸对学生们造成了伤害，尤其是对于那些处于弱势群体中的学生来说，走进教室时就已经身负各种压力，如果教育体制再不健全，他们的身心更容易受到负面影响。那么，为了拯救世界上大量的被过度筛选掉的学习者，一种有效的方法就是识别和消除不必要的认知束缚，让学习变得简单方便。

值得庆幸的是，实现这一目标有诸多可行的方法，不是通过淡化我们所要传授的知识和技能，而是通过慎重反思我们的教学方式，以及学生学习的方法。这样的方法当然无法改变社会体系中根深蒂固的偏见，但起码可以缓解“教育扬谷机”所产生的过度浪费的状况。根据学习者特殊，甚至惊人的学习需求量身定制的教育策略，有助于我们提高学习的深度、广度和严谨性，让更多的学生群体受益。

有教无类还是分类而教?

现代学习科学也许能帮助我们摆脱目前的困境。在 20 世纪初的几十年里，教育广泛展现出当代大众教育的许多标志性特征，而在此之前的其他特征则以新标准化的方式展现出来。如何支持和激励学习者学习，成为实验心理学研究的新兴领域，人们已经开始围绕曾经平淡无奇的学习现象，勾勒出了清晰的、可量化的轮廓。

1898 年，实验心理学家爱德华·李·桑代克向全世界宣布，学习归根结底是心理联结的过程。他认为，当人们或是他最初的实验对象——几只饥饿的小猫——所做的事情如果达到了理想的效果，那么他们就极有可能重复这一行为。在这种情况下，他认为实验对象实际上是在猫、猫笼门上的控制杆和门外那顿美味之间形成了一种心理联结。我将在本书后面几个章节中，利用这些基本理论模块进行探索，针对学习者如何学习，以及如何在课堂中学习提出完整且独立的理论（例如，与猫将控制杆和猫粮联系起来一样，学生可能会将“5 乘以 7”与“35”联系起来）。桑代克的理论将学习分成可管理、可测量的部分，为学校标准化教学创造了科学的理论基础。此外，他的理论中还附带了其他一些假设——关于学生的假设。从本质上说，他的理论模型是对旧观念的一种新诠释，旧观念认为人的智力原本是一片空白，是由后期经验塑造而成，并非与生俱来。然而，桑代克的理论出现了一个近乎奥威尔式[①]的转折：尽管所有人的智力生来都是空白的，但有些人的智力似乎比其他人更加空白，能够更好地吸收和理解输入的信息。如与他同时代致力于智商测试的研究者一样，他认为智商是由基因决定的而且终身不变。他的这一思想极大地加深了 20 世纪人们对智商测验和对学生进行分类的痴迷程度（事实上，桑代克和推孟在陆军的智商测试项目和后续的全国性智力测试中都合作过）。

与他同时代的一些人认为，教育的目的是提高学习者的智力，但桑代克却不以为然。他对哥伦比亚大学的学生们说：“学校或其他

① 乔治·奥威尔，原名艾里克·阿瑟·布莱尔，英国作家，新闻记者和社会评论家，著有《动物庄园》和《一九八四》，他在小说中创造的“老大哥”“新话”“双重思想”等词汇被收入英语词典，而由他的名字衍生出的“奥威尔主义”“奥威尔式的”等词汇成为通用词汇而被广泛使用。

教育机构最不可能做到的一件事，就是培养智力和能力。”由于坚信智力不可变，因此他建议学校应该把有限的资源，集中在那些最能充分利用所学知识的学生身上。学校必须把谷壳从谷粒中扬出去。

随着 20 世纪逐渐逝去，这些思想已深深融入了美国和世界其他大部分地区的大众教育中，其深入程度难以用语言来描述。即使在今天，许多学生刚刚小学毕业，有的学校就开始对学生进行分类，好像这些小学生作为学习者的前景是终身不变，而且是完全可知的一样（实际上两者皆非）。我们试图向他们灌输各种知识，就好像他们的脑袋是一个空桶一样，无所不装（事实上，将他们的大脑比喻成一棵正在生长的小树更贴切，稍后我再解释原因）。我们用“胡萝卜加大棒”[①]的策略，如用平均分数和考试成绩激励学生们学习（实际上，我们本可以专注于培养学习者的自然兴趣和好奇心）。在整个分类过程结束后，就只剩下一批非常特殊的学生，也就是那些绝对值得继续教育投资的学生，然而，这些学生并不能代表人类的全部潜力。

大众教育的结构是围绕着桑代克的理论形成的，然而认知科学领域仍在不断发展，因此前沿科学知识与标准化教育中日渐过时的思想之间出现了鸿沟。这并不是因为桑代克的理论错了，而是因为他的学习理论过于基础，过度简化了极其复杂的学习过程。桑代克提出的学习机制与当今被广泛接受的神经科学模型，即信息是如何

①“胡萝卜加大棒”是激励方式中的一种，通常指的是一种奖励与惩罚并存的激励政策。

在脑突触中传递的理论存在极大的相似性，由此可见他的学习理论极具先见之明。只是他未能预料到的是，在许多认知科学家眼中，他的学习理论还处于认知大厦的最底层。在这座认知大厦中，神经元个体及其突触支撑着大脑特定区域内的活动，大脑主导着心理过程，生理和心理过程都对我们的意识心智产生了重要影响。除此之外，学习者在课堂内外都是多种心智相互作用的。在这座大厦的每一层中，研究者们都发现了与成功学习相关的重要过程，一旦这些过程受到干扰，教育冒险之旅就会迅速陷入停顿状态。

我们所继承的许多教育实践都有着百年以上的基础，它们与现在的一些新发现显得格格不入。我的使命是积极地促进学习，若想成功，就必须避免重复出现错误。因此，我们作为教师和学习者必须具备一定的认知基础，凭借我们现在对学习过程中脑智活动情况的了解，让学习行为更加人性化。

让学习变得容易这一理念所遇到的最大障碍，就是普遍存在的一种观念，即学习绝非易事。这种观念在麻省理工学院与其他地方同样普遍，甚至有过之而无不及。麻省理工学院的本科生们专门设计了一个非正式的口号，缩写为“IHTFP”，意思是“我讨厌这个该死的地方”，学生们高呼这一口号时，通常（但不总是）带着惆怅的微笑，这样看来，你就能判断他们的学业负担有多么繁重。诚然，激发学生获得严谨、深奥、易于被激活的知识体系固然重要，但是对学习这项本已经困难至极的任务，再额外施加不必要的困难，就是残酷又武断的行为了。

在麻省理工学院广为流传的另一个比喻，恰恰暗示了这种不必要的困难，这一比喻一直是受虐狂的骄傲——在麻省理工学院学习，就像用高压消防水带喝水。从这一点校园文化中可以看出，我们的学生是足够聪明、坚强的，拥有水滴石穿的毅力，再猛烈的知识洪流也打不倒他们。1991 年，一群学生搞恶作剧，在校园里安放了一个饮水器，并在饮水器上面接了一条高压消防水带，以此向学生们提供饮用水。麻省理工学院最后郑重其事地将其打造成了一个永久性雕塑纪念品。装有高压消防水带的饮水器的雕塑，现在被放置在斯塔塔中心[①]（该中心是麻省理工学院大多数计算机科学家居住的地方）的入口，上面还配有一块解释高压学习的纪念牌。每次我路过这里都有一种刺痛感，因为这座雕塑暗示的两种思想，均会误导学生。第一，学习在麻省理工学院是一件非常艰辛、困难的事。这看似很奇怪，因为麻省理工学院是世界一流的技术教育学院，拥有优秀拔尖的学生群体，人们一定想当然地认为我们的教学过程应该是轻松容易的（事实上，我们在教学方面的压力，比用高压消防水带喝水这个比喻暗示的要大得多）。第二，这意味着那些无论出于何种原因不能，或不想从高压真理流中啜饮的人，就不是真正的麻省理工学院学生。实则不然，那些未能进入麻省理工学院学习的人，真

① Ray and Maria Stata Center，是著名建筑师弗兰克 · 盖瑞的作品，以主要捐资人斯塔塔夫妇的名字命名。

正的原因可能是高等教育不适合他们，也或许是知识本身（除了那些在新闻和社交媒体上广传的知识以外）不适合他们。

或许更有可能的是：我们一直把学习理解错了。长久以来，我们已经内化了这样一种观念：学习就是一种磨难，唯有不屈不挠方可成功，否则必将失败。我想退一步问一问为什么。人为学习而生。我们的学习能力是我们作为一个物种与生俱来的权利，是历尽万古千秋来之不易的自然选择，这么说并不算夸大其词。这样看来，学习就不应该是困难的。那么，从什么时候起，我们只有依靠坚定不屈的毅力，才能从周围世界中获得有用的知识？从什么时候起，学习不再是一个有趣的冒险故事，而是一个与困难做斗争的艰难历程？

如果一个教育体系的设立，在某种程度上是为了将所谓的被选择者与不值得享受教育投资的人区分开来，那么在这样的教育体系中，任何对学习行为本身无用的障碍，都将不可避免地把一部分学生推向后者：要么考试不及格，要么大学申请被拒，于是从整体上削弱了教育前景。更令人不安的是，我们有充分的理由相信那些被淘汰的学生，很大程度上都是那些我前面提到过的，在社会和经济方面处于劣势的学生。面对这些问题，最有价值的回应就是去解决它们：向贫穷、种族主义、性别歧视，以及所有让好人失望的情况发起正面挑战。如果我们真的希望生活在一个公平公正的社会，这种直截了当的解决方法毋庸置疑。

但即使在一个没有这些障碍的神奇世界里，学习者仍然会受缚于不得当的教学方式。若要真正使教育尽可能公平，我们必须摆脱“学习必定困难”的谬见，从认知角度找到易于学习者接受的教学方法。这样的方法一方面能够确保“教育扬谷机”，不会过度浪费学生，同时也可以帮助他人获得更高的学术成就。

如果我们能把一些学生从无情的“教育扬谷机”中拯救出来，或许我们也能通过采用改进后的新方法拯救更多的学生，让更多的学习者得到应有的教育。实现这一目标，我们就需要引入新的教学技术。早期的技术传播者深切地体会到，仅靠一种热门的新教学手段（既使是一种能够触及大量学生的手段）也不太可能彻底改变大多数人的学习方式。将教育技术作为一种载体，构建一种人性化的教育模式，虽然前景大好，但并不是什么新理念。接下来，我将在本书中和大家探讨我们应该如何学习、如何使用新教学手段，以及二者结合所能带来的多种可能性。

进一步讨论之前，我想说我相信最好的教育仍然是人类对人类的教育，这种现状在短期内也不会发生改变。然而，直到现在我们才开始关注，伟大的教师通过运用真正强大的教育技术所取得的成就，特别是在一直沿袭的、完全统一的传统大众教育结构体系之外，教师自由发挥时取得的成就更不容小觑。

人们对更人性化、更容易获得的学习的需求从未像现在这样迫切。诚然，我这样说无异于将长期存在的世界性问题，丢在教室门口让教育工作者去解决，这是不公平的，我也备感内疚。但是现实情况确实如此，当前的教育中确实存在一系列问题，需要独特的教育解决方案。从学习者的角度来看，由于职业生涯的延长，技术变革的步伐正在改变职业规则。我们需要更好的、省时省力且有效的方法，让忙忙碌碌、处于职业生涯中期的工作者，能够跟上时代的步伐或者根据需要适时改变。与此同时，代际收入流动性①已停滞数十年，我们需要新的方法，来支持能够帮助个人摆脱父母影响的力量：大学教育。

此外，整个社会还面临着更为广泛的问题：气候变化是直接与人类生存息息相关的问题；还有诸如重大流行病问题、人口老龄化国家面临的医疗和护理成本问题、收入和财富不平等问题，以及经济增长与人民生活水平不成正比的问题。不幸的是，我们只将集体智慧的一小部分用于解决这些紧迫问题所需的创新上，也只有一小部分人有机会进行创新。为了探索谁能参与技术创新，哈佛大学的哈吉·柴提及其团队发现，绝大多数拥有专利的发明家都集中在一个极为狭小的圈子中：主要都是来自富有家庭和富人区的男性。他们写道："这些发现表明，我们错失了许多'爱因斯坦'，如果这些人（尤其是女性、少数民族和低收入家庭中的孩子）在童年时也能

① 代际收入流动性，指子代在收入分布中所处地位相对于父代的变动情况。代际收入弹性越小，父母收入对子女收入的影响越小，则社会流动性就越大。代际收入流动性低，将带来收入差距的持续扩大，使社会阶层进一步固化，最终导致一系列严重的社会问题。

接触到创新思想，他们也可以创造出极具影响力的发明。”这种创新不平衡也就意味着，那些弱势群体的收入愈发少，致力于解决特有问题的创新精神更加不足。同样值得警醒的是，这也意味着我们在抗击社会所面临的巨大而紧迫的挑战时，被束缚了手脚。

与此同时，科学家们在其职业生涯中获得开创性发现的速度越来越慢，可能是因为在所有不断发展的研究领域，当下的一代人总要比上一代人花费更长的时间，才能跟上时代的步伐。我们需要加速学生走向研究前沿之旅的方法，需要来自更多不同背景的人参与其中。

解决这两个问题的办法之一，就是让学习变得更容易，让学习对全世界所有人来说，更人性化、更简单。

不管怎样，学习都将是一次冒险。它可以是一个不屈不挠考验意志的故事，也可以是一次愉快的探索之旅。即使在有趣的冒险之路上我们可能会犯些小错，但仍可以帮助更多的人学习，挖掘更多人类潜能。

我有幸在麻省理工学院获得一个职位，使我有机会洞悉这一切发生的全过程，现在很高兴与大家分享。在接下来的章节中，你将见识到科学家、教育工作者和工程师们，是如何在麻省理工学院的校园中和其他地方改变我们对学习的认识的。如果学习是一种冒险，了解学习的过程将是一本精彩的故事书。

第一部分

心理与大脑

第一章

学习之鸿沟

这是 2017 年 2 月的最后一天。下午课时分，麻省理工学院机械工程学的助理教授阿莫斯·温特正在实验室里给一群大二的学生讲解电池的潜在破坏力。一般情况下这些电池都是安全的，但是一旦遇到突发事件瞬时放电时，摆放在桌子上的每一块高分子锂电池释放出的能量，都足以将人致残，甚至致死。

一块电池究竟能释放出多大能量呢？“你们算算，拿出计算器来算算。”温特说。大约 10 秒钟后，计算出答案的同学也没有举手回答，然后温特几个大步走到白板前，向大家讲解电池的容量是已知的，都标在电池上，单位是毫安时。“你们只需要把时间计算进去，就能算出电池所产生的能量有多少焦耳。”说完，他大笔一挥，在白板上写下了一串数字：13 320 焦耳。“这些能量足可以把一辆本田思域从地面掀起 10 米，”他说，“想象一下，一辆本田思域砸到你的手上会是什么结果。”这就是一块高分子锂电池爆炸后所能产生的破坏力。接着他又说，如果你们发现哪块电池壳上鼓起了气泡，就赶紧把它扔到实验室的沙桶里，然后朝相反的方向跑开。

当然，这样的灾难并不会天天发生，因此，如这学期前几周一样，课程依然顺利地进行着。桌子上除了几块电池以外，每位同学的面前还放着一个简易机器人，它只有两个轮子和一个可以在地上拖动的滑轨，这是让学生用来进行实际操练的机器人，以期学生能在本学期设计出更复杂的机器人。

温特给这些用于实操的机器人起了个可爱的名字，叫作“小梅斯”。有了这些简易机器人，学生们能学到机械工程学由简至繁的原理。从给一个微型控制器（一台微型计算机）写代码学起，再到操控电动机；之后，就有能力让各自的“小梅斯”像初期无人驾驶汽车一样畅游世界。整个过程中，学生们学到的不仅仅是机器人方面的知识和技能，还学会了如何像设计师和工程师一样思考问题。他们将逐渐领悟如何创造性地处理一项任务，及时发现问题；更重要的是，学生们在学习过程中能够获得引领整个项目的自信，从初期的千头万绪，到项目后期确定唯一的最佳解决方案，均能游刃有余。

这就是理论上的学习进程。实际上，选修课程 2.007 的学生中，有一些已经具备了一定的设计经验。这些学生在高中就参加过学校组织的机器人锦标赛。（FIRST 机器人组织是最著名的业余机器人组织之一，早在 1989 年就已经引用了麻省理工学院的机器人 2.007 原版课程。）据传，一个名叫亚历克斯·哈托利的学生曾参加过博茨大战[①]（BattleBots），这是一档电视直播比赛节目，上演的是实打实的金属对抗金属的竞技。他和他的队友派出的机器人上面焊接了一个井盖般大小的圆锯，雄赳赳地进入竞技场，向名叫“剑光”和“解体”的对手开战。

对于另外没有受过这方面启蒙教育的学生来说，有经验的学生自带的优势，让他们感到很焦虑。在麻省理工学院紧张的学术氛围下，学生压力大是一个长期存在的问题，而那些无关成绩的比赛毫无必要，也起不到丝毫作用。麻省理工学院花了很大功夫缓解学生的压力，如在大一第一学期取消分数制。然而课程 2.007 却不同于此，比赛已深深嵌入课程学习之中，这也是这门课程深受麻省理工学院大学生青睐的原因。每个春季学期期末，正是这门课程中制造的机器人进行对决比赛的巅峰时期，吸引校内外成百上千的人前来观战。胜利者能获得足够炫耀一生的资本，光荣地进入麻省理工学院的瓦尔哈拉殿堂[②]，同时也为自己的简历增添一个新的亮点。

布兰登·麦肯齐环视了一下坐在桌旁的实验伙伴们。他是大学代表队的游泳运动员，大一时就参加了美国游泳锦标赛，并将在本学期末重返锦标赛系列赛。尽管每周要花费超过 18 个小时的时间在游泳池里训练，但他的平均绩点始终能保持完美的 5.0。他不习惯落后于他人的感觉，在设计正式的、参加比赛的机器人过程中，虽

① 博茨大战，美国播出的一档科学竞技类节目，自 1999 年开播。

② 瓦尔哈拉殿堂也叫英灵殿，是北欧神话主神兼死亡之神奥丁接待英灵的殿堂。

然别人比他领先许多，但他从不甘示弱。他来参加课程 2.007 时几乎没有实际操作机器人的经验，班里其他几个人的情况和他很相似。比如，坐在他对面的艾米・方，还有坐在他右边的乔什・格雷夫斯。格雷夫斯是布兰登的室友兼队友，两人共同协作。但班里也有像坐在布兰登正对面的乔丹・马龙这样的同学，他在计算机辅助设计方面技术高超，温特形容他已达到“登峰造极”的高度（这还不是他最令人刮目相看的地方——尽管他从未主动提起，但人人都知道马龙还是一个短道速滑运动员，在 30 岁进入麻省理工学院之前，曾分别在温哥华奥运会和索契奥运会上荣获奖牌）。还有梁智怡，就叫他小梁吧，一个快乐又疯狂的实习科学家，每周来上课时都会利用休息时间，创造出一个新的机械奇迹。布兰登并没有对他的同学表示敌意，相反，在之后的几周里，他在实验室与同学们相处得十分融洽。话说回来，他在游泳比赛中对他的队友们也没有表示出任何敌意，但这并没有阻止他要努力战胜他们的决心。

温特把未注册品牌的 Arduino[①] 发给大家：这是一种微控制器，能跟踪报告班里“小梅斯”的活动情况，以及今后他们设计出的成熟且能够参加竞赛的机器人的活动情况。那天上午的课讲的是关于有刷直流电动机的机械原理，这是最简单的一种电动机。仅仅几个小时后，温特就让学生们了解了直流电机的工作原理，并向学生们演示了连接方法。当温特滔滔不绝地讲解着各种复杂概念时，布兰

① Arduino，本质上是一种电子工具，它可以被用来制作许多有趣的创意电子制作。

登囫囵吞枣地听了个大概，一边忙着调整手中“小梅斯”的布线，一边在笔记本电脑上摆弄着 Arduino 代码。他感觉自己可能会在班级里落后于其他人。

“我都有点泄气了。”他后来说。Arduino 编程使用的是“C++”语言，而他对这门语言基本一窍不通，但他的一些同学却对这门语言了如指掌。他暂时还能跟上课程进度，但也知道一旦自己松懈下来，就会落后于他人。学习这门课需要一种精神，要么沉入水底葬身鱼腹，要么破釜沉舟奋力拼搏，成败全靠自己。这种感觉，作为游泳健将的他再熟悉不过了。此时，他就感觉自己好像还没学会如何漂浮，就被扔进了游泳池的深水区。虽然他的身边有很多指导教师在一旁悉心教导，但是要将所学知识应用于实践却只能靠他自己。

实现从理论到实践，从惰性知识到活性知识的转变，正是课程 2.007 的核心所在。1970 年，一位名叫伍迪・弗劳尔斯的年轻教授讲授这门课程后，将这门课程带入了现代化。在随后的几十年里，这位受人爱戴的教授退休成为名誉教授，也成了校园里的名人，时不时地出现在校园里。他看起来就像斯坦·李[①]一样，留着标志性的小胡子和银色马尾，和学生们一起探讨学习。每次，他都强调一个关键点：“学习微积分”和“学会用微积分思考”是两回事。

对于像我这样的教育工作者来说，都希望培养出的学生不仅

① 斯坦·李（Stan Lee），美国漫画创作者、演员、编剧。时常在电影中客串角色，如《超胆侠》《绿巨人》《蜘蛛侠 2》《神奇四侠》《X 战警 3》等。

成绩优异，还能够把所学的知识应用到广阔的世界中，毕竟这才是最重要的。但是对于那些习惯于教育中各种束缚的学生，如习惯 8cm × 11cm 四条边的作业本、四面墙的教室、艰辛的高中四年，然后步入大学的学生来说，一旦他们走入混乱的现实世界，哪怕只是暂时的，也会手足无措。在课程 2.007 班中，每年都有因为能够进行实际操作而欢欣鼓舞的学生，也有畏缩不前、一连几周都茫然不知所措的学生。

坐在布兰登对面的艾米・方已经把班里的同学全部审视了一遍。她后来回忆说，到了麻省理工学院后，她发现同学们都那么优秀，看起来就令人生畏，于是她心想只要自己能达到中间水平就已经很不错了。她自嘲道：“我在努力让自己和大家差不多。”此时，她正在把伺服电机连接到“小梅斯”的电路板上。就她目前的程度而言，几乎不可能在课程 2.007 期末的机器人比赛中名列前茅——仅是在比赛中取得个好成绩就是一项大挑战。课程 2.007 没有考试，即使在决赛中取得成功，也与成绩没有直接关系，但是由学生设计参加竞赛的机器人最终会受到认真审查。与此同时，这门课程附有大量作业，这些作业就像一块磨石一样磨练学生的技能。作业由两个部分组成：一是书面作业，每周完成四套多部分设计难题；二是实操作业，每周用“小梅斯”完成一项教师布置的任务。本周的作业是提交一份视频作业，拍摄他们的“小梅斯”在没有任何遥控输入的情况下，完成向前走一段预定的距离，然后掉头、返回和完全停止动作。本学期期末，一些学生的机器人就能够自动完成较为复杂的任务，比如通过光传感器跟踪地面上画的线。

温特向大家解释这种路径跟踪策略时，来自马萨诸塞州列克星敦市的学生莫·埃尔塔希尔直言："太酷了，每节课学到的东西都能用到比赛中。"

他们的确在学习。接下来的几周他们的任务非常艰巨，所学的新知识也将终生难忘。这些不是什么传统知识，而是高度情境化的知识，使他们能够更好地理解自己的世界，并影响自己的世界。传统教室和讲堂存在许多特有的问题，这些问题已经存在了一个多世纪也没有发生什么改变。为了让学生能够更好地学以致用，课程 2.007 采取了更有效的方法，解决了这些长期存在的问题。

1902 年，教育心理学家、哲学家约翰·杜威（《纽约时报》，*New York Times*，的讣告中评价他是"当代美国最重要的哲学家"）通过观察，列出了教室里的"典型罪恶"。他在《儿童与课程》（*The Child and the Curriculum*）一书中写道，像数学这样脱离数字所代表的实体和过程的抽象学科，以及地理这种脱离地质和历史事件的学科，缺乏与孩子所看、所感和所爱的实体的有机联系。学生成了僵化知识的被动接受者，学生本人虽然的确也在学校里晃来晃去，却从未真正产生过学习的动力，主要的原因就是他们在学校里所学的东西，与他们日常所关注的，以及他们的目标缺乏关联性。如今，学校也在努力地将所教的内容尽可能情境化，然而下面这种思想仍然根深蒂固：学生学习的目的是为了未来的自己，而不是为了现在的自己。

课程 2.007 的理念与之不同。首先，这门课程具有“成败全靠个人”的性质，学生不敢奢望用那种仅凭死记硬背的懒人学习法进行学习。相反，对于课堂上所学的理论，学生都能而且必须立即应用于实践，如果你不应用，你的对手就会应用。这种方法的优势在于，一方面学生会因为看到自己所学的知识，转化为现实世界的实际工程而兴奋激动，另一方面这门课程学得好坏，直接事关学生的个人荣誉，因此这门课程在激发学生学习能力方面做到了极致。即使是那些长期持有“及格万岁”思想[①]的学生，也受到本课程的启发，在实验室里拿起螺丝刀，对着笔记本电脑进行实际操练，其所花的时间远远超过了教师要求的时间。在一个学期的时间里，这门课程让有经验的业余爱好者和没有经验的新手，都进入了专业机械工程领域。虽然也有其他学校模仿这种教学方式，但从未被超越过，当然这只代表我个人的观点。

现在，每当思考面前的任务时，我的思绪从未离开过课程 2.007。任何名副其实的教育计划，不仅要为学生提供知识，更应以一种高度吸引人的方式提供知识，然后激活这些知识，这样知识的主人才能在现实世界中自如地应用这些知识。课程 2.007 就是这方

---

① 在麻省理工学院，这样的学生不乏其人，成绩刚刚能达到 A，只要不是 B，就一切万岁。这样的人我就认识一个，那个人就是我。（原注）

面的典范。

现在的问题就是能不能上这门课。课程 2.007 的学费非常昂贵，是麻省理工学院学费最高的一门课，而且还没有经济资助的政策。这在很大程度上是因为，实验室要同步前沿制造技术需要花费高额成本，同时为了保证初学者的安全，实验室还要聘请大量训练有素的教师。

实事求是地说，任何人若要为广大民众提供如此高水准的教育体验，要么富可敌国，要么就要找到一种具有创造性的方式，从而大规模地实现这一目标。毕竟，你不可能让 10 亿人都来上课程 2.007。即使你找到了足够的教师，建立了足够的实验室，但就我估测，就是把世界上所有的钱都拿来也不够。

然而，以极低的成本向大众传播知识并不是不可能。例如，维基百科仅靠一己之力就做到了这一点，并赢得了极大的赞誉。麻省理工学院也以自己的方式做到了，只是规模相对较小：从 2001 年开始，我们启动了开放式学习项目，基本将我们所有的课程材料全部通过互联网免费提供给需要的人。然而，提供信息并不等于提供教育。所以你可能会问：这样大规模的教育计划，能否达到一个经验丰富的教师在传统课堂上授课所能达到的效果？能否达到 2.007 课程那种激励和情境化的教学效果？学生们真的能从学习微积分的层面跳到用微积分思考的层面吗？

机器教学和教师教学

一个多世纪以来，立志革新的科学家们一直梦想着能够提炼出教育的秘制酱料，然后加以大规模生产。早在 1912 年，教育心理学家爱德华·李·桑代克就已经开始着手重塑美国对学习的认识，他想创造出一种神奇的机器，使学生学习时只有按要求完成了课本中第一页的内容后，第二页才会显现出来，以此类推，并将需要讲解的部分通过机器呈现给学生。1953 年，桑代克教育理论的追随者哈佛大学心理学家伯尔赫斯·弗雷德里克·斯金纳创建了一系列“教学机器”，实现了桑代克的梦想。哈佛大学收藏了一台教学机器，摆放在威廉·詹姆斯楼的九楼。这台木制的长方形教学机器正好能放在学生的课桌上，将印有问题的纸盘插入其中，就能将问题呈现给学生。教学机器的铜盖上有一个矩形视窗，上面一次可以显示一个问题，以及上一个问题的答案。视窗旁边有一个孔，孔中会弹出一条纸带，学生在纸带上写下问题的答案后，纸带就缩回机器中。机器将学生的答案与正确答案对比后，拉动一个拉杆，就能标记出答案的正误（事后，教师可以再检查学生的答题纸带是否与正确答案有出入）。学生回答完纸盘上的每一道题后，机器运转的速度就会加快，只在学生最初出错的问题处停下来重新弹出该问题，让学生再次做答。直到学生把每一道题都回答正确了，机器才会停下来。这样，学生可以根据自己的节奏学习，一个纸盘的问题结束后，再进行另一个纸盘上的问题。斯金纳认为，教育改革将因此而个性化。

一位学生对这种教学机器记忆深刻，评价道:“这种方式能够让优秀的同学继续策马扬鞭，落后的同学紧追不舍。”

从哈佛大学收藏的教学机器上可以看到，就在视窗的右侧，也就是学生们记录答案的地方，青铜表面已经被磨得锃光瓦亮，见证了十年来莘莘学子们在同一位置奋笔疾书的情景。然而，随着 20 世纪 60 年代让位于 70 年代，人们对教学机器的热情逐渐消逝，斯金纳的发明也从学校和全国的教育改革中消失。事实证明，这些教学机器在实际教学中的使用效果不如在实验室中的效果。许多人总感觉这种设备十分诡异，久而久之，这种机械设备逐渐被其他新型电子设备取代，如计算机以及教育软件等。但是，无论是最初的教学机器，还是后来的计算机设备，都没有实现其改变教室教学的初衷，学校的教学方式依然如故。

为什么没有改变?

可能最让人意想不到的原因是，学生们对教学机器及其电子衍生品感到无聊。一旦对这些机器的新鲜劲过去，许多学生反倒开始厌烦这些东西了——这也是对斯金纳整个项目最直接的控诉。学生使用教学机器学习时，会因为得到正确答案感到暂时的满足，而且也能按照自己的节奏进行学习。这本是好事，但问题是斯金纳的设计过于简单化：他忽略了学生的学习动机、情境因素和相互沟通等重要问题。与其先辈桑代克一样，斯金纳也是一位还原论者，他力图从最基本的层面解释学习。值得一提的是，还原论（如果使用合理）是科学家们所使用的最强大的概念性工具之一，正是这一理论使我们能够从原子物理学的角度理解化学过程，能够从分子平均动能的角度理解温度的概念。但是“使用合理”是建立在你所分离出来的基本粒子和基本过程，确实能够解释相应体系的工作原理基础之上的。一旦未能合理使用还原论，比如科学家和工程师们低估了某个系统的复杂性时，就会导致一系列灾难，如飞机坠毁、股市崩盘等。

从斯金纳以还原论为基础创造教学机器这一事件到课程 2.007 相对注重整体这一事件之间，显然缺失了什么重要的东西。这倒不是什么大问题，真正的问题在于，现在用于搭建指导和约束学生及教师的标准化教育大厦的理论之砖恰好与斯金纳构建教学机器所使用的理论基础是一样的。事实上，我甚至认为，学生之所以能够在今天的传统课堂中学到深层次的、情境化的活性知识，主要归功于教师的教学技能。不幸的是，教师们在教学中深受许多教学理念的限制，其中大部分可以直接追溯到斯金纳的思想教父——桑代克。

回顾过去，令人震惊的是，就在桑代克及其同僚开始探索如何支持和巩固盛行于 20 世纪的大众教育时，另一种独立的研究理念脱颖而出，建立在与大众教育迥然不同的科学基础之上，为教育领域另辟蹊径，其理念精髓与课程 2.007 极为相似。事实上，尽管 20 世纪之交的教育故事足以与俄罗斯最畅销的现实主义小说相媲美，但教育背后的科学故事情节却更为剑拔弩张，这主要归结于教育心理学这一新兴领域中两位人物之间的较量。两人最终的较量从未分出胜负。教育历史学家埃伦·康德利夫·拉格曼写道：“我经常对学生们说，虽然从某种程度上说这有悖常理，但是我们只能认为是爱德华·李·桑代克赢了，约翰·杜威输了，否则我们就无法理解 20 世纪美国的教育史。”

尽管两位学者在教育理念方面形成了明显敌对的阵营，但他们在科学研究和应用方面的巨大分歧对我们后面将要探讨的内容有重大意义。如果我们希望实现一种规模性教育的愿景——这种教育是全面的（像课程 2.007 一样的教育模式，而不是采用教学机器的教育模式）——那么我们必须首先理清杜威和桑代克在教育理论方面的分歧。

杜威的实验学校

19 世纪末，两派科学家在教育心理学这个新兴领域中展开了拉锯战。坚定地站在拉锯战这一边的是心智训练的捍卫者。心智训练是一种古老的理论，将大脑比作需要锻炼的肌肉，认为可以通过机械反复的记忆练习锻炼大脑。心智训练强调学习所付出的努力比学习的内容更重要，出人意料的是，这一理论在那些迷恋经典的教育保守派中找到了最有力的拥护者。他们认为既然必须要让大脑学习点什么，那不如学习拉丁文或希腊文。

站在拉锯战另一边的是以心理学家格兰维尔·斯坦利·霍尔为首的科学家。他们主张将新颖的实验技术应用于以查尔斯·达尔文的自然选择理论为中心的世界观中。霍尔的教育计划对我们现代人来说听起来完全合情合理，他希望学校能抛开心智这个精神杠铃，围绕学生的自然兴趣来安排课程。这里有个关键词——兴趣，如霍尔所定义，兴趣就相当于历史神话和生物幻想的奇特混合体。当时诸多学者所持观念与霍尔相同，都认为西方文化（白人文化）已经发展到高级阶段，是其他文化和民族望尘莫及的。他的这一思想虽然有失公允，但是许多教育理论家（包括平等主义者杜威）还将其更进一步追溯起儿童发展与世界文化发展之间的隐喻联系。霍尔甚至坚信，儿童发展的各阶段与人类历史的发展阶段之间存在着一种牢固的内在关系。

由此形成的教学理念几乎与心智训练一样刻板僵化。霍尔认为，小学就应该以那古老的原始社会所崇尚的活动，像游戏、故事和探索自然为主。他认为，只有孩子到了 8 岁以后，才适合学习阅读和写作，这样才符合文字形成的历史渊源。他写道："由于这个年龄段的孩子理解能力还不成熟，因此对于抽象的概念，教师应该首先让学生通过死记硬背的方式学习，等到学生们过了直接观察式的学习阶段后，再解释这些概念的原理及其应用也不迟。"

杜威和桑代克都曾遇到过学习中究竟是"努力"重要，还是"兴趣"重要的荒谬问题，两人都试图解决这个问题。这还并不是他们的全部共同点：两位世纪之交的教育心理学家都深受美国心理学鼻祖威廉・詹姆斯的影响；20 世纪初两人都在哥伦比亚大学任教；

他们甚至长得也有点像，头发都是深色的，中分发型，都留着独具特色的胡子。但两人的相似之处也就仅此而已。从外貌上说，两人虽然相像但又各不相同，就拿他们的胡子来说，桑代克的胡子是三角形的，看上去好像是用量角器比着修剪的，而杜威却留着浓密的络腮大胡子，如果让现代人看，可能会联想到手持左轮手枪的骑兵。在教育研究方面，杜威的方法也如他浓密的胡须一般，更倾向于自然主义观察法，而桑代克则提倡运用如外科手术般精确的实验主义方法。

杜威在美国教育方面的处女作专著广受欢迎，他认为“努力和兴趣哪个更重要”所产生的争议，实际上都忽视了学生的真正兴趣。他想知道，是否可以先从孩子们的“迫切冲动和习惯”开始启动教育程序，然后再逐渐培养他们对广泛知识体系的学习。

同年，为了寻找答案，杜威在芝加哥大学创建了实验学校。威廉·雷尼·哈珀（那个非常看好函授课程的教授）曾经是耶鲁大学的希伯来语教授，他被选为芝加哥大学的第一任校长。他对教育学非常感兴趣，于是组建了一支由教育研究员组成的梦之队，其中就有杜威和他未来的合作者弗朗西斯·帕克。当时的时机相当完美：杜威厌倦了所有以探讨“努力和兴趣”为中心的“一般理论”，开始思考一种能够测试教育界各种理论的方法，当然最重要的是测试自己的理论。他决定建立一所学校，作为研究学习的实验室。他写道：“如果哲学要成为一门实验科学，那么学校就是出发点。学校是社会生活的一种形式，从社会中抽取而成且可受控制。”

这里的关键词是“抽取”一词。人们常用的是其形容词含义，即“抽象的”（如抽象画），但杜威常将其用作动词，阐释学习者和科学家，如何从小开始积极主动地从他们生活的世界中抽取值得学习的知识。他解释，从婴儿时期起，原始数据就湮没了我们的感官，为了弄清一切，我们就像小科学家一样开始观察，并做一些小实验进行研究。他在 1910 年写道：“孩童时期天生、未受破坏的思维，主要表现在有强烈的好奇心、丰富的想象力和对实验研究的热爱，这与科学家的思维非常接近。”

在杜威看来，孩子们通过个人经历获得的第一手知识和世代相传下来的第二手知识（如代数、毒蛇的种类、得梅因①的地理位置）之间，存在着显著差距，但是这种差距是可以联结的。教育家所做的努力就是联结这一差距：帮助孩子们把自己从生活中抽取的知识，延展至祖先预先抽取的知识中。杜威因此写道：“否则就会导致个人思维的短路，延缓一个种族的进步。”至关重要的是，这种方法的使用从学生的日常问题开始，能让学生的学习立即得到回报。他写道：“这与当时流行的观点截然不同，当时人们普遍认为学校应该是‘教授有用的知识，着眼于未来生活’。”

---

① 得梅因，美国艾奥瓦州（依阿华州）的城市和首府。

精心设计的实验（包括准实验[①]和思想实验[②]）是整个理念实施的关键，这些实验旨在从杂乱无章、嘈杂喧闹的有形宇宙中抽取出无形的理论真理。这所实验学校建立的目的就是要从几个方面来进行这样的实验。学校招收的学生都是天生的实验主义者，学校鼓励学生通过发挥自己的本能进行学习。基于学生们的本能反应，教师们就有足够的空间进行日常教学策略的试验。整个学校就是一个实验对象，以验证这种方法是否真的能引导孩子们从现有的兴趣，转向学习日新月异的世界所需的广泛知识。杜威宣称，总而言之，在实验学校“研究教学工作的性质，就如实验室研究生物学、物理学或化学的性质一样”。

实验学校于 1896 年 1 月开学，共有 16 名学生，包括杜威自己的两个孩子和其他两名教师的孩子。到 1902 年，学校的规模扩大，共有 140 名学生、23 名教师和 10 名研究生助理。学校没有开设单纯的阅读、写作或算术课程。相反，学校鼓励学生不要把这些基本技能当作学习的最终目标，而应将其当作解决问题的方法。例如，烹饪课就是“一种自然的学习途径，学生在做的过程中就能学到简单但基本的化学知识和原理，懂得哪些植物能够食用”；在园艺课上，学生有机会进行生物实验，测试种子的生存能力；在冶炼课中，教

① 准实验是指对人们的行为不易进行控制的某些心理学研究，不能像实验室实验那样严格选择被试和控制一切有关变量，其可靠性不如正式实验。

② 思想实验是指使用想象力进行的实验，所做的都是现实中无法做到（或显示未做到）的实验。

师直接就能向学生解释，为什么燃烧的木炭比燃烧的木头热量更大。学生们从头开始制作纺织品，自己剪羊毛、梳羊毛、纺羊毛，最后织成衣服。

这种教学方法如果放在今天，就是一种“跨学科”行为。但是，杜威指出，对学科进行分类本身就是人们的一种武断行为，他写道：“没有哪一门学科是与其他学科永远不相关的。”杜威声称，实验学校的这种做法不仅为学生传授了丰富的情境知识和技能，还教会了学生自我指导的方法，教他们如何在自己的“微型社会，即雏形社会”中与他人合作。

杜威希望他在实验学校建立的微型社会，最终能形成“一个有价值的、愉快的、和谐的大社会”。直到今天，历史学家们还在思考，为什么这个积极的愿景从未实现。可能是因为在 1904 年，也就是学校成立 8 年后，杜威突然离开了这所学校的缘故。与他当初崇高的雄心壮志相比，他离职的原因实在微不足道，主要是因为他与当时担任校长的妻子爱丽丝在性格上产生了冲突，他指责妻子对学校管理不善致使他离校。杜威一离开学校，哥伦比亚大学立即聘请了他，于是从 1905 年 2 月起，他便在哥伦比亚大学哲学系任教。虽然从某种意义上说，他作为教育哲学家的职业生涯才刚刚开始，但他从事原创教育研究的日子已经过去，在之后的几十年中，他的教育思想并没有得到进一步发展。

他的实验学校计划未能在芝加哥以外的地方得到传播的另一个

原因可能是，他的想法完全与时代精神背道而驰；与处于世纪之交的社会对学校的期望相悖；再加之杜威的理论竞争对手——哥伦比亚大学的同事爱德华·李·桑代克提出了一个更具吸引力的理论。

从地下室到阁楼

“我真不懂杜威是怎么想的！”桑代克一脸沮丧地抱怨着。一开始，尽管杜威和桑代克的思想有很多共同点——二人都相信能够通过实验探索宇宙的奥秘，但他们的世界观却分别建立在相互对立的假设之上，截然不同。事实上，他们的观点已达到了不可调和的地步，以至于威廉·詹姆斯开创性的心理学著作，就是以他们两个人为对象做的罗夏墨迹测验[①]，分析两人的人格差异。杜威在 19 世纪 80 年代读到詹姆斯的文章（这篇文章被收录在詹姆斯 1890 年的综合著作《心理学原理》，*The Principles of Psychdogy*，中）时，他发现詹姆斯对他的全面实验方法给予了明确的支持。詹姆斯在《心理学原理》中清楚表明，人类的思维是在社会环境中进化的。杜威认为，为了达到实验的目的将人的思维与社会环境相分离，就像在没有阳光的环境下研究植物生长一样徒劳无用。一个独立的人类大脑实在太小了，无法单独进行实验，所以杜威才建立了一个完整的微型社会进行研究。

---

① 罗夏墨迹测验是非常著名的人格测验，也是少有的投射型人格测试，在临床心理学中使用得非常广泛。

桑代克偶然间也读到了詹姆斯的书，但是得到的启发正好与杜威相反，他坚定地走向了还原论。他认为应将大脑系统分解成最小的组成部分进行研究。在他看来，用于学习的大脑太大了，不能当作一个整体来研究，只有把组成大脑的系统分解成更小、更简单的机制，才能有所发现。

桑代克在卫斯理大学上本科时，参加过一项知识竞赛，这项竞赛需要阅读詹姆斯的著作。读完后他说这本书“是我所读过的最具激励性的一本书”。可能书中最令他激动的部分，是那 200 多页关于詹姆斯的实验性研究内容，让桑代克很快意识到这是一种强有力的方法。例如，传统的心智训练理论认为，记忆是一种可以通过锻炼提高的“能力”。詹姆斯通过研究打破了这一理论。为了试验，詹姆斯背诵了维克多·雨果的一首长诗《萨提尔》(*Satyr*)，记住了其中 158 行的内容。据他记录，记忆每一行大约要花费 50 秒钟的时间。接着，他在一个月的时间里背会了《失乐园》(*Paradise Lost*)的第一册。如果按照心智训练的理论，这样能够提高他的记忆力，达到人类记忆的最高水平，成为诗歌背诵中的尤塞恩·博尔特[①]。然而，当他再次拿起长诗《萨提尔》背诵另外158行时，每行所花的时间比他一开始背诵这首诗时每行所用时间多了 7 秒钟。他

---

① 牙买加短跑运动员、足球运动员，2008、2012、2016 年奥运会男子 100 米、200 米冠军，男子 100 米、200 米世界纪录保持者。2004 年，博尔特在加勒比共同体运动会的 200 米比赛中，跑出了 19 秒 93 的成绩，成为有史以来第一个跑入 20 秒的青年运动员。

所做的这些心智训练非但没有提高他的记忆能力，反而削弱了记忆能力。也就是说，就算记忆能力真的能够得到锻炼，这种方法也应该受到怀疑。

年轻的桑代克被这一理论深深迷住了。长期以来，哲学家们一直用冗长的论据和不断的反省支撑着记忆能力这一概念，持续了几个世纪，经久不衰。这时，出现了一位孤独的学者，只做了一项有针对性的实验就把整个概念粉碎了。当桑代克进入哈佛大学攻读英语和法语时，他坚定地要和詹姆斯一起学习心理学课程。不到一年，他就把目光投向了心理学博士学位。

有趣的是，当桑代克开始攻读博士学位时，詹姆斯却从实验心理学转向了哲学，并成为一名非常成功的哲学家。当桑代克需要为他的实验小鸡找一个实验场所时（因为哈佛大学告诉他，不能在学生身上做实验，因此他决定用小鸡做实验），是詹姆斯把自家的地下室提供给他，他的小鸡才有了栖身之地，他才得以开始自己的研究。桑代克后来写道，他在地下室里研究小鸡，为詹姆斯夫人带来了麻烦，于是他“只得带着詹姆斯家最小的孩子们玩，当作些许补偿”。

这是桑代克多年形成性研究的开端，围绕这些研究他创立了最持久的普通心理学理论和学习理论。当时，心理学主要侧重定性研究，不过也有一些值得一提的定量研究（包括詹姆斯的记忆研究，以及德国心理学家兼实验主义者赫尔曼·艾宾浩斯根据忘记一系列无意义音节[①]所花费的时间绘制的遗忘曲线）。然而，桑代克坚信数字的力量，即使是像孵小鸡这样不受约束的问题，也要用数字来解释。在詹姆斯的地下室，桑代克用教科书搭建了几个迷宫，然后把那些毛茸茸的小鸡放入迷宫。他很快观察到，那些有过逃出迷宫经验的小鸡，比那些从未进过迷宫的小鸡能更快逃出迷宫。

在获得学位之前，桑代克（和他的两只“受教育程度最高”的小鸡）从哈佛大学撤离，到哥伦比亚大学重新安营扎寨，成为实验心理学新兴领域的领军人物。在曼哈顿，他在哥伦比亚大学谢莫霍恩大楼的阁楼上建了一个工作室，继续他的动物试验。他的试验对象很快就从小鸡变成了流浪猫（有时还有狗和猴子），试验工具也从迷宫变成了自己用木板设计的“迷箱”。桑代克把饥饿的研究对象关在迷箱中，动物们只能通过触动箱内的某种特殊装置，才能打开箱门，比如拉动绳子、按压踏板或者按照特定顺序完成这些动作。（桑代克的儿子后来回忆说，这些箱子会让鲁布·戈德堡[②]感到“自愧不如”。）

桑代克在写给贝丝·莫尔顿（后来两人终成眷属）的信中说：“我一边吃着苹果、抽着香烟，一边观察小猫如何打开迷箱中的门闩、按压门上的按钮、拉动绳子，像小狗和其他动物一样急着获取

① 所谓的无意义音节就是任意两个辅音夹一个元音形成的词，除作为记忆的材料外没有任何其他意义。

② 鲁布·戈德堡，美国著名的漫画家，以鲁布·戈德堡机械出名。这是一种被设计得过度复杂的机械组合，以迂回曲折的方法去完成一些实际上非常简单的工作。

食物，趣味无限。”

桑代克对从迷箱中逃跑的动物的行为进行了量化，测定出每次逃出迷箱的时间，同时计算出成功逃出前尝试的次数。第一次把猫放进迷箱时，猫通常要经过多次错误尝试，才能成功逃出，而且通常都是偶然行为。不过，在后来的不断试验中，就像小鸡跑出用书搭建的迷宫一样，猫根据经验最终能够快速逃出。可以说，猫成功逃脱的次数越多，逃出迷箱所用的时间就越短。显然，猫在不断学习。

但这些知识究竟是如何进入猫的大脑中的呢？1898 年，23 岁的桑代克，提出了一个理论用以解释他所观察到的现象。他所做的学术报告本是一件小事，但是带来的影响却不容小觑，基于这一理论，他后来相继出版了 500 多种出版物，包括 50 本书籍。正如他在写给莫尔顿的信中所说：“当时这个领域中的“老权威”听了我的理论后，一个个都哑口无言。”

令桑代克最难理解的是，研究动物行为的“老权威”们竟然认为，动物也具备像人类一样的推理能力。他觉得这很可笑。他的实验对象逃出迷箱的表现是逐渐改善的，这证明突然的顿悟在它们的学习过程中并没有起到任何作用。在他 1898 年的论文《动物的智慧》（1911 年重新进行了补充和修改）中，他给出了另一种解释：动物只会通过尝试错误的方法来解决问题，并且只会通过重复或者按他所说的“在大脑中磨平一条道路”的方式将解决方案传给记忆。

几十年后，神经学研究为这一观点提供了部分佐证，用于储存记忆的神经元之间的突触联接点确实会随着重复活动而变强，从生理学方面讲，与“磨平”大脑通路的说法有异曲同工之处。

最后，桑代克将其观察结果整理成了一套指导学习的定律。其中最重要的一条，他称之为“效果律”。他认为，动物通过试错行为进行探索的过程，任何能够产生“满意效应”的行为都会变得逐渐频繁，而那些导致“挫败效应”的行为则会逐渐减少。

这一定律对人类的学习产生了惊人的影响。他认为，人类的推理能力虽然超越了关在笼子里的猫，但在记忆编码方面，其过程与他的实验动物对象使用的编码过程基本相同。“这些简单的、半机械的过程，”他写道，“也是人类学习的基础。”假设其他因素都具备（发育成熟、愿意主动学习的大脑、所学的内容系统易消化、反复练习的时间表），那么效果律的背后仍然是解释人类学习的重要的，可能也是唯一的理论。

行为主义理论的诞生

效果律为 20 世纪留下了两道深深的印记。一道是在推行大众教育的学校中，其影响力一直持续至今；另一道则是在实验心理学的科学领域中，激起了一场盛行了几十年的运动。1913 年在哥伦比亚大学的一次演讲中，约翰·霍普金斯大学的心理学家约翰·布罗德斯·华生引入了行为主义这一术语来描述桑代克和其俄罗斯同僚伊万·巴甫洛夫重点关注的研究理论。根据华生的极端定义，真正的行为主义者是用纯粹的刺激（作用于动物的行为）和反应（可观察到的动物行为）来解释大脑活动，忽略甚至否认期间的心理过程。这一学习理论（比桑代克的学习理论更严格、更简化）指出，刺激和反应同时发生的频率越高，两者之间的联结就越强。为了从行为主义角度解释人类的恐惧症，华生和助手罗莎莉·雷纳对一个只有 9 个月大的婴儿（历史上称为“小阿尔伯特”）做实验，当孩子每次靠近毛茸茸的实验小白鼠（以及其他毛茸茸的东西）时，他们就立即制造出巨大的声音，久而久之孩子一见到毛茸茸的东西就会感到害怕。不过，最终导致华生被学校解雇的并不是这些实验，而是他与 21 岁的雷纳的关系，这段关系最终变得暧昧，并直接导致华生离婚，也让约翰·霍普金斯将他“请”出学校大门。他的余生做起了广告事业，人们普遍认为麦斯威尔咖啡公司的“咖啡时间”这个词就是他创造的。

然而，行为主义并没有随着华生的退出而终结。前面提到过教学机器的发明者斯金纳就采用了行为主义标准，用其发明的斯金纳箱重新开始进行桑代克的动物研究，动物们在箱子里通过完成各种行为赚取食物作为奖励。他用鸽子做试验所取得的功绩不容小觑。例如，他教鸽子打乒乓球，首先训练它们从一张小桌子边啄起滚动的乒乓球，然后训练鸽子们互相对打。第二次世界大战初期，斯金纳为美国滑翔炸弹研制了一套鸽子驱动制导系统，把他训练鸽子的努力发挥到了极致。斯金纳让这些鸽子对着一张轰炸目标的照片进行啄食训练后，把鸽子塞进炸弹的鼻锥中，再把它们的头部绑起来，这样它们啄食的动作就能把炸弹引向地面上的目标。该计划在试运行中取得了成功，但后来由于雷达制导的出现，就取消了这一计划，因此并未付诸实践。几十年后，斯金纳还在感叹他的鸽子计划就这样夭折了。然而，他所做的这一切并非一无所获，对鸽子进行的试验让我们不得不考虑我们的大众教育。和桑代克一样，他从试验中所吸取的教训能够应用于多个领域。斯金纳说："教学机器和鸽子计划之间存在着一定的内在联系。"

斯金纳在听完小女儿四年级的算术课后，决定开始研究教学机器。在他的实验中，无论鸽子做对了还是做错了，鸽子都会立即得到反馈。然而，在女儿学习的教室里，孩子们在课堂上完成的作业却要一直等到第二天，教师才会把批改好的作业发给学生，也就是说要等到第二天才能收到反馈。斯金纳的研究表明，这样的反馈为时太晚。因此他开始研究一种能够提供即时反馈的教学机器[①]，这种机器被广泛使用了近十年之后，人们逐渐发现其弊端，最终被打入大学储藏室这座冷宫。

① 严格地说，在斯金纳之前，人们也发明了一些教学机器和相关专利，其中最引人注目的是由锡德尼·普莱西发明的教学机器。锡德尼·普莱西是爵士乐时代的心理学家，深受华生和桑代克思想的影响。他发明的是一种智能测试机，也能纠正错误答案，但是只卖出了127台，可能是因为价格昂贵，加之当时社会正处于经济大萧条时期，因而没有得到广泛推广。（原注）

然而，从某种意义上说，斯金纳在一件事上是对的：桑代克所倡导的行为主义革命并没有完全渗透到课堂本身的运作中，也没有渗透到师生之间不可侵犯的关系之中，更没有渗透到学生的内心深处，而是像鸽子制导导弹一样——桑代克所提倡的标准化教育结构只是包围在他们四周。

桑代克回归学校

1900 年，在华生创造“行为主义”这个词的十多年前，也是斯金纳出生前的几年，桑代克接受了哥伦比亚大学师范学院的教授之职，并将研究重心从比较心理学领域转向了人文教育领域。他的效果律学习定律为美国（乃至国际）的中小学、学院和大学的标准化教育提供了理论基础，并持续了几十年之久。桑代克的职业生涯漫长而卓有成效，他的理论积极推进了教育标准化的进程，为科学、教育和管理领域中志同道合的人士提供了知识财富，这些人被教育历史学家统称为“管理进步主义者”。当他们在大众教育方面大显身手时，效果律既为他们的决策提供了依据，也为他们的策略提供了支撑。

“管理进步主义者”是社会发展大趋势的产物，以进步主义运动而知名。“管理进步主义者”试图通过运动将这个正在偏离轨道的社会拉回正轨。当时的社会已在多方面表现出明显的混乱无序，城市移民、经济衰退、失业等经济新概念出现，伴随而来的是现代企业和工会的崛起，这两者之间有时甚至会发生血腥冲突。让教育家们尤为觉得有趣的是，由于公司的出现和国家市场经济的发展，曾经通往中产阶级繁荣的可靠的“自动扶梯”消失了，这也就意味着即使你是中产阶级，但如今的职场并不能保证你的孩子也成为中产阶级。

从历史经验来看，教育家们自然不会在试图解决这些问题时缺席。即使在今天，教育对大量社会问题仍然发挥着重大的影响力。教育潜在的影响触及方方面面，涉及从贫困儿童、经济不景气到种族不平等等相关问题，更不用说技术落后于竞争对手等事关国家存亡的大问题。“管理进步主义者”深知所面临的问题有多么严重，也坚信他们就是解决问题的最佳人选。

从理论上说，解决问题的方法可以是类似于杜威在实验学校里尝试的整体教育方法。然而，坦白说，除了桑代克的教育理念以外，很难想象进步运动的齿轮还能与其他什么理念相契合。桑代克的教育理念坚定地认为学习是可以测量的、可计算的、可大规模复制的。正如教育历史学家斯蒂芬·汤姆林森所写，桑代克的观点为“管理进步主义者”提供了“对学校教育的各个方面进行细化、排序和监控所必需的理论工具”。

时至今日，杜威的教育理念其实仍然存在，只不过其主要存在于教师教育项目之中，是教育中屹立不倒却总是排在后面的理论。而矗立于教育正前方的，从独立的学校到整个教育系统无一例外都会爱上桑代克。他的效果律足以证明课程的标准化、学校管理的标准化，以及学生的标准化（这是最糟糕的）都是合理的。

也许桑代克学习理论下的第一个牺牲品就是传统的古典人文课程。旧观念认为技能不分种类，也就是说，如果你能够训练记忆古希腊诗歌的能力，那么假如以后你从事的是会计职业，这种记忆能力依然存在。但是这种能力却不适用于将信息存储于微小的、独立的联结模型中。如果诸如记忆、推理、感知和判断等"能力"是无法提高的（桑代克通过实验特别强调"判断"能力是不可能提高的），那么学校管理者就应该直接为学生的未来事业提供服务，这才是最符合逻辑的举措。数学、科学、英语和历史，这四门基础课程在这场改革中完整地幸存了下来，但并非完全没有变化。例如，物理学和三角学等旧课程被"普通科学"和"普通数学"课程取代。1920年美国国家教育协会的一份报告指出，新的两门课程（"普通科学"和"普通数学"）可以直接适用于家庭、农场、临近工厂、市政和水厂。历史学改成了社会研究学，承担了培养优秀公民的责任。古典语言学被家政学和体育学等新型学科，以及工业绘图和木工等领域的职业培训取代。

到了19世纪初期，越来越多的上层行政建筑开始实施这些新规范。在桑代克看来，这是教育朝着正确方向迈出了有力的一步。他幻想着这样一个世界：教师把教育这台机器的全部控制权交给管理者和课程创造者（桑代克就是一个突出的例子，他靠生产教科书和字典发了大财）。他甚至预见到一个遥远的未来，在那里有一种理想的算法，这种算法完全不受教师的束缚，能够算出“每种刺激产生的效果，以及每个人产生反应的原因”——这是他在 1906 年所写。无论是管理者还是科学家，或是执行高级法令的机器，他的计划都让教师的角色受到限制并处于较低的层级。埃伦·康德利夫·拉格曼指出，在这种削弱教师角色的教育理念中，性别是关键性的因素，因为管理者通常是男性，而教师往往是女性。

桑代克的观念与当时社会发展的基调产生了完美共鸣。一股追求效率和数量的潮流正如火如荼地在全国蔓延。办公室和工厂里随处可见那些戴着眼镜、拿着秒表和笔记本的监工。学校亦是如此，由于承受着巨大压力，因此必须有效地利用学生的时间和纳税人的钱。学校不断扩建，校园占据了越来越大的空间，而受过专业训练的管理人员（许多来自哥伦比亚大学师范学院）正一步一步地从当地学校董事会手中夺过管理学校的权力。

对于这个新的管理阶层来说，我们所熟悉的字眼“学分”和“学时”成了他们最不可或缺的管理工具。教育程度不仅受到学校内部和学校之间流动的学生的影响，同时还受到教育供给方的影响，涉及课程安排、教师养老金、设施建设等方方面面。教育时间标准化对“管理进步主义者”的大工程来说至关重要。不幸的是，这种管理方式以大脑学习的生物需求为代价，我们将在接下来的几章中着重探讨这方面的内容。

随着桑代克及其盟友影响力的不断扩大，他们的体系施加在学习上的障碍也就变得无关紧要了。事实上，学习本身正在失去它在学校的重要意义，取而代之的是另一种功能：将值得教育投资的学生与不值得投资的学生区分开来。桑代克于 1901 年写道："文法学校、高中和大学都会拒绝某些类型的学生。"他把这一筛选过程视为教育体系成功的一个特点，而不是缺点。对他来说，学校面临的主要挑战不是如何提高学生的智力，而是如何把聪明之人和无能之人区别开来。他在 1906 年写道："这是唯一一种能够选出最值得接受公立学校之外的教育的学生的方式，这样的学习能使他们为世界的真正发展做出最大贡献。"

1924 年，为了把这一理念解释清楚，桑代克进行了一项非常有影响力的研究，研究的课题是：新兴的学科和历史悠久的旧学科，哪一种学科更能有效地提高学生智力？最后桑代克宣布，答案是"以上都不是"。与所学课程相比，更重要的是学生在学习时的心理准备。他宣称："那些心理准备越充分的人获得的知识就最多。"这一发现给"管理进步主义者"对学生分类的承诺增添了紧迫感。回顾今天的研究，如教育历史学家赫伯特·M. 克里巴德所写："桑代克是否有权做出如此以偏概全的结论，还是一个问题。"然而，确切地说，桑代克的结论并非新论，它早在几十年前就已经形成了。

20 世纪初，他和其他教育心理学家提倡利用特定科目的标准化测验来对比学生的学习能力，公立学校欣然接受了这种测试（桑代克没有发明标准化测验这一概念，但他确实亲自设计了许多标准化测试题，包括用于比较儿童拼写、书写、历史、英语理解和绘画技能的量表）。然而，这一测试很快就被一种心理评估取代，并统领各种测试，即智商测试。桑代克对这种测试也是持全力拥护的态度。尽管他和智商测试的主要推动者斯坦福大学的刘易斯·推孟对智商的定义略有不同，但他们一致认为，智商实际上在一个人出生时就已既定，而智商测试的确能较为准确地测试出一个人的智商情况。他们与其他志同道合的教育家和心理学家联手共同推动智商测试，使之成为学术规范。

随着智商测试在学校的影响力日益增大，其效果引发了人们的热议。例如，杜威就站在反对智商测试的一边，反对“任何以科学为名，依据数字对学生进行分类的程序……教育就应尽一切所能维持目前的状况”。尽管存在这样的质疑，智商测试还是成为爵士时代学校对学生进行分类的标准手段，也是整个心理学领域研究的主要关注点。1922 年，推孟成为美国心理学协会主席。1925 年，美国教育局决定 64% 的小学、56% 的初中和 40% 的高中都要使用智商测试对学生进行分类，确定出哪些学生适合走继续上学的轨道，哪些学生应该走蓝领工作的轨道。教育历史学家兼分析员黛安·拉维奇说过，让一个学生走上这条或那条轨道的决定成为一个自证预言，因为只有那些在大学轨道上的人才能修读为上大学做准备的课程。

所有对学生的量化、分类、大规模的筛选究竟目的何在？如前所述，这些做法并不都是有害的，即使是对学生能力用最粗糙的筛选方法进行标准化评估，也比那种仅仅依靠熟人关系所得的录取结果更公平。然而，与此同时，那些被所谓的精英管理新方法所淘汰的人，都是哪些人？

让我们从现在最显而易见的事情开始说起。20世纪初，整个智商测试项目不仅在执行过程中，而且在动机上都具有种族歧视和阶级的偏见。对学生进行衡量和排名的做法是进步主义的时尚，它试图对阳光下的一切事物进行量化，这种做法直接与20世纪初的另一场运动紧密相连：臭名昭彰的优生科学运动。

事实上，行为统计学和优生学这两个学术领域都可以追溯到同一个人——英国的博学家弗朗西斯·高尔顿，他被誉为两个领域之父一点也不为过（“优生学”这个词就是他创造的）。“管理进步主义者”，特别是推孟和桑代克都十分崇拜和仰慕高尔顿。桑代克在1936年的一本简短的自传中声称：“与威廉·詹姆斯的著作一样，高尔顿的著作对我的影响最大。”推孟和桑代克不仅完全赞同高尔顿的优生学理念，更糟糕的是，他们还将种族偏见和基因决定论结合起来，塑造他们的教育观。推孟思想极端，特别崇尚优生学，相信通过测试不同种族的智商，就能发现种族智商间存在的巨大差异，而这种差异是任何教育干预都无法解决的。桑代克是纽约支持优生学高尔顿协会的一员，他支持将种族隔离主义和职业主义相结合，例如，主张将某些黑人学校的课程从以文学为主改为以具有现实意义和工业性为主的课程。1940 年，人类学家已经揭示出人类的本性远不止我们基因中的那点东西（遗传学家通过研究染色体得出的新发现，证明了人类的基因远远不是优生学家所理解的那么简单），而桑代克仍然支持优生学。“有能力和善良的人所能贡献的服务就是生儿育女，”他写道，“低劣和恶毒的人所能贡献的服务（也是唯一的服务）就是阻止自己的基因继续延续下去。”

如今，学术界不乏对桑代克和推孟的种族理论提出质疑的研究。事实上，正如我前面所提到的，现代智商测试中，学生生活的环境因素对测试结果存在巨大影响。以美国不受重视的种族而言，环境因素足以超过其他任何假设的群体差异。此外，人类学家约翰·奥格布在著作中写道：“全世界被边缘化的人群在智商测试中的得分，往往比当地占主导地位的群体低 10 ～ 15 分。如果把两个群体迁移到一个新环境中，这些差异就消失了。因此，唯一合理解释差异的原因就是群体被边缘化，而非基因遗传的缘故。或者，如沃克斯传媒的以斯拉·克莱因所说，特别是在美国，真正的问题不是智商不可遗传，或是不同群体之间存在智商差异，而是美国对黑人公民进行了残酷而疯狂的实验之后，才说基因差异对智商有影响，这着实让人难以接受。”

桑代克，这位把学习研究带入定量时代的科学家，被誉为冷面逻辑学家，尤其与注重人类学和自我内省的杜威相比，更显冷面。然而，桑代克随着思想内容的丰富细化，开始显得不那么冷静理性了，反倒像那些热血之人一样，对动机推理和证实偏差更显人性化倾向。他和他那些“管理进步主义者”同伴们也接受了这样的假设，即种族和智商能够干扰人们从周围世界中提取真理的能力（他们愿意接受某些谬论并非受到智商的限制，桑代克还用阶级和种族指数绘制了一幅美国传说中的“善”之图）。如果你想要嘲笑这种科学至上论，没人会责怪你，毕竟这种至上论给世界带来了严重的伤害。

进步时代的荒唐科学仍然影响着我们的生活。时至今日，我们的教育体系仍被指设立了双重目标，而且两个目标极为不和谐。一方面，大众教育的首要目标仍然是教学，向每个人传授实用的活性知识；另一方面，我们从“管理进步主义者”继承下来的使命，要求我们将教育的内容、教学方式，甚至受教者全部标准化，而这恰恰与“人人有所学”的理想背道而驰。

当标准化的机器与学习实际运作的现实发生冲突时，教育的两种目标从本来不温不火的不和谐状态，变得水火不容。正如我所提到的，学习的认知科学是多层次的，其复杂性远不是桑代克的基础理论所能解释的。在后面的章节中，我们将一层层爬上认知科学这座高楼大厦，每上一层次，就能扩大我们的认知视野。我们将从微观层面开始了解，学习是如何在组成我们神经系统的细胞中构建的，继而层层向上，最终到达元认知（即对认知的认知）和社会动力学的高度。每上一层都对学习施加了一些新条件，满足这些条件后，我们才有可能对教育者和学习者提出更包容、更有效的教育愿景。

我希望我已表述清楚，我认为桑代克的理论有可取之处，亦有不足之处。在进一步探讨前，我们必须考虑到在未来的探索旅程之中，必然会涉及桑代克的多方面理念（即使不在思想意识方面，至少也会在方法论方面涉及），这一点毋庸置疑。诚然，我们正在给他所看到的二维事物添加层次，但是，我们仍然会对学习这件事剥丝抽茧进行理解，这种基础研究法桑代克再熟悉不过了。桑代克的还原论是研究方法中的极端形式，我称之为“由内而外的思维”，也就是力图用尽可能机械的方式解释复杂的体系。由内而外的思维，是从世界中抽取真理的一种强大的方法，也是将理论应用于实践的一种较为有效的方法。也就是说，如果你所提出的学习模型忠于现实，这种模型在桑代克看来就不算完全正确。

相比而言，杜威的理论更为全面，我称之为“由外而内的思维”：把复杂的系统作为一个整体进行研究，而不是去拆解它。这种相对谨慎的方法不太容易出现巨大错误，但也很难转化为大规模的教育实践。

我深知，无论是哪个雄心壮志的人，若想把我在课程 2.007 中见证的教学方式和水平进行广泛传播，都必须将由内而外和由外而内的思维方式相结合。将这些看似矛盾的思维融合在一起，才能使我们在教育方面拥有更为可行的方法。因此，我们需要与过去决裂，但又不会像斯金纳的教学机器那样，完全脱离实际的课堂。本书接下来的两章，主要讲述在认知学这幢大厦中较低层所涉及的细微知识，它将会反映出一种由内而外的思维模式。待我们爬到更高层时，就进入了由外而内的思维模式。我们将会看到这两种科学思维给教育工作者们带来的截然不同的建议。如果我们的愿景是最大程度地支持学习者的学习，那我们就必须设法调和这两种思维。

由于我们挑战现状的旅程刚刚起步，因此无须爬得太高。在接下来的一章中，我将从生物学的角度，也是桑代克理论中最经得起考验的基础研究层次阐述学习是如何产生的，以及如何以更好的方法进行学习。

第二章

间隔学习法

“合理安排学习时间！”

“不要临考前才开始抱佛脚！”

“不要临阵磨枪！”

我不知道在这个丰富多彩的广袤世界里是否真的存在普遍经验，但是上面的告诫应该算是普遍经验了吧。几十年来，有多少人听过诸如此类的话：考前临时抱佛脚怎能考出好成绩；临阵磨枪就是懒惰、时间管理不善、道德沦丧的标志；长此以往，我们的记忆力会下降，前景会变得暗淡，偶尔还会消化不良，手心出汗，毫无快乐可言……

然而，即使有如此严重的警告，我们中的许多人仍然做出了错误的选择。反正我成年后意识到我曾经做出的选择就是错误的。我的许多学生也是如此，而我则变成了那个敦促他们安排好学习时间的人。世界各地的学生也许都如此。2013 年做的一项研究显示，接受调查的大学生中有一半的人（这还只是主动承认的学生）表示，他们一般在考试前一两天才开始学习，不过绝大多数人也表示他们心里清楚，不应该临阵磨枪，应该早早开始学习。

事实上，几天甚至几周学习一个单元要比一次性把所有单元全部学完有效得多。间隔学习法，又称为“间隔重复法”或“间隔练习法”，是一种积极的日常练习，虽然广受赞誉但总受人回避。如果这种学习方法的效果如一剂良药（人们也把运动比喻为良药），那么我们就应该每天按时服用。间隔效应是认知心理学中研究时间最长的课题之一，人们也在这方面做了各种各样的实验，最早可追溯到 1885 年德国心理学家赫尔曼·艾宾浩斯对自己记忆的研究。这些实验已经证明间隔效应对各种知识的学习都有效，对各种学生也都适用。

想学斯瓦希里语吗？研究员将一次所要学习的词汇分成两次学习，中间间隔一天，学生们在一周半后的测试中多记住了 34% 的斯瓦希里语单词。想学数学吗？课程结束四周后，那些采用间隔学习法复习的大学生，其考试成绩比那些一次性花很长时间复习的大学生的成绩高出两倍。研究员在理科生中也观察到了类似的结果。试验证明，间隔学习法不仅适用于上至 76 岁的成年人及下至几岁的儿童，甚至还适用于婴儿；不仅适用于学术知识的学习，也适用于计划外的偶然学习，甚至还可用于运动技能的学习。无论你是钢琴专家还是正在学习推杆的高尔夫新手，均可从中受益。这种学习方法还适用于书本知识与运动技能交叉的领域，如外科手术领域。2006

年的一项研究显示，那些通过间隔数周的间隔学习法练习连接老鼠血管的外科医生，比那些集中练习（即无间隔时间）的对照组表现得更为优秀。事实上，在集中练习的对照组中，一些外科医生把手术弄得一团糟，最终不得不放弃他们的“小病人”。

虽然上述有关间隔学习的例子所涉及的方面很广泛，但就间隔效应真正的影响范围而言，上述情况还只是冰山一角。间隔效应的影响范围比人类物种的影响范围还要深远得多。我们的哺乳动物伙伴似乎也能从间隔效应中受益，这其实并不足为奇，毕竟它们是我们的近亲。然而，令人吃惊的是，相对简单的无脊椎动物也能从间隔效应中获益。例如，人们能够教会果蝇害怕某些气味，如果使用间隔学习法训练果蝇，它的这种记忆就会更牢固。不过，果蝇起码也是有大脑的。最让人惊讶的是，即使是没有大脑或中枢神经系统的动物也能从间隔效应中获益。以海蛞蝓（也叫海兔）为例，海蛞蝓是一种优美、柔软的生物，其大小、形状和颜色都和九分熟的猪排差不多。这种动物没有中枢神经系统，主要是靠一个分布式神经元网络进行活动。即使是这些看似结构极为简单的动物，当人们教它们对不同的实验刺激做出反应时，如果每间隔一定时间就给出指令，经过长时间训练，它们也能记住人们所教的东西。

从神经学的角度来说，海蛞蝓确实是一种简单的物种。我们可以想象一下，人类大脑中有 860 亿个神经元，而海蛞蝓没有大脑，它们每天只以海藻为食，神经网络分散，只有 18 000 个神经元。如果把人类大脑中的神经元一个接一个地拿出来发放给地球上的每个居民一人一个，可以连续发放 12 次。相比之下，如果你把海蛞蝓的神经元作为参加波士顿马拉松比赛的奖品的话，将有 1 万名选手空手而归。

海蛞蝓的神经元数量只有人类的 1/5 000 000，即使是这样也不能阻止海蛞蝓（甚至更简单的动物）从间隔学习法中获益，这一点意义重大。事实上，间隔学习法的益处能够一直延伸到动物王国的最远端，这足以说明间隔学习法的重要性。间隔学习法长期以来并未受到教育者们的重视，他们只是倡导学习者把这种学习法当作一种好的习惯，而不是贯穿整个学习过程的重要因子。但事实上，在我们探讨如何进行教与学的问题时，间隔学习法本应大放异彩。现在人们对间隔效应的研究达到了高潮，这也表明这种效应对形成记忆的机制至关重要。

卡哈尔[①]的预言

在研究记忆的历史长河中，间隔效应并非总是缺席。那个留着胡须、戴着眼镜的德国研究员赫尔曼·艾宾浩斯开创了这一领域的研究，他认为间隔效应是保持记忆的关键。艾宾浩斯做了一系列细

① 圣地亚哥·拉蒙－卡哈尔，西班牙病理学家、组织学家、神经学家，1906 年诺贝尔生理学或医学奖得主。他对于大脑的微观结构研究是开创性的，被许多人认为是现代神经科学之父。

致谨慎的实验，通过记忆一长串无意义的音节，然后对遗忘时间进行量化，绘制出了一条“遗忘曲线”。这条曲线显示，大部分无意义音节会很快从记忆中消失，但是也有少数音节在记忆中停留的时间相对较长。他发现重复法可以巩固长时间的记忆，特别是间隔一段时间再重复的效果更佳。这一发现比较直观，他解释：“小学生虽然无法逼迫自己一个晚上就学完所有词汇和语法，但他一定懂得早上起来后再复习一遍记忆的效果更佳的道理。”1890 年，威廉·詹姆斯回顾了艾宾浩斯的研究后，指出我们的记忆存在两种不同的类型，他称之为“初级记忆”和“次级记忆”。他的学生，也就是爱德华·李·桑代克于 1910 年给这两个名词重新命名，就是人们现在所熟知的“短时记忆”和“长时记忆”。

随后的几年里，心理学领域对间隔效应的研究并没有戛然而止，但也没有激起记忆研究领军者们进行潜心研究的热情。行为主义者和他们的先辈，比如桑代克，都认为间隔重复法对学习来说是有益的，但并不是至关重要的。他认为这种方法倒是可以用来训练老鼠和鸽子，或者培养钢琴家，除此之外别无他用。因此，当心理学家们孜孜不倦地研究什么样的刺激导致了什么样的行为结果时，只是把间隔效应放在了陪衬的位置上。

然而，与行为主义者结盟的心理学家并不是当时唯一对记忆进行深度研究的科学家。当桑代克和其继承者全神贯注地开始从大脑外部研究学习的过程时，神经生理学专家们已经开始从大脑内部探索学习过程了。转瞬之间，从生理学角度说，由筋膜、骨头和皮肤包裹的大脑曾经如此神秘难测，而现在它的神秘面纱开始逐渐被揭开。这些早期的研究必然有助于我们了解大脑的结构：神经元是什么样的、它们是如何传递信息的、何时开始传递信息的、如何相互联结的……这些问题的答案经过人们的研究逐渐显现，但是间隔效应是如何起作用以及为什么能起作用，仍然不得而知。

还有一个问题，同样有趣但没那么遥不可及，即心理学和生理学的记忆研究道路何时能够相汇。值得称道的是，行为主义者从未怀疑过，在将来的某个时刻，人们最终能够研究出学习行为背后的生物结构。斯金纳仔细思考着朦胧的未来，预言道："我们最终会了解到生物体的本来面目，生理学家总有一天会事无巨细地讲给我们听。"

与此同时，21 世纪中叶的神经生理学专家已经把记忆的物理结构研究得基本清晰透彻，尽管其物理结构复杂难测。对记忆的物理结构进行研究的传统始于诺贝尔奖获得者西班牙神经解剖学家圣地亚哥·拉蒙－卡哈尔，他所绘制的枝杈丛生的神经元示意图至今仍被广泛应用于教学。1894 年卡哈尔用法语为一些来自伦敦的科学家做了演讲，演讲中他预言：神经元之间存在着独特的联结方式（这种联结中介后来被称为突触），因而形成了记忆。他说："大脑皮层就像一个树木林立的公园，皮层中的锥体细胞[①]得益于智慧的滋养，

① 锥体细胞是大脑皮层的主要细胞，卡哈尔最先对其进行了详细描述。

生长得枝繁叶茂，根系发达，孕育出越来越多样化和精致的花朵和水果。”他讲得激情澎湃，听众听得聚精会神。

他的确找对了研究方向。事实上，如果让今天的一位神经科学家坐上时光机回到 1894 年，在卡哈尔的后脑勺上挥一下魔法棒，然后代替他发表演讲，那么穿越时空的旅行者所发表的言论除了少数几个关键点之外，其他内容与卡哈尔的演讲大同小异。然而处于世纪之交，卡哈尔的神经元联结新理论还不稳定，当时还存在的其他理论似乎也有理有据，竞争性也很强。例如，在 20 世纪 20 年代，哈佛大学心理学家卡尔·拉什利切除了老鼠大脑皮层的一部分后，老鼠仍没忘记其迷宫导航技能，因此他认为记忆是保存在电场中的。

1949 年，拉什利曾经的学生、加拿大麦吉尔大学的唐纳德·赫布提出了一个理论，与卡哈尔的理论相差无几，但似乎更接近真相。不过当时存在的最大问题和现在一样，就是大脑的复杂性问题。现在的教科书为了便于学生理解，往往将神经元的结构绘制得比较简单。而实际上，科学家把神经元比作一株从土壤中拔起的郁金香，有根球和根须，然后在这株郁金香的前后端对端地摆放一些相似的郁金香。从郁金香根球的一端发出许多类似根须的结构，叫作树突，能够接收前一个神经元传入的信号。一旦树突接收到信号，信号就会沿着神经元传播。经过球状含有细胞核和生命支持体系的细胞体，沿着狭长的茎传输，这部分在神经中称为轴突。这种信号的传输过程是通过一种叫作动作电位的电化学机制产生的（常被比喻成一排正在倾倒的多米诺骨牌）。当动作电位到达郁金香的花瓣部位，也就是神经轴突投射的过程，将大量化学物质（一种神经递质）倒入空白区（一个突触），也就是把我们的神经元花瓣与另一个神经元的根分开的空白区，以此种方式将信号传递给下一个神经元。信号就这样一步接一步地传下去。

实际上，我们的身体中的确有一些神经元的形状和作用几乎和教科书中描绘的一样简单：神经元只是充当信使把信号简单地从 A 点传递到 B 点。但在大脑中的神经元，教科书中并没有清楚地描绘出来。一个特定的皮质神经元并不只是简单地联结前后两个点，而是联结了大约 1 万个突触（有时多达 10 万个），这些突触再与其他成千上万的细胞联结起来。因此，21 世纪中叶神经科学家面临的一个最棘手的问题就是，当神经元细胞（不是一支根须整齐排列的郁金香，而是你所能想象到的茂密丛林中的一棵最多刺的灌木）接收到传入的信号时，它在什么情况下才会传递这种信号呢？当信号下传时，面对如此诸多的突触，由哪一个接收信号呢？

赫布提出，在这一系列连锁反应中，当一个神经元激发另一个神经元反应时，这些细胞（以及它们共享的突触）中一定会发生某种自我加强的过程，从而促使这种反应再次发生。其结果是脑细胞有序地、呈半离散式聚合在一起，这是由于反复使用特定突触来形成并维持的。或者，如现在的神经科学家所说：“一起激发的神经元将会连在一起。”这一思想具有一定启发性。

然而，赫布的推论更有趣：也许正因为有了这些网状的细胞组合，才把记忆保存在它们相互联结的经纬线中。越来越多的研究结果都证明了赫布的理论，于是神经科学家们开始思考，如果记忆的位置可以从生理上进行定位，那么现在的问题就变为了如何定位，由谁定位，以及在什么样本生物中定位：猫或者老鼠，再或者就是猴子。

海蛞蝓研究时代

这种样本生物抑或是神经系统极其简单的海蛞蝓，赫布那个时代的专家几乎没有几个人能预测到人们会用海蛞蝓进行研究。倾向于行为主义的研究人员更喜欢研究复杂的动物：哺乳动物或某些鸟类，因为它们解决问题的能力和超强的记忆力令人瞠目。同时，对于将相对简单的动物作为研究对象的神经科学家来说[①]，行为能力强反而是一种障碍。那些会爬树、懂得吸引配偶、会推动杠杆的动物

---

① 我们早期对神经元和突触的研究，大多是以神经系统简单的动物为研究对象。例如，我们最早研究动作电位时，研究对象就是一条一英尺（英制长度单位，1 英尺 ≈ 0.3 米）长的长鳍近海鱿鱼，通过其巨大的轴突了解动作电位的相关信息。大多数鱿鱼都有一条巨大的轴突，从头部一直延伸到尾部，体型和人差不多大小的洪堡鱿鱼的轴突更是巨大。它的轴突和一个高个子的手臂一样长，直径为一毫米，比人类轴突厚一千倍。动物界轴突最长的可能要属蓝鲸体内联结大脑和尾片的轴突了，不过目前这还只是一种假设。形象一点来说，如果自由女神像中有一根轴突的话，那么这根轴突的长度就相当于从自由女神的头到脚的长度。

行为能力都很强，如果你解剖出它们大脑中的单个神经元，透过立体镜观察，会发现其大脑结构毋庸置疑地都很复杂。神经科学家埃里克·坎德尔最终因研究记忆与单个神经元行为之间的联系而获得诺贝尔奖，2018 年他通过电话说："大多数研究人员都会回避行为的因素，因为他们认为行为太乱、太复杂了。"

坎德尔出生于奥地利的维也纳。1939 年他 9 岁，为了躲避纳粹的迫害与家人移居布鲁克林。坎德尔本是学医学的，到了 20 世纪 60 年代中期，他完全转向了神经科学的研究，因此他对整个大脑和单个细胞都有深层次的了解。坎德尔在哥伦比亚大学研究的是迷幻剂如何对猫高度复杂的视觉皮层产生致幻作用，初期的研究让他渴望找到一个更简单的研究对象。不知不觉中，身边一位研究员的实验室吸引了他。这位研究员正在研究小龙虾的神经元特性。在那位研究员的实验室里，他学会了制作玻璃电极，然后将其插入小龙虾的大轴突中（小龙虾的轴突虽然没有鱿鱼的轴突那么大，但已经足够大了），然后再连接到扬声器上，这样的装置能把无声的神经活动放大到如炮声般震耳。"我不喜欢枪炮声，"坎德尔在回忆录《追寻记忆的痕迹》（*In Search of Memory*）中写道，"但是，当听到动作电位发出砰砰砰的声音后，我简直陶醉了。"

几年后，坎德尔再次用猫作为实验对象，在猫的海马体中使用了电极技术。海马体是大脑的一个区域，麦吉尔大学的布伦达·米尔纳进行了一系列具有里程碑意义的研究，证明海马体对长时记忆的形成有至关重要的作用。由于海马神经元是长时记忆形成的必要条件，因此坎德尔在研究中一直在深度挖掘、探索是什么让这些神经元如此特别。他和他的研究伙伴在短时间内获得了一些小发现，但并没有取得什么重大突破。他们研究的海马神经元看似很特殊，但还不足以解释海马体对记忆的特殊作用。这说明了一种可能性：构成记忆的物质可能不在细胞内，而在细胞之间。这种可能性引起了研究员们的兴趣。

坎德尔不顾资深同事的劝告，把研究对象转向了简单的无脊椎动物。他后来写道：“他们告诉我，有尊严的神经生理学家是不会放弃哺乳动物，而去研究无脊椎动物的。我这样做会不会牺牲我的事业？”但是坎德尔目标明确，他期望寻找一种能够研究记忆的体系，就像利用鱿鱼巨大的轴突研究动作电位一样。坎德尔听了一些访问科学家做的讲座，从中找到了灵感，将研究目光锁定在海蛞蝓身上。“海蛞蝓的优点就是拥有巨大的神经细胞，这些神经细胞很容易识别，能够使我们根据神经回路研究出简单的行为。如果你找到了神经回路，就能看到动物学习时神经回路发生的情况。”他说。

“能看到神经回路发生的情况”这一描述听起来如此直截了当。这样的描述虽然简单直接，但在当时无异于是记忆研究中的金钥匙，因为如果你能描述学习发生时神经回路中每个细胞的情况，你可能就能解释记忆是怎么回事了。

坎德尔决定去法国科学家拉迪斯拉夫·陶茨的实验室研究海蛞

蝓。陶茨就是做讲座的访问科学家之一。但去之前他必须在哈佛大学医学院完成为期两年的医学实习，毕竟他已经在医学学习中倾注了巨大心血。20 世纪 50 年代的医学实习相对轻松，因此坎德尔有大量时间阅读书籍。他在实习期间读完了伯尔赫斯·弗雷德里克·斯金纳的《有机体的行为》（*The Behavior of Organisms*）这本书，书中阐述了巴甫洛夫和桑代克的一些经典研究案例。“我认为他们研究的范式，”坎德尔后来写道，“都适用于单个海蛞蝓神经节的研究。”如果运气好的话，桑代克和斯金纳提出的由内而外的学习模式能够使其迎来他梦寐以求的生物学机制。

两年后，坎德尔和家人前往阿卡雄[①]的海边小镇与陶茨会合。离开了大龙虾、小龙虾和鱿鱼等简单的神经系统世界两年之久后，坎德尔又回到了由内而外的科学，回到了他最初的研究方向，回到了对“海鲜”的研究。

海蛞蝓试验

我们再来详细了解一下海蛞蝓这种了不起的生物。它巨大的轴突（最先引起坎德尔注意的部位，激发了他在解剖学上的奇想）比洪堡鱿鱼的巨大轴突略宽。当海蛞蝓受到威胁时，就会从轴突中喷射墨水。海蛞蝓属于雌雄同体生物，可同时与 30 多个个体进行交配，形成一条交配链，最后面的海蛞蝓充当雄性，最前面的充当雌

① 阿卡雄，位于法国西南海岸的海湾，属于大西洋的一部分。

性，中间的既充当雄性又充当雌性。有时，海蛞蝓的交配链看着就像一条黏糊糊的、蠕动着的衔尾蛇。海蛞蝓对恐惧的反应强烈，极易识别。大部分自然环境下，它会将身体中海绵状的鳃和虹吸部位露出水面，像背了一个背包一样。对肉食动物来说，海蛞蝓的鳃既娇嫩又美味。每当海蛞蝓感到附近有威胁的迹象时，就会将鳃部缩回到身体内以保护自己。最重要的是这种应激反应是可以后天训练的，坎德尔在研究中就利用了海蛞蝓的这一特性。

不过，坎德尔首先集中精力研究的是海蛞蝓的神经元，并没有直接将海蛞蝓作为整体进行研究。他从海蛞蝓身上分离出了一个由 2 000 个神经细胞组成的腹部细胞团，保存在海水中并注入空气，然后将电极插入最大的神经元中。他通过刺痛法和电信号刺激小神经元，小神经元就会试图与大神经元聚合，再现了历史上行为主义者进行的一些著名学习实验。

俄罗斯早期行为主义学家伊万·巴甫洛夫通过测量狗在各种训练前后的唾液分泌情况，取得了开创性研究成果，总结出学习有三种极其简单的形式。第一种是习惯式学习，即对持续产生的中性刺激的反应。例如，当你搬到一个靠近急流的房子里时，一开始会受到水声的干扰，但是久而久之你就会逐渐忘记水声的存在。第二种是敏感式学习，即对间歇性、通常是有害的刺激的反应。例如，当你家里每隔 15 分钟就会发出一声刺耳的“哔哔”声，而你根本不知道是从哪里发出来的，每响一次，你就会吓得跳起来一次，而且一次比一次跳得更高。第三种称为经典条件反射，当一种能够引起不适、恐惧、性唤起的强大刺激物与中性刺激物配对出现时，原来并不能引起某种本能反射的中性刺激物也能引起该本能反射。举一个令人不安的例子，想想那个可怜的小阿尔伯特，还在蹒跚学步的时候，就被约翰·华生训练得一见到毛茸茸的东西就瑟瑟发抖。

坎德尔首先通过反复触发传入神经元，导致大量下游细胞反应性减弱，验证了习惯式学习形式。如果把一个动作电位比作一排倾倒的多米诺骨牌，那么坎德尔在下游细胞中测量的电值，也叫作突触电位，就像第一个多米诺骨牌的倾斜角，只需把它推到超过某个临界点的角度，其他多米诺骨牌就会跟着全部倒下。利用这种度量的方法，你就能推断出一条突触的强度。从本质上说，上游信号致使下游"多米诺骨牌"越倾斜，突触的强度也就越大。坎德尔发现，在他模拟习惯式学习的过程中，所研究的突触的确如预期的那样，反应明显减弱。

随后坎德尔又成功地模拟了敏感式学习和经典条件反射学习，他已经基本能够从细胞学的角度阐述真实记忆的原理。他将巴甫洛夫在活着的、会呼吸的狗身上观察到的学习行为还原到单个突触的活动中，然而，这一原理目前只在有生命、有行为的海蛞蝓身上得到了验证，还没有在坎德尔一直研究的细胞团中得到证明。与此同时，他在法国工作的时间也接近尾声。回到纽约后，坎德尔组建了一支团队，共同探索海蛞蝓身上还未解开的秘密。研究小组将海蛞蝓的缩鳃反射作为主要研究目标。坎德尔继续用电极探索海蛞蝓相关神经元的反应，结果他兴奋地发现，神经元的反应并没有因海蛞蝓的不同而变化。然而，真正的难题是从活海蛞蝓身上收集神经反应的读数。坎德尔和他的队友将一只活海蛞蝓麻醉后，通过手术打开它的颈部，从中抽取出一条仍然连接着的腹神经节，最终获得了相关读数。到 1969 年，研究小组已经研究出如何测量直接导致缩鳃反射的 6 个运动神经元的突触电位。他们准备好了电极，开始训练海蛞蝓。

就这样，问题迎刃而解。海蛞蝓的缩鳃反射中，对刺激敏感时，发生缩鳃反射的突触反应强度增大；对刺激习惯化时，突触反应强度减弱。这正好印证了前面的理论。虽然经典条件反射的学习方式更难验证，但研究小组最终还是得出了类似的结论。结果显示，当他们训练海蛞蝓对良性刺激做出害怕反应时，其感觉细胞和运动神经元之间的连接链会因此而加强，而在受刺激之前它们彼此之间并无联系。

鉴于这些由内而外学习方式的研究成果，学术界长期存在的争议逐渐消退。拉什利的记忆电场理论已站不住脚。与此同时，人类思维在初期究竟是一块白板（英国哲学家约翰·洛克所持观点）还是部分是预先编程好的（德国理性主义者伊曼努尔·康德的主要观点），这样深奥的问题也失去了继续争论下去的意义。如果说海蛞蝓的神经结构和我们的大脑有什么共同点，那么按照康德的说法就是预先编程的信息确实印在了神经回路的解剖结构上；而根据洛克的说法则是个体的经验决定了这些神经回路是如何以及何时传递信号的。坎德尔写道："许多生物体的潜在行为都是在大脑中构建的。但是，生物的生活环境和学习能力能够改变原有路径的有效性。"

追忆过去

从坎德尔的发现中，我们所获得的最重要的启示是，我们可以根据神经元的联结现象，总结出一套适用于学习的细胞机制，即桑代克心理理论的基础机制。不过，在坎德尔所做的实验中，神经元的联结现象仅限于简单的刺激和反应。你可能会想，由增强的突触或弱化的突触连接构成的系统如何能代表概念呢？不难想象，有人被仙人掌扎了一次又一次，自然就会对这种肉质植物心生厌恶，但是这样一种联结怎么能代表仙人掌的概念呢？

为了便于解释，我们把看问题的角度从视觉方面转换到嗅觉方面，因为视觉信号要经历大量的信息处理程序后才能进入大脑，而嗅觉信号无须经历太多处理就能进入大脑。比如，一闻到熟透的香蕉，我们就会皱起鼻子。假设你不久（大概一年）前才闻到过这种难忘的味道，那么按照坎德尔的记忆模型，这种气味是不是已经储存在你的记忆中了呢？

当你第一次闻到那黏糊糊的棕色香蕉时，一股挥发性的化学物质进入你的鼻子，与五六百万个嗅觉受体细胞中的某个子集如锁钥般配对，这个细胞子集中又有 400 多种变体。那些与挥香蕉发性的化学物质相匹配的气味受体，每一个都会释放出一系列的动作电位，这些动作电位直接向上，通过分隔鼻腔与大脑的薄骨片上的穿孔进入位于鼻腔上方的大脑区域，也就是嗅球部位。

那些传入嗅球的动作电位之后有两种可能性，要么触发第二轮动作电位，进一步深入大脑之中；要么不再触发动位电位[①]。我们先假设是前种情况：成千上万的信号进入这个由相对小得多的细胞群汇聚而成的第一个继电器后，去除传入信号中的杂音，变成和谐的交响乐后再继续向下传。

这就是整个过程变得有趣的地方。最终，传入的气味信号到达一组相互联结的神经元。当这些神经元被激发时，就会以某种方式渗透到你的意识中。我们还不知道这些被激活的细胞是如何进入意识的（事实上，对于我们是否能回答这个问题，认知科学家们还持有不同意见），然而，我们知道的是，当大脑某些区域中的细胞群被激活后，我们的思想中就会充满感觉、想法，当然还有记忆。以香蕉为例，当这个细胞群首次被激活时，你会体验到一种新的感觉，同时还夹杂着一些大脑中预先编程好的反应。例如，气味中的甜味成分可能会让你流口水。

---

① 你有没有发现，当你走进一个房间后，很快就能适应房间里的气味，以至于后面都察觉不到气味的存在。这就是习惯化学习，最有可能发生在嗅球的第一个联结点，这意味着联结鼻子和大脑的突触暂时性变弱。对于某些气味来说，这何尝不是一种解脱呢！（原注）

如果你是像海蛞蝓一样简单的动物，那信息传递的表演至此就接近尾声了，接下来你只需要采取相应的行动（要么吃掉香蕉，要么扔掉香蕉），并对香蕉的这种气味形成厌恶反应或迷恋反应，仅此而已。

然而你并不是一种简单的动物。事实上，如果说你的大脑是已知宇宙中最复杂的独立物体，也一点不为过。所以当香蕉的味道涌入你的鼻腔，并激活神经元反应时，你所做的就不仅仅是采取相应的行动这么简单了。你还会在大脑中对这种气味形成一种内部表征，作为以后的参考。这说明除了大脑底层的神经被激活了以外，上层某个地方的另一个细胞群也被激活了。

在这种记忆模型中（基于神经元具有模板匹配能力的假设），只有传入的信号联结正确，才能激发细胞群。这些信号可能来自各种感官，比如，下次你再闻到香蕉的气味时，你也可能通过关联的记忆细胞群将信号传入大脑。仅与香蕉有过一次的邂逅，你就能联想到许多与这种气味相关的记忆，比如联想起闻到气味时你所在的房间、当时和你在一起的人，以及对香蕉的外观印象。除此之外，你还可以添加其他更多联想。重要的是，当你再次看到香蕉时，或仅仅只是再次想到香蕉时，就能激活相关的大部分记忆。随着时间的推移，代表香蕉气味的细胞组、香蕉的画面，甚至香蕉这个词都会相互关联，构成你对香蕉的主要认知。

在这个记忆模型中，坎德尔在海蛞蝓体内所观察到的突触强度变化证明了联想心理理论，这与 20 世纪初桑代克提出的假设惊人地相似。事实上，坎德尔的方法之所以如此特别，与其说是他在神经科学方面实验技能高超，不如说是他对曾经激发桑代克灵感的各种简单的学习模式兴趣盎然。20 世纪 60 年代和 70 年代，坎德尔在哥伦比亚大学实验室通过电话解释，能够在神经元内放置电极的神经科学家数不胜数，他并不是唯一的一个。不过他又说：“世界上能够将电极植入神经元，同时对神经元行为感兴趣，愿意从细胞层面分析神经元行为的人屈指可数，我是其中之一。”

坎德尔说：“桑代克、华生和斯金纳引领的还原论方法非常好，但是你却无法从中研究出机制。他们简化了行为，然后告诉我们是行为发生了改变。你可以用生物学和还原论研究机制，但是需要对问题进行深入研究。”当被问及行为主义者是否将行为过于简单化时，坎德尔的回答是否定的。“他们本能地按照由内而外的思维寻找对学习的解释并没有错，只是受到了 20 世纪初心理学理论的限制，研究得不够深入。”他说。

间隔效应的反击

斯金纳这样的 20 世纪中叶心理学家手中都有一份清单，清单中列出了一系列他们期望像坎德尔这样的生理学家一样能够解释的神秘现象，但间隔效应问题从未成为清单中需要解释的首项。然而，随着生理学研究的发展，如果不考虑时间在记忆过程中所发挥的作用，就无法解释突触的可塑性机制，即突触强度的变化机制。

特别值得一提的是坎德尔团队于1971年的一项发现。他们发现，如果连续刺激海蛞蝓的虹吸40次，海蛞蝓的习惯化缩鳃反射就会持续一天；如果每间隔四天实施一次上述试验，习惯化缩鳃反射就能持续数周。早在艾宾浩斯时代，人们就已经知道如果信息的输入是间隔了一定时间进行的，信息所留下的记忆就会更加牢固，但是从来没有人从生物学角度研究过学习的这一属性。坎德尔和其团队的研究结果表明，间隔效应根源很深。事实上，间隔效应可以跨物种存在，也可以孤立存在，就像记忆存储本身一样，也会涉及单个突触的活动。间隔效应不再是与神经科学领域中重大问题毫无关联的陪衬，反而应该是记忆形成的核心。

但是，突触的联结究竟是如何加强的呢？我们已经掌握了一些线索。1963年，约瑟法和路易斯·弗莱克斯纳夫妇领导的一个研究小组发现，通过给老鼠服用一种药物来干扰它们细胞合成新蛋白质的能力，能够形成新的短时记忆，但不能形成长时记忆。此研究结果说明存在两种（也许还有更多）与记忆相关的独立细胞机制：一种是神经元只利用现有的分子机制完成记忆存储，另一种是神经元需要从头开始以蛋白质的形式创建新的分子机制完成记忆存储。

坎德尔的研究团队通过对海蛞蝓的单个神经元进行实验，再次证实了这些发现，于是他们开始深入研究相关的分子机制。就这样，短时记忆的存储机制应运而生。直观地说，短时记忆取决于上游神经元向记忆突触倾倒的神经递质的数量，神经递质数量越多，突触就会暂时变得强大，短时记忆也会暂时变强。

现在，科学家们正在致力于寻找大脑中充当“开关”的神经元，打开这个开关后，短时记忆就能更持久。1973年，从挪威传来了一个好消息，研究者蒂莫西·布利斯和泰耶·勒莫用一连串高速电刺激（每秒震动100次）冲击海蛞蝓海马体中的一个神经元。结果令人震惊，突触增强的时间持续了几天而不是几分钟。他们将这种持久的突触强化形式命名为“长时程增强效应”（long-term-potentiation），简称LTP。LTP实际上是一个比较含糊的大概念，包括多种因果机制和多个阶段，但这个名字就像一段保存完好的记忆一样被沿用了下来，到了20世纪90年代这一概念变得越来越清晰。

如今，LTP虽然不是人类大脑储存长时记忆的唯一候选者，但它显然是领跑者。这个过程的最后阶段就像实验室小鼠的长时记忆一样，完全取决于新蛋白质的合成情况。随着显微镜的不断发展，我们现在能看到一些更清晰的画面，至少弄清楚了一些蛋白质的作用。事实证明，LTP是通过惊人的结构性变化和解剖变化的方式传递神经元。下游神经元的局部突触（称为棘突）因此显著增大，神经递质受体数量随之增加，从而形成更强的突触。而全新的棘突，有时在原来的上游突触部位增强，有时形成全新的突触，它们能够将原来的神经通路增强数倍。这么看来，学习不仅能改变你的思想，还能改变你大脑原有的结构。

然而，像布利斯和勒莫这样高度人为设计、使用高速电刺激的实验条件不可能在自然条件下实现，这就产生了一个问题：LTP 是否真的对记忆有作用，还是只是实验室的人造品而已。但 LTP 短暂地成为当时研究的里程碑，也是认可这一理论的间接证据。和长时记忆一样，LTP 形成快，持续时间长（在一项研究中持续了一年，可能还能持续更长时间），其效果对于学习能力下降的动物可能会减弱（如自然寿命即将结束的老鼠）。与此同时，当神经科学家们定制 LTP 诱导方案来模拟大脑活动的自然模式时，突触的强度比用标准方法诱导的更强——由此可推断，LTP 可以独立发生，无须科学家们使用电极进行刺激。

LTP 还需要更深入的研究，需要更多机制性的支持。坎德尔的研究小组在海蛞蝓体内发现了一种类似 LTP 的机制，第三个神经元通过将少量的神经递质血清素传递到记忆突触的上游神经元来进行干预。这个通过信使分子链传递的信号，能够让记忆突触迅速变得持续、强大。假设这一过程同样适用于我们错综复杂的大脑，可能有助于解释为什么当我们回想起曾经让我们情绪高涨的时刻时（例如，当我猛然醒来看到饥饿的猴子时），当时的情境就如闪光灯一般闪现，每个细节都记忆犹新（至今我还记得那只猴子嘴里的每一颗牙齿）。在这个模型中，高涨的情绪就相当于压倒一切的信号级联触发器，让你的记忆神经元长期保留输入的感觉信息。

这种闪光灯效应，除了那些创伤性记忆外，实际上对人类记忆是有益的。情感因素在教育中也有其重要性，比如，一个特别鼓舞人心的讲座会让你终生难忘。然而，更多的时候，学习者是在不知不觉中消化了所学的知识和思想，情感并没有发挥助记作用。事实上，人们支持以LTP为中心的记忆模型最重要的证据是，和长时记忆一样，LTP也遵循了间隔效应的规律。在实验室中，通过间隔法诱导LTP加强了突触上游和下游之间的连接效果。神经科学家已经提出了一些理论来解释这一现象。有一个假设具有较强的说服力，只有分子机制的一个子集能使LTP在给定时间内被激活，这种设置对多次、间隔性编码更有利，因为每次编码都使你有一个新机会招募新的成熟细胞。按照这一理论，间隔效应实际上是形成这种细胞状态的原因，而不是结果。如果与只出现一次的信息相比，反复出现的信息对生存更为重要，那么也许我们动物已经进化出了一种深层次的过滤器，以便优先存储反复出现的信息。

学习的过程远不止突触层面的记忆编码过程。在接下来的章节中，我将从认知大厦的不同层次探讨学习策略。比如，这个策略是由大脑结构引起的，那个策略是由心理激励因素引起的等。然而，间隔效应之所以如此特别，实则是因其涉及的深度。从认知科学的表层来看，学生和心理学家都能很容易地观察到间隔效应在不断地下沉，下沉，一直下沉到记忆本身。

长形重锤的故事

有时，当我思考自己的学习经历以及学习中如何应用间隔效应时，“长形重锤”的故事就会浮现在我眼前。

我侥幸通过了控件操作补习课程的考试，大学顺利毕业（接着在夏威夷大学打工，虽然时间短暂但是很愉快），最后很幸运地在斯伦贝谢公司[①]找到了一份工作，这是一家为石油公司制造和提供产品的公司。

几个月后，我登上了一架刚刚从苏格兰阿伯丁开来的直升机，穿着公司坚持要我穿的绝缘服。万一坠机掉进下面冰冷的海水中，穿着它或许还能有一线生还的希望。坠机发生的可能性很小，但是我突然意识到，生命中所要承担的风险第一次变得如此有形。我花了多年时间，一直在为真正的实践做准备，现在准备期结束了。我想象着阳光照耀下的直升机，就像《现代启示录》（*Apocalypse Now*）中那张著名的图片一样。我是来工作的。我的准备期已经结束了。

一到这里我就开始缅怀曾经美好的日子。刚和斯伦贝谢公司签约，他们就把我扔到爱丁堡的培训机构，在那里我花了差不多两个月的时间熟悉工作，而那里的生活条件实在不敢恭维，可以说是故意用来磨炼人的意志的。他们告诉我和其他参加培训的员工，钻井平台就是一座漂浮在海面上的微型城市，设计目的之一就是用一根

① 斯伦贝谢公司是全球最大的油田技术服务公司，总部位于休斯顿、巴黎和海牙，在全球 140 多个国家设有分支机构。

华丽的“吸管”刺穿300英尺的流水和1英里[1]的泥土，从中取出一种压力大且易爆炸的物质。在这样的运作系统中，问题总是层出不穷，而我们的工作就是解决问题，无论白天黑夜，只要出现问题就要立即去解决。这听起来倒也无可非议，直到我发现我们在陆地上的培训时间安排竟是如此难以预测。为了让我们尽早熟悉工作，斯伦贝谢公司在陆地上建造了一个模拟钻机，并给其配备了一个巨大的垂直分离器，这个装置上有一个油箱，大小与一个小潜艇差不多，用于垂直分离（因此得名）沙子、水、乳化液、油、泡沫和气体。分离器是通过一个悬挂在油箱内的复杂传感器系统运作的。当一切进展顺利时，分离器的一个喷口喷油，另一个喷口喷水。然而，我可以肯定地告诉你，分离器可能会出现的各种故障都会在这里发生。

我们的培训安排得很紧张，整个白天都要学习一些由复杂的计算机控制的系统流程，一直学到深夜。一月份的夜格外漆黑，学习完之后才能有几个小时的休息时间，我们可以在爱丁堡的传奇酒吧里释放一些压力。回到宿舍，一头就倒在床铺上，睡得正香时，只听一声警报，所有的灯全部亮起，一个相当于培训军官的人冲进来告诉我们分离器坏了，要立即去抢修，没有寒暄的时间，没有洗漱的时间，立即出发！立即！

这类事情在培训期间时有发生。基本上每天都会有系统出故障（实际上都是人为蓄意破坏的）的情况发生，有时所出的故障正好与

① 英里，英制长度单位，1英里≈1609.3米。

我们那天所学的知识紧密相连，有时通过解决故障我们还能复习几周前所学的东西。有时“故障”虽然是发生在太阳升起之后，但肯定也是在凌晨左右，我们经常会在出故障的地方发现扳手。这太可疑了！

就在这样的培训过程中，事情发生了转机。我在大学里曾努力尝试内化抽象的概念，当时总是很难做到，而现在这些概念都变得简单明了了。这种转变的一个主要原因就是，我看到了这些概念从教科书的图表世界中走入了现实世界，在我面前的导道、管道和阀门中发挥作用，这才理解了这些抽象概念的实际意义。在后面的章节中，我将继续讨论情境化学习的重要性。

不过，时间安排问题同样重要。以前，当我为了考试而临时抱佛脚时，并不是因为我愚蠢或懒惰，而是因为这么做的确有效果，至少在短期内是有效的。事实上，大多数关于间隔效应的心理学研究显示，考前临时抱佛脚的学习方法和间隔学习法一样有效，有时考前临时抱佛脚的学习方法甚至更为有效。但如果一周或一个月后再考同样的内容，则间隔学习法每次都会胜出。

总的来说，我在大学时其实就已经明白了这一点，但是上学时我的时间和注意力都有限，因此期末考试一结束，就再也没有必要温习之前所学的知识了。时间久了，所学的知识也没记住多少。

多年后我开始思考，像期末考试这种在教育中不可或缺的环节，似乎就是为了改善不良的学习方法而定制的。事实上，出现这样的情况，只能说明学校的两个不同职能之间出现了冲突，即知识的传授和教育标准化之间的冲突。我所在的大学不经常考试，但是只要考试就是重大的考试，而不是频繁的、侧重于认知的作业和小测验，这体现了学校的教育标准化，以及筛选学生的职能超过了传授知识的职能。事实上，大学教育整体结构完整正规，以学期为单位安排各类课程，知识量极大，因此学生一旦完成这些课程后，一般也不会再进行温习，而这恰恰与大脑学习需要间隔重复的理念背道而驰。当代教育的标准化特征并非都是源于桑代克。例如，大学的学年制或学期制就是早于他的理论出现的。然而，间隔重复学习的生物学意义却为他的理论带来了讽刺性的转折。学校的课程表面是根据桑代克的心智模型，为了识别那些最能形成有效记忆联结的学生而设立的，但实际上是建立在加强联想记忆的细胞机制之上的。

相比之下，我在爱丁堡的培训却是我从未经历过的学习过程，因为培训的根本目的不是筛选，而是促进学员深入的、情境化的学习。在过去的几年里，我所努力学习的知识，如果没有利用间隔重复学习法，可能很快就会忘记。但是现在，由于我不断温习，所以这些知识就在我的记忆中保存了下来（有时，我从床上起来，趁情绪高涨之时重新温习这些知识也就是利用之前所说的闪光灯效应，以有效地帮助我保存记忆）。很快，我发现最美妙的事情发生了。你有没有注意到，当你学习了一个新单词后，所到之处总能听到这个单词？我就遇到过这样的情况，只不过不是新单词而是工程原理罢了。以前，我大脑中建立的只是一些独立的记忆细胞群，其相互之间的连接较弱；现在我在大脑中建立了细胞群之间的连接，逐渐增强它们相互之间的连接，并纳入新的联想，这些新联想反过来会增加记忆细胞群得以锻炼的次数。

这一切都发生在 1990 年初。虽然我个人不知道，但实际上这个时候许多有关记忆的研究一直在进行中（主要是在埃里克·坎德尔的思想和实验室中），这些研究有助于解释为什么重复和细化记忆能从最基础的层面增强记忆，就如同骨骼在人体中的生长情况一样。

现在，我们知道 LTP 诱导（在神经科学实验室中所观察到的）和通过间隔学习法保存的记忆（在心理实验室和研究教室中所观察到的）虽然不完全一致，但是基本相同。例如，在训练过程中，间隔练习的频率越高，记忆保存的时间也越长，但是也只能达到一定程度。事实上，我们在间隔时间的理解方面仍存在巨大漏洞，有待填补。例如，我们不知道在不同类型的神经元中进行 LTP 诱导时，需要间隔多长时间、什么时候开始间隔才最适合。就连心理学对间隔效应的研究也有其局限性。我们知道，如果你想把某件事记一天，就应该间隔一天或更少时间重温、复习；如果想把某件事记一个月或更久，就应间隔几周，或者一个月重温、复习；如果你想永远记住某件事，重温复习时间就应该间隔几个月或者更长时间重温、复习。但是没有哪个心理学家能给出比这更精确的建议了。

关于间隔学习法，有一条比较好的经验法则：如果你打算重温一个知识点，但这个知识点你刚学不久，重温时无须费力思考，这就不算间隔学习，反倒更接近于集中学习。然而，一旦你对这个知识点有些遗忘，需要努力思考才能想起来，这就是一种有力的暗示，说明你走上了正确的间隔学习之路。如果你想启动 LTP 后期的硬核部分，你需要说服你的神经元不能像忽略这一天中你所获得的其他无关紧要的信息一样忽略这部分知识。要做到这一点，最有效的方法就是在这段记忆开始衰退的时候重新温习。久而久之，这段记忆将在你的大脑中长时间存在。

但是，即使在学习实践中使用了间隔学习法，也并不意味着你就可以停止学习，坐享其成了。事实上，交叉间隔学习的方法（一种用不同的内容来填补间隔学习时间空白的方法）是一种可以同时间隔学习多个主题内容的有效方法。在形成联想记忆的层面上，这种方法还可以让你在适当的情况下，使你正在学习的不同内容相互联结，从而提高整体的理解力和记忆力。（这种方法还有其他更高层次的优势，我将在第五章中探讨。）例如，在 2010 年的一项研究中，两组四年级的学生同时学习各种类型的几何问题，每种类型之间的间隔时间相同。一组学生是通过交叉间隔学习法学习，而另一组学生是按照一个类型学完以后再学另一个类型的方法学习，期间用各种活动填补间隔时间空白。在随后的测试中，利用交叉间隔学习法的那组学生比没有使用这种方法的学生成绩高了两倍。

一开始，我并不喜欢这种交叉间隔学习法（这很正常，在之前提到的研究中，使用交叉间隔学习法的学生在练习中表现得并不好，优势只是在练习之后的考试中才显现出来）。然而，当培训结束后，我对自己的信心倍增。除非发生重大灾难，现在的石油钻井平台上几乎没有什么故障是我弄不明白、修理不了的。不夸张地说，当直升机降落，我踏上布满盐渍的停机场的那一刹那，我就感觉自己可以大显身手了。

我又参加了几天的现场培训后，就正式上岗了。公司要求我跟着一位有经验的技术员，他会教我如何操控各种绳索。现场到处都是绳索，确切地说是电缆，有高压线、滑轮和各种重物，有些重物只能用手搬运。第一天工作即将结束时，他让我去给他取一个重锤。“爬上去，”他指着平台上的最高点（那是一个金属结构，只能通过一个又长又滑的梯子才能爬上去）说，“告诉上面的人你需要一个长形重锤。”

他应该不是在信口开河。船上有各种形状和大小的重锤，或许真的有长形重锤，于是我按照他的要求做了。我冒着冰冷的雨水爬上梯子，爬一段就把安全带往金属架上移一段，以防跌下去。终于爬到顶后，我告诉最上面的人我需要的东西。“好的，”他说，“待在那儿别动。”然后继续干他的事。我就在那里等着。

一直等着。

20 分钟后，我才意识到，那个有经验的技术员让我爬上去并不是去拿什么长形重锤，而是让我长时间等待[1]。我真希望当时我明白这其中的含义之后，能一笑释怀，但我却诅咒了他几句。对我而言，这算是一堂带有感情色彩的课，以其自有的间隔训练方式使我终生难忘。

前沿技术不断发展

回顾随后几年我在石油钻井的工作，我有一些怀念，更多的是一丝不安。石油行业提供的培训之所以如此有效，是因为必须如此。这是一个技术性强、竞争性大、危险性高的行业，因此石油公司别无选择，只能对其员工进行投资，投资程度之高其他行业难以匹敌。对于相关人员来说，这确实是一个额外福利，但话说回来，你没有必要为了获得一流的、随时可上岗的技术培训而必须在石油行业工作。随着我看问题的视角慢慢丰富（以及随着气候变化研究的不断深入），我心里想，我是否能把培训经历中那些从认知角度来说更人性化的方面传播出去，提供给那些远在世界石油领域之外的学习者。

从很大程度上说，正是我在石油钻井的工作经历使我开始思考学习的本质，不仅是为了研究已获得的知识，也是为了研究获得知识的这一行为。我认为这是一种优秀的个人精神，更重要的是，这也是推动科学不断走向未知的动力。

---

① 长形重锤的英文是 a long weight，长时间等待的英文是 a long wait，英语中二者发音相同。

与记忆相关的研究当然还是属于未知的范畴。比如“模板匹配”是指既定的细胞群只有在接收到特定信号后才能被激活。这个原理在计算机算法的深度学习中非常有效，但是我们不知道在大脑中这个原理能起什么作用，甚至能否起作用。事实上，记忆本身的突触强度理论虽然得到了广泛支持，但竞赛仍在进行中，它现在只是领跑者，并不能保证最终一定能胜利。许多审慎的科学家指出，这一理论的支持性证据虽然丰富，但是大部分都是有力但间接的证据。

最近，麻省理工学院的一组科学家对此进行了更深入的研究。故事开始于另一位诺贝尔奖获得者利根川进，他协助创建了麻省理工学院的皮考尔学习与记忆研究所。2012 年，神经科学家们一直在实验室里研究脊椎动物大脑中参与特定记忆的特定神经元。同年，利根川进实验室的一位名叫刘旭的博士后助理与一位名叫史蒂夫·拉米雷斯的研究生合作，在实验小鼠的大脑中设计出了一种能确定特定神经元的方法。他们在最近动作电位被激活的神经元中取了一个被激活的基因，名为 c-fos 基因，然后包裹在其染色体上紧邻的几个基因中。这样每当细胞中的 c-fos 基因被激活时，所形成的新基因团也因此被激活。（想象一下，一台自动售货机，每次你输入一个士力架巧克力条的代码时，总会多掉出来一包口香糖，这个基因激活后的情况就是这个道理。）他们在新基因中加入了一种从荧光水母中提取的基因，可合成一种蛋白，能够在黑暗中发出亮绿色的光。研究小组电击转基因小鼠的足部，当形成恐惧记忆时，小鼠最近被激活的记忆神经元开始大量分泌这种绿色荧光蛋白。把这些细胞放在显微镜下观察，就像看到一座黄昏时的翡翠城。这是有史以来第一张关于记忆的照片。

故事至此只进行了一半。同年，一个名叫迪拉吉·罗伊的年轻博士生加入了利根川进的实验室。为了解释研究的后半部分，罗伊带领大家来到他的实验室——位于皮考尔大楼七楼的一个没有窗户的世界，那里的一切都是围绕着小鼠设置的。电梯里始终保持着较高的温度，他解释说："这是为了运送小鼠特设的，不然它们会感冒的。"真正的实验室在前厅后面，所有来访者都要穿上实验室专用外套，戴上乳胶手套和头套。同样，这些防护措施并不是为了人类的安全，而是为了实验室小鼠们的安全。这些小鼠基本都是在无菌环境下出生的，不能受到外界的任何污染。

实验室的空间也就是一个步入式衣帽间的大小（麻省理工学院的不动产可谓寸土寸金），好在实验室比电梯间凉爽多了，里面挂着四个树脂笼子，底部是金属格栅，每个笼子都由一对光纤电缆悬挂在天花板上。罗伊关掉了顶灯，然后打开了旁边的一组开关，笼子底部的每根电缆下面现出几圈强烈的蓝光。

罗伊解释说，刘旭的研究后半部分就靠这种蓝光。除了绿色荧光蛋白外，刘旭和拉米雷斯还加入了一种叫作光敏感通道蛋白的光敏蛋白基因，它是从一种单细胞藻类中提取出来的，对光具有敏感性。当诱导一个神经元激活这种蛋白质时，神经元在合适的光线下

（就是指从纤维光缆上发出的蓝光）就会活跃起来，释放出动作电位，就像被电击一样。这项技术被称为光遗传学。自 2004 年发现以来，为几乎所有需要从外部激活神经元的神经科学研究带来了前所未有的精确度。在上述研究中，科学家们利用光遗传学可以选择只刺激那些参与全新记忆的神经元。当老鼠受到电击并对电击发生的笼子产生恐惧记忆时，相关神经元就会产生光敏感通道蛋白。然后，研究员把老鼠放进另一个笼子里，把光缆插入小鼠头骨的一个端口，使它的大脑充满光线，光触发的光敏感通道蛋白激活了恐惧记忆细胞，早期电击记忆被诱发，小鼠在原地僵住不动。

故事在此发生了一个不幸的转折。2015 年，刘旭在接受西北大学教师职位后不久，不幸去世，年仅 37 岁。

刘旭的研究如果能继续下去，其影响力一定是巨大的。在 2015 年发表的一篇研究论文中，利根川进团队在刘旭和拉米雷斯的研究方案中增加了一条研究曲线。他们把转基因小鼠训练得害怕电击后，给小鼠注射了一种药物，这种药物可以消除小鼠大脑中所有已经建立起来的突触强度，也就是从理论上消除小鼠的记忆。很快，失忆的小鼠高兴地在遭受过电击的笼子周围闲逛，而以往小鼠一到这里就会害怕得一动不动。

他们进行研究时，最初的计划只是想利用这项技术来丰富记忆突触强度理论的证据，因此当他们打开大脑中“灯的开关”时，并没有期望获得更多的发现。这些“灯”会刺激那些曾经含有老鼠恐惧记忆的细胞群，但现在，随着细胞之间的相互联系消失，这些细胞就变得零散、不相关。即使这些细胞被再次激活，他们认为老鼠应该也不会再有害怕的记忆。

因此，这就是为什么当他们打开蓝光开关看见小鼠吓得僵住不动时，研究员们也惊讶得僵住了的原因。这一实验结果是开创性的，引起很大争议。研究小组认为，记忆不仅可以通过加强突触连接强度来编码，还可以通过它们的连接模式来编码。

罗伊说："2015 年的论文结论对我们实验室的每个人来说都是完全出乎意料的。"目前由罗伊领导的研究小组在 2016 年和 2017 年发表了两篇论文，详细阐述了他们的研究结果，研究小组的解释可信度越来越高。然而，并非每个人都赞同他们的观点。麦吉尔大学的神经科学家韦恩·索辛承认，实验中小鼠僵直不动的行为的确意味着记忆再次被激活，但他对麻省理工学院研究小组的结论提出了质疑。索辛在电话中说："利根川进认为一切都存储在'连接'中。但是突触连接和突触强度之间有区别吗？在我看来，这两个词根本就是同义词。"也许正如罗伊和利根川进的团队所说，在记忆的编码过程中，成对的、先前并无交流的神经元之间建立了新的连接关系，而这种新连接模式，即使在没有突触强度增强的情况下，也是记忆的关键。或许还有一种可能，只是没那么振奋人心，即研究小组在对小鼠的遗忘诱导试验过程中，突触强度只是略微增强，大部分完好无损，无法影响行为，但在光遗传学的强烈刺激下，才显露了自己的真面目。“利根川进所设想的连接机制并不涉及突触强度的变化，这一点我无法理解，”索辛说，“也就是说，不同的记忆机制，理论上可以共存，记忆机制之间不是相互排斥的。我想强调的一点是，并非所有的突触都是一样的，并非所有连接行为都会遵守相同的规则。”

细胞层面的记忆研究仍处于新发现的前沿。但是，虽然科学家们在研究中存在一定分歧，但一个恒久不变的问题依然存在：间隔学习法对长时记忆的重要性。在利根川进团队建立的新模型中，间隔学习法只是辅助维持新突触连接和 LTP，而这两者似乎仍然是自然记忆所必需的。与此同时，索辛进一步建立了一个以间隔重复为基础的统一模型——最初的学习事件促使记忆回路中产生新突触，然后间隔学习事件使这些突触趋于稳定，并用这些突触进行编码形成长时记忆。

长时间以来，我们一直将间隔效应视为教育中的附加项：一种可有可无的学习策略，学生可以选择忽略。但实际上，间隔效应并不是学习的辅助工具，相反，间隔效应是基础性的，与记忆本身密不可分，即使极简单的动物，其最细微的神经连接中也存在这一效应。记忆的时间节奏，不仅存在于我们的大脑中，也存在于我们作为学习有机体的身体中。于是我想：难道我们的教学方式不应该更好地体现这种生物现实吗？当然，有很多方法可以将间隔学习法强塞进传统的教学日程之中，如实施一些一般性的小测验或各种综合考试，可以让学生不断回顾以前学过的知识。以我之前的经验，大胆的新型教育结构，所受的规范和传统约束较小，在实现间隔效应的优势方面能够迈出重大的一步。

或许它还能带来其他更高层次的益处。如果联想记忆的基本层面都存在不必要的学习障碍，那么更高层次的认知科学能揭示什么呢?

第三章

大脑：记忆的基础

如果你从南面进入麻省理工学院46号楼，会看到一个牌子，上面写着“皮考尔学习与记忆研究所”。如果你从大楼的侧面绕过去，从北面进入，在你的头顶上又会看到另一块牌子，上面写着“麦戈文脑科学研究所”。一幢大楼里如何能容纳两个独立的研究所呢？如果你发现了这幢楼上的一个连桥结构，也就能够理解了。连桥横跨大交汇口铁路，这是一条长达8英里的单轨标准轨距铁路，是大波士顿南、北通勤铁路线的一个孤独而纤细的连接点。为了让下面经过的列车顺利通过，大楼的两侧从第三层开始交汇，这一层是一个广场，琉璃瓦结构，回荡着火车的呜呜声。广场上方高耸着一个中庭，每层逐渐加宽，就像一个倒着的塔庙。这里阳光充足，能够照射到各个角落，麦戈文研究所和皮考尔研究所的科学家们可以在这里互相挥手致意。中庭上面也没有承受什么重量，这也是修筑空中建筑的要求。凝视着玻璃屋顶，让人很容易忘记中庭的地板和墙壁的大部分都悬在空中。实事求是地说，每个研究所都有能力独立存在，但当它们连接在一起时就是一个整体，在形式和功能上都是独一无二的。46 号楼的存在只为表达一个目的：弥合鸿沟。

认知科学是多个领域的集合，但这些领域之间又存在着相当大的差距。皮考尔研究所主要致力于细微层次的神经科学研究——大脑的单个突触和细胞。想要从皮考尔研究所研究的主题转到麦戈文研究所的科学家们现在研究的主题，你必须把视角拉远，而且要拉得非常远才行。麦戈文研究所的科学家们主要致力于绘制由三维像素（即体素）组成的大脑数字图谱。每一个单独体素中所包含的突触数量和一个 9 洞高尔夫球场上的小草数量一样多。大脑奥秘无穷，其中的许多奥秘，包括有关学习和记忆的许多未解之谜，就需要从这两个研究层面寻找答案。根据皮考尔研究所基础层面的研究，我们至少从理论上了解了突触是如何进行编码和保留信息的；根据麦戈文研究所的科学家及其同事在体系层面的研究，在肉眼可见的大脑各部分中，我们了解了大脑中涉及记忆形成和回忆的区域。极少数情况下，我们甚至能知道专门承载某些类型记忆细胞群的所在位置。至于介于这两个研究层面之间的问题，如哪些特定细胞编码哪些记忆、这些特定细胞是如何被选择的、一种记忆和另一种相关记忆之间的分界线是什么，这些问题目前由于缺乏研究工具和方法，还没有准确的答案。

事实上，所有的认知科学都是这样的，它是一个巨大的未知世界，时不时地会出现一些科学前哨。就拿 46 号楼作为例子，假设我们把46号楼朝一边推倒，想象一下，皮考尔研究所面朝下倒在大街上，而麦戈文研究所拔地而起升入空中，空中散落着泥土、杂物和殖民时期的陶器。这样认知科学学科的两个研究层形成垂直结构，这时让我们一起给这两个层次的上面和下面分别添加更多层次。在地下室层，也就是现在位于底层的皮考尔研究所之下的空间，我们可以增加一个致力于遗传学和基因组学的研究层，因为基因组对人的神经发育影响巨大。遗传学研究工具与皮考尔基础层面研究的某些方面重叠，比如光遗传学实验。但是，我们在理论上所了解的几个或者更多基因的作用与实际中这些基因是如何组合成一个活神经元之间还存在巨大的认知鸿沟，有待我们去填补。

从地下室层往上，就是皮考尔研究所所在的这一层，这层的科学家们采用细胞生物学和基础神经科学技术进行研究，有时也用这些研究方法探测皮考尔研究所和麦戈文研究所之间未知的领域，试图弄清楚特定神经元在大脑中的特定作用，但这是一个极其艰苦和昂贵的过程。以神经科学家团队为例，他们在2015年以果蝇为试验对象所取得的研究成果与埃里克·坎德尔在海蛞蝓试验中取得的成就非常相似，但在果蝇的大脑中，这一体系则更为复杂。他们从果蝇的大脑中分离出了一个关键突触，在特定的学习过程中，这个突触会变得非常强大，这的确是一个惊人的发现。然而，目前迫在眉睫的目标是需要描绘出一个完整的神经回路特点，能够全面阐释果蝇从受刺激到形成新学习行为过程中的变化，但是这一目标仍然遥不可及，虽然科学家们已经绘制出了果蝇的整个神经连接网络图，但是对其神经回路的特点仍无头绪。科学家们仍需要一点一点地浏览这幅“接线图”，观察是哪个突触起到了关键的作用。

从事此项研究的希杰俊英说：“我希望在我的有生之年，我们能够弄清楚从感官输入到行为输出的所有神经回路的情况。”希杰当时37岁。

所幸的是，科学家们正致力于从两个方向同时缩小这方面的鸿沟，皮考尔研究所从细胞层面的研究向上延伸的同时，麦戈文研究所也从系统层面的研究向下探索。麦戈文研究所科学家们所使用的研究工具是功能磁共振成像扫描仪：和你在医院见到的甜甜圈形状的共振扫描仪一样，是一种强大的磁性诊断工具，可以检测大脑中富含血液的区域——富含血液是大脑局部活动的表征。利用这项技术，科学家可以精确定位此时此刻正被使用的大脑区域，大致可以精确到立方毫米，而细胞神经科学家们认为这种精准度仍然过于宽泛。但是鉴于我们的头部含有超过100万立方毫米的脑组织，对于研究整个大脑或大片区域的系统科学家来说，功能磁共振成像扫描仪能提供如此精确而广泛的覆盖范围简直堪称奇迹。

认知科学的研究仍在继续向上，甚至超过了麦戈文研究所所在的层次。在这里图像工具逐渐让位于各种各样的心理学、社会学、人类学，以及经济调查等方法。高层之中，知识鸿沟仍然存在。例如，认知心理学家不断向下挖掘，剥离混杂的各种变量，以便探究思维的运作原理；而从系统层面研究大脑的科学家，则不断向上探索，试图理解心理学家所看到的，并从神经解剖和功能的角度来说明哪些表面现象的根系更深远。间隔效应之所以能够引起科学家们的兴趣，主要是因为其深度，它的“根须”可穿透大脑中可见和不可见的区域，一直延伸到突触以下的层面。除此之外，还存在一些其他因素，它们虽然根系较浅，但仍然能够使你获得学习的机会或剥夺你学习的机会。

100 多年前，桑代克就提出，一个人的知识是由一个不断膨胀的网络中相互联结的个体记忆组成，仿佛当时他透过魔法水晶球，已经预见到了今天皮考尔研究所正在研究的对象：由增强或削弱的突触组成并相互连接的细胞群。只不过他没有预料到的是，所有上述关于突触层面的研究，对研究学习何时发生、如何发生同样重要。

现在，我们对位于中间层次的研究颇为了解，也清楚这些层次中可能出现的学习障碍以及应对方法。我的使命就是帮助更多人与学习建立终身关系，并不断扩大“谁值得教育投资”的概念。我发现有两套体系的研究尤其具有发展前景：一套体系是与大脑中记忆存储的物理结构有关，而另一套体系与学习的基本动机，如好奇的大脑、如何与存储的记忆相关联等有关。这两套体系都在麻省理工学院麦戈文大脑研究所被循环研究了多次。我们来研究一下这两套体系，看看能有怎样的结果。

瑞士军刀式大脑

过去几十年中，成千上万的研究者致力于系统神经科学的研究，这些研究对我们理解学习的本质起到了重要作用。我将重点介绍其中的两位，都是麦戈文研究所的科学家，他们提出了大脑高度分区的观点——一种适用于由内而外、以机械法促进学习的模型。

巧合的是，这两位研究员都是有趣之人。

如果你和约翰·加布里埃利交谈过，你可能会注意到一件事：他的目光总是平视的，头一动不动，两眼一直盯着你。这可能是他在麦戈文研究所的地下室里在自己身上做实验时养成的习惯，他不断用功能磁共振成像仪的脑部扫描仪扫描自己的大脑。他看着你时，就好像他的大脑里正在精心地组织着什么，不容出现一丝紊乱。至于想得的是什么，只有他自己知道。

也许加布里埃利最知名的成就就是他对成像技术的开创性应用，他的目标是研究特定的神经系统疾病以及一些更基本的问题，例如记忆和学习的机制，他的研究成果极大地充实了我们对记忆和学习的理解，同时也使事情更加复杂化。

研究表明，关于记忆的联想比我在前一章中讲的还要丰富得多。还记得香蕉的气味吗？简单地说，大脑的联络皮质（我们目前还不能确定香蕉的气味、外观以及说或写这两个字时相关联络皮质所在的区域）相当于一个未分化的突触群，不加选择地将记忆全部存储下来。想象一下，一个邋遢的私人侦探的办公室，到处堆放着乱七八糟的文件，只有它们的主人知道在哪里能找到它们，这就是未分化的突触群的样子。确切地说，这种描述并没有错，只是已经过时了，这是20世纪上半叶记忆研究领域中的主导理论。虽然卡尔·拉什利在20世纪20年代提出了这一理论，但他在20世纪40年代又花了大量时间反驳了这一理论。他通过有系统地切除实验动物的大脑，期望找到留下记忆痕迹的位置，然而，他的努力均徒劳无功。“在回顾定位记忆痕迹的实验过程中，我有时觉得……学习根本就是不可能的，”他在1950年写道，“然而，虽然存在着种种悖论，但是学习的确是发生了。”

人们第一次发现大脑中存在一个专门的存储系统得益于一位名叫亨利·莫莱森的人，只不过在他2008年去世之前，人们只知道他名字的首字母“H.M.”。莫莱森患有严重癫痫症，为了缓解这种症状，1953年神经外科医生决定放手一搏，从他的大脑中央两侧切除了引起病症的部分，同时也切除了他的大部分海马体和周围组织。事实证明这种治疗方法十分有效，但付出了可怕的代价。他醒来后，进入了一种“永远的现在时”状态，即无法形成新的长时记忆，这种状况一直伴随着他漫长的余生。看过电影《记忆碎片》的人应该熟悉什么是短时记忆遗忘症。正是莫莱森的悲剧性结局改变了记忆研究的科学。一开始，由麦吉尔大学的布伦达·米尔纳领导的研究团队着重研究了莫莱森无法形成新长时记忆的原因，让神经科学家们认识到海马体及其周围组织对巩固长时记忆的重要性。[①] 但是由于莫莱森仍然保留着年轻时的记忆，因此海马体不应该是长时记忆的最终安歇之地。于是研究人员假设，短时记忆一定是以某种方式通过海马体，经历某种转变后被带到别处永久地存储起来了。

大脑的记忆系统中存在一定程度的分工，这一点到了 20 世纪 50 年代末越来越消晰，但是其系统化的程度仍然是个谜。在没有其他证据的情况下来看，记忆系统的组织方案似乎很简单，就只有两大类，即“短时记忆”和“长时记忆”。

然而，很快，这两种类别开始分裂繁殖，就像显微镜下的细胞分裂一样。对莫莱森大脑的研究重点开始从他不能做的事情转到他还能做的事情，研究结果同样具有启迪作用。研究证明，他有能力提高自己的某些运动机能，比如让他对着镜子里的影像在纸上描画一颗五角星。虽然他永远不记得自己曾经从事过这项奇怪的任务，但他的技能确实逐渐提高了。最后，在经历了无数次被遗忘的描画星星的练习后，莫莱森惊呼道：“噢，这也没有我想象中的那么难嘛。”

科学家们所做的这些研究，结果就是曾经被认为是单一的长时记忆，现在却一分为二。莫莱森的那种有意识但很快又忘记的记忆，如新事件、新词汇、新的个人经历，现在被归为外显记忆的范畴。

---

① 在莫莱森手术中同时切除的还有位于非海马区的脑组织，大部分和海马体一样，位于内侧颞叶。不过，他所出现的短时遗忘症主要是缺失海马体的导致。（原注）

相对而言，仍然保留在莫莱森记忆中的一切，则被称为内隐记忆，如坎德尔在海蛞蝓试验中展示的那种经典条件反射作用，以及我们的一些运动和知觉技能，如骑自行车、弹钢琴、快速阅读一样。

内隐记忆并不是一个新概念，确切地说，只是一种新的解释。19 世纪时，涌现出许多关于失忆症的故事。例如，有一位英国妇女，因为溺水差点被淹死，得救后却得了失忆症。后来她学会了制作衣服，但是每一天上班对她而言都像第一天。还有一位 47 岁的妇女，由于酗酒而患上健忘症，在与瑞士心理学家艾德华·克拉帕雷德握手时，被藏在他手中的大头针刺痛。事后，那位妇女虽然忘记了曾被大头针刺痛这件事，但还是拒绝在再次见面时与他握手。

现在，通过对这些失忆症的历史轶事以及我们身边常见行为的观察，各种对记忆的解释出现了。比如，相较于骑自行车这项技能，我们更容易忘记钨元素的原子量是多少。一旦理解了不同记忆分储于大脑中的不同部分，也就更容易理解不同记忆在大脑中保留的持久程度不同的原理。例如，1994 年的一篇论文中揭示，即使整整休息了一年之后，莫莱森描画五角星的能力仍在不断提升。这就像骑自行车一样，一旦学会了就不会轻易忘记。

那篇论文的第一作者就是约翰·加布里埃利。从 20 世纪 80 年代中期到 90 年代中期，加布里埃利和他的博士生导师，即已故的麻省理工学院著名教授苏珊·科金，一直致力于莫莱森的内隐记忆研究，并对他的大脑能记住什么以及不能记住什么列出了一个长长的清单。随着内隐记忆中的一种新形式，即启动效应的出现，他们的研究结果再次受到重视。启动效应可用于探索潜意识记忆联想。[①] 在一项具有代表性的关于启动效应的研究中，研究人员在测量受试者对某个问题的记忆程度时，给予受试者一定的提示，如说一个词或写一个字，或者其他刺激，几分钟、几小时后再次提问同样的问题，受试者回答问题时就会相对轻松。想象一下，我让你学习一长串术语，并提醒你里面有“meter（计量器）”这个词，在你可能忘记了这个特定的提示之后，我让你从下面两个单词“meter ”或“melon”中选出正确答案补全这个单词“m e _ _ _”。如果大部分人选择了“meter”这个答案，就可以视其为启动效应的一个实证。研究人员假设，在你的脑海中始终有一条路径指向“meter”，这种持续的偏向性导向就是大脑中存储的信息在起作用，即记忆的作用。

这类研究最大的缺点是，即使在最精心设计的实验中，研究人员也永远无法真正判断出哪些结果是由启动效应引起的，哪些结果是由所剩不多的外显记忆碎片引起的。不过，像莫莱森这样没有外显记忆的健忘症患者却解决了这个问题。当启动效应在莫莱森身上呈现时，那一定是货真价实的启动效应。

加布里埃利一直致力于这方面的研究，他所研究的记忆的类型

---

① 后来的研究对启动效应期望极高，试图证明它可以对实验室之外的行为产生影响；但这些实验都无法复制。但对加布里埃利而言，研究启动效应的目的不在于此，而在于将其作为试探潜意识记忆的工具。

也在不断增多。事实证明，莫莱森具有启动记忆的强大能力，这是那些患有其他记忆缺陷的人无可匹敌的。例如，莫莱森可以通过某种方式启动记忆，大概完成“连点成线”类的谜题，而阿尔茨海默症患者却无法做到这一点。加布里埃利以这一发现为例，证明了单词记忆和图像记忆之间存在着一些未知但巨大的差异。

就在加布里埃利的博士课程结束时，又出现了一些更新、更精确的研究工具。1991 年 11 月，《科学》杂志的封面上刊登了一幅电脑生成的插图，是一张极其丑陋的光头图像。光头的后颅骨上少了一块薄骨，就好像他在后倾时不小心被飞机螺旋桨削去了一块似的。大脑中的几个区域暴露在外，发出橙色的光。这是第一张符合人类视觉的大脑活动功能性磁共振成像图，这张图掀起了一场科技革命。功能性磁共振成像的前身是正电子发射型计算机断层显像（Bsitron Emission Computted Tomography, PET），PET 拍摄几毫秒长的神经颤动需要花费长达数分钟的曝光时间，这无异于用内战时期的相机拍摄蜂鸟颤动的翅膀。相比之下，功能磁共振成像曝光只需一秒钟就能完成（此外，与 PET 不同，这种技术无需对试验对象注射放射性物质）。随着这项技术的优势日渐明显，脑科学家们甚至声称要在本地医院的功能磁共振成像机器上扫描时间。

像许多年轻的脑科学家和神经科学心理学家一样，1991 年受聘于斯坦福大学的加布里埃利决定掌握这项新技术。有了这项技术，研究那些遭遇脑损伤的患者就会轻松一些。功能磁共振成像研究员将受试者推入扫描仪中，并给予他们的大脑以不同刺激后，形成了一幅高度有序的大脑图，这与过去那个杂乱无章的办公室模型形成了鲜明对比。很快科学家们发现，大脑中有一些感知区域只对特定类型的刺激产生反应。加布里埃利在麦戈文研究所的同事南希·坎维舍发现了其中一个，可能也是最引人注目的一个区域。

20 世纪 80 年代，坎维舍和加布里埃利是同一个研究生班的同学，现在，他们又是麻省理工学院同一个系的教授。和加布里埃利一样，坎维舍在神经科学研究中的独到见解，也引起了科学家们的兴趣，只不过和加布里埃利受关注的原因不同，她之所以被关注，首先是因为在她的头皮上隐藏着令人难以觉察的纹身。

在研究经颅磁刺激（一种用磁场刺激大脑的实验技术）初期，坎维舍认为探索大脑的秘密需要从外部进行标记，于是，她让一名研究生在她的头颅上用不同颜色的圆点和一些只有在黑光灯[①]下可见的圆点精心地勾勒出了大脑的图形，打算找纹身店把这个图形纹出来。当时纹身店在马萨诸塞州是非法的，所以他们只得前往罗得岛州的普罗维登斯。在那里，一个强壮的、全身都是纹身的艺术家精确地完成了这个纹身任务。现在回想起来，坎维舍笑着说："那都是 20 年前的事了，这种做法并没有达到我预期的效果。虽然没起作用，但是很有趣。"

① 一种特制的气体放电灯，它能发出 330-400nm 的紫外光波，这是人类不敏感的光，所以把这种人类不敏感的紫外光制作的灯叫作黑光灯。

在此之前，也就是20世纪90年代初，波士顿的许多年轻科学家都迫切需要使用功能磁共振成像扫描仪，坎维舍就是其中之一。她面临着巨大的压力，因为她的研究经费不足，而核磁共振成像设备的使用费用又十分昂贵，此外还有许多竞争对手争相和她抢夺马萨诸塞州总医院的功能磁共振成像设备的使用权。因此她需要尽快得出重要结论。她期望寻找大脑中专门负责形状识别的视觉识别区域，但是她从扫描仪里什么也没发现。于是，她深入研究了许多有关大脑右半球后部一个区域的相关文献，并认识到该区域一旦受损，人们就会失去面部识别的能力。

她后来回忆说："我以前从来没有研究过面部感知，因为我一直认为面部感知只是一个特例，不如物体感知那么重要。但是我意识到我不能再浪费时间，必须要研究出点什么来，于是我开始研究面部感知。"她开始潜心研究，不夸张地说，她经常自己钻进功能磁共振成像扫描仪中，一遍遍地测试自己的大脑对脸部和其他各种视觉刺激的反应。她在成像仪模拟的成像图中发现自己大脑的右半球后部有一个区域闪烁着希望的光芒，之后，她又在其他人的大脑中发现了这一区域，她终于兴奋起来。如果这一区域（称为梭形面部区域）真的对面部识别起到至关重要的作用，那么大脑感知系统中可能还存在着其他类似的区域，这些区域甚至可能在大脑中占主导地位。她后来写道："这一发现符合更广泛的观点，即大脑不是一个通用的设备，而是由一套独特的组件组成，其中一些组件专门用于解决一些极为具体的问题。”

坎维舍直到 1997 年才对梭形面部区域进行了描述，这时距功能磁共振成像的功能首次显现已过去了很久。之所以花费了这么长时间，主要是因为个体大脑之间存在差异。人身体内部结构的差异与外部的差异一样大，大脑也不例外，特别是你想在不同的人身上找到同一个微小的大脑区域时，更是困难重重。多年来，人们根据研究已建立起一些体系，能够系统性地描述大脑中各结构的位置，其中包括一个类似经纬度的坐标系统，但由于人与人之间存在个体差异，即使相同的结构也会出现在不同的坐标上。坎维舍及其他科学家（同年有几个科研团队都分别涉足了这项技术）弄清楚了如何从功能上定位大脑区域。如果从功能上来定位，波士顿的位置就不是 42.3N，71.1W，而是“查尔斯河口附近人们生活的一个地方”。同样，坎维舍不是通过梭形面部区域的神经 GPS 坐标来定义梭形面部区域的，而是将其定义为梭状回中的一个区域，[①] 这个区域对面部的辨识能力远远超过对可控刺激的辨识能力。

如果你找到了研究对象大脑中的这个功能区，就可以问一些问题了。比如，这个区域是对倒着的面部有反应，还是对没有眼睛的面部有反应。这样，你就可以将目标锁定在大脑系统中用来认知世界的过滤器上。有了这种新的观察方式，曾经因个体差异而被掩盖的高度专门化的大脑区域，慢慢从影像数据的迷雾中浮现出来，如

① 大脑中的一些凸起和凹陷，使大脑外部看上去弯弯曲曲，分别称为脑回和脑沟。

一只走出迷雾的大猩猩一样。

关于坎维舍的大脑，我又想到了另一件值得一提的事，也同样具有启发性。2015 年，她被诊断出患有淋巴瘤，不过最后完全康复了，但是在化疗期间，她掉了许多头发。她决定变损失为机会，对着视频在自己的头上绘图并讲授大脑的新功能解剖学。坎维舍把这个视频传到 YouTube 上后，点击量超过 200 000 次。她指着身后大屏幕上旋转的大脑 3D 模型，大脑中许多专门负责某种职能的区域在模型中凸显出来。“这些区域在大脑的哪些地方”她对着镜头问，“有这么多该死的头发挡着可不好找。”说完，她抓起一绺头发，一剪刀把头发剪掉了。快进一分钟后，只见她坐在转椅上，头上光光的，完全没有了头发，她的研究生围着她转来转去，用黑色、红色、蓝色、紫色和绿色的笔在她的头皮上画出标准的解剖区域。这些区域就是坎维舍大脑中功能区的具体位置，是在她发现梭形面部区域后逐渐发现的。

大脑中似乎存在着一整套这样的感知功能区，其中许多分布在大脑的一侧：有的区域专门负责音乐，有的负责身体躯干，有的负责其他部位。从进化的角度来看，大部分专门负责区域都能让人产生直觉。想象一下，你连想都不用想就知道一张面孔是否是你认识的人，或者一个飞来之物是否会对你构成威胁，这何尝不是一种优势呢？我们的祖先可能曾在进化的过程中从这类视觉过滤器中受益，所以专门负责面部识别的过滤器究竟是出于本能还是出于经验产生的，目前科学界中还存在着激烈的争论。

然而，有一个功能性认知区域不可能是天生的，因为引起这一区域产生反应的刺激，是5 000年前才出现的。紧挨着梭形面部区有一个很小的区域，叫做视觉词形识别区，通俗地说，就是“大脑的信箱”。科学家们认为，这是大脑的一部分，能够对字母进行瞬时识别。大脑中竟然存在着这样一个特殊区域，更令人惊讶的是，这一区域的位置是固定不变的，除非患有严重的疾病，这一区域的位置不会因人而异，也不会因文化和语言的不同而改变位置。

“为什么这个区域会在这个位置，”坎维舍不解，“这说不通啊，不是吗？5 000年前并没有人类阅读的进化史，这一区域为什么对谁而言都会在大脑的同一个地方？”

与信息存储杂乱无章的办公模型截然不同，高度具体的记忆类型，如，字母的形状，代表特定文字的发音以及有意义的小字母组，应该储存在一个特别具体的位置。如果情况不是如此，或者“信箱”和其他重要语言处理区域之间的联系异常，那影响应该是重大的。

诵读困难症就是个最常见的例子，它是指对单个单词层面的阅读存在障碍。随着20世纪90年代渐渐远去，“大脑的信箱”和其他阅读区域的作用不断显现，系统神经学领域的科学家们也将注意力转向了这方面的研究，就连约翰·加布里埃利也不例外。

患有诵读困难症的大脑

20 世纪 90 年代，加布里埃利的大部分时间都是在斯坦福大学里度过的，他研究了所有有关大脑成像的技术，并专注于记忆方面的探究，特别是记忆与医学交叉的领域，如阿尔茨海默病、健忘症、精神分裂症、帕金森病、亨廷顿病等患者的记忆情况。一直以来，还有一个非医学领域研究一直让他兴趣不减：阅读行为。这也是他对莫莱森研究的一部分，一直延续到了 20 世纪 90 年代末和 21 世纪初，许多阅读行为所涉及的功能解剖学的基本规则都已清晰明了。

科学家们对脑损伤患者以及在手术期间大脑受过电刺激的患者进行的研究，早就暗示了大脑中存在着专门区域负责语言的产生、语言的听觉识别和视觉词汇识别。然而，这些早期发现（可追溯到 1861 年的一个研究案例）却无法告诉我们这些区域是如何协同工作的。到了 20 世纪 80 年代和 90 年代，大脑成像技术改变了记忆科学的研究，使人们能够直观地追踪各区域之间的联系，加布里埃利一直利用启动效应探索这些联系。例如，在研究单词的听觉处理过程中相关区域之间的联系时，研究者们曾经要求失忆症患者在同音词之间进行选择。比如，开头词是“taxi”（出租车），患者们会给这个词后面搭配“fare”（交通费用）还是“fair”（公平的）？① 而现在有了功能磁共振成像技术，研究人员可以给受试者一个书写的或口头的名词，当他们默读或大声朗读，抑或用相关的动词回应时，用成

① “fare”和“fair”两个单词同音。

像扫描仪扫描他们的大脑寻找活跃的区域。综上所述，这些研究说明人们已经开始研究文字和口头信息是如何在大脑中发生改变的复杂流程图了。

关于这张流程图，我们首先需要了解的是，流程图中存在几条平行路线。我们用一个简单的文字试验一下，比如花生（peanut）这个词。想必，当你读到这个词时，脑海中就会浮现出许多联想：豆科植物的外观和味道、棒球、花生先生[①]等。

那么，你的大脑是怎样从纸上的文字跳到与花生相关的思维中的？文字的图像是通过视网膜进入大脑的，视网膜会对图像进行一系列基本的视觉处理。大脑对文字的各种形状进行识别后，有选择性地激活一条通向大脑信箱区域的通路，该区域对收到的信件进行过滤，识别哪些信件是即时信件以及给信件排列顺序。大脑信箱区域能够有效地区分外观相似但不同的字母（如 C 和 G、i 和 j），但是会将外观不同但其实相同的字母（g 和 G、a 和 A）绑定在一起。大脑信箱不会区分手写体和印刷体，也不会区分字体大小。总而言之，这个信箱会将输入的字母形状、线条转换成抽象的字母，然后再将其分成几个小组，主要是与字母发音相对应的字素（最小的、数量最少的区别性单位，在 peanut 中有 5 个字素：p-ea-n-u-t 以及两个词

---

① 花生先生是食品公司 Planters 的吉祥物。头戴礼帽、手持手杖、戴着白手套，外加一副标志性的单片眼镜，还有一枚再常见不过的花生，这就是花生先生的形象，它几乎代表了美国所有和花生有关的行业，被评为世界上最负盛名的广告形象。

素（文字中承载意义的最小单位，peanut 一词的词素是 pea 和 nut）。经过这些处理步骤后，信箱会通知大脑进行下一步活动，这些活动是沿着两条路线齐头并进的。虽然两条路线是同时进行的，但是其中一条路线承担了大部分活动，具体是哪条路线取决于你读的是什么字。如果你读的是一个熟悉的单词，比如 peanut，那么大部分活动都发生在“深层”阅读路线上。在这条路线上，纸上的字母与对应单词含义的细胞群进行相对直接的交流——这些细胞群主要位于大脑中一个叫作语义词典的分布式网络中。

另一条是“表层”阅读路线，与深层路线相反，这条路线不会直接通向语义词典，而是会在耗费更多时间后才到达语义词典。首先，值得一提的是，关于记忆在阅读中的作用，我们还有不清楚之处。如，我们还不知道所给信息在语义词典中的位置。面部识别也是如此，我们不知道表示面部实际情况的记忆藏在哪里。“假如我现在闭上眼睛，想象妈妈的脸。霎那间，她的样子就出现在我的眼前，”坎维舍说，“但是有关妈妈面部信息的记忆究竟存储在哪里？我们到现在还没有弄清楚，我感到羞耻！我的意思是，我已经研究了近 20 年，可这仍然是个迷，我感到非常尴尬和羞耻。但我确实没有找到答案，这个领域中目前也没人找到答案。”

不过，我们所知道的是，每个功能区都会因专门负责的刺激而选择性地活跃起来，一旦这些区域受损，往往就会形成特定形式的“盲区”。如果梭形面部区域出现机能障碍，就会引发人面失认症，又称“脸盲症”，无法识别和区分不同面孔。如果大脑信箱受损则会引发诵读困难症，也就是“失读症”，一个人无法获得阅读的能力。虽然我们还不知道面部表征和词义的记忆储存在大脑中的哪个具体区域，但是处理输入的面部和文字信息所需的认知过滤器可能就储存在各自功能区域的模糊边界内。处理文字的过滤机制一定是后天习得的，而不是天生的，因此，在大脑信箱里很可能存在一个存储特定记忆类型的区域。这样杂乱无章的办公室记忆组织模型消失了，取而代之的是与坎维舍称之为“瑞士军刀”模型相似的理论（大脑中充满了执行特定功能的特定工具）。在大脑信箱中，记忆本身就成了一种工具。各种模糊不清、相互联系的记忆被打磨成一把手术刀，不管你的母语是什么，这把手术刀总在同一个地方出现，把形状信息转化为抽象信息。实际上，你读过的和随后记住的一切都是用以前的记忆打磨而成的工具构建出来的。如果你费力地回忆，那么整个建立在记忆结构之上的记忆就会显得非常不确定，因此你在进行过度脑力运动之前一定要三思而后行。

事实上，你的直觉并不会完全错误，因为在任何复杂的系统中，总有些问题是突如其来的。因诵读困难症而导致阅读困难的儿童中，有 5%~12% 的孩子很快就会意识到自己的语义词典比同龄人应有的语义词典稀疏。因此，他们童年时期在阅读方面会感到越来越困难，那些需要通过阅读而习得的知识对他们来说也越来越困难。导致诵读困难症的原因有多种（实际上是多种阅读障碍），但多数病例基本都是因为大脑中那条长长的物理路线非正常发育导致的，即连接遥远的语言处理中心的那条信息高速公路出现问题。奇怪的是，在阅读障碍中受影响最大的阅读路线似乎并不是从大脑信箱到语义词汇的深层阅读路线，而是我前面提到过的那条迂回曲折的表层路线，这条路线首先导向负责音节和单词发音的区域，然后才进入意义区域。如果你没有诵读困难症，那么当你第一次遇到一个新单词并说出来时，这条路线会立即发挥作用。当你刚开始学习阅读时，这种情况会经常发生。之后就无需听觉的介入，阅读也可以自动地进行。

然而，在发展性阅读障碍的例子中，情况则不同。人们从认知科学的心理学层面已获得了一些线索。例如，有的患有诵读困难症的人，在阅读单词“game（游戏）”时，可能会省掉“g”的音，有的则可能很难读出杜撰的单词。我们利用系统神经科学领域中的工具，就有可能从解剖学的角度看到这些情况出现的位置。

2000 年，加布里埃利加入了瑞典认知神经学家托克尔·克林贝里领导的研究团队，准备通过一项新技术来解决这个问题。这项新技术就是弥散张量成像技术，这是功能磁共振成像的一种特殊形式，可以分析水分子的可预测随机运动的非随机趋势，例如神经轴突小管中水分子的运动情况。1994 年神经科学领域引入这项技术后，我们对大脑皮层各区域之间相互连接的研究情况取得了突破性进展。我在本章中已经探讨过大脑皮层——几乎所有与大脑相关的东西都集中在这里。它主要由一层薄薄的神经元细胞体组成，这层薄薄的神经元细胞被称为灰质，覆盖整个大脑表面。正如坎维舍在她的视频中所展示的那样，大脑皮层的大小和厚度与一个大比萨饼相差不多，大脑表面的褶皱有助于整个“比萨饼”与你的头盖骨完美契合。皮层下面的组织叫作白质，是由少量的神经细胞体和大量的长管状轴突组成，这些轴突就像一个接线总机，把不同方向的灰质群连接起来。利用弥散张量成像技术，科学家们能够绘制出白质轴突的图像，从图像中可以看出的确是轴突连接了大脑中负责与阅读相关的任务的各个区域。加布里埃利研究小组于 2000 年发表了一篇论文，其中揭示了一种奇怪的现象：患有诵读困难症的大脑中有一条超长距离的白质通路，明显与阅读有关，却异常紊乱无序（比你想象的更混乱、分支更繁杂）。2005 年在加布里埃利加入麻省理工学院麦戈文脑科学研究所后，他和其他科学家一起在此方面又进行了一系列后续研究。就目前的研究结果来看，大脑中存在 4 个主要的可疑白质通路，其中两个基本上贯穿整个大脑，在患有诵读困难症的大脑中比较混乱。其中一条通路被称为“左弓状束”，它与语音意识密切相关，能够从心理操纵口语的发音，这是阅读表层路线中的一个关键部分。

加布里埃利曾经的博士后学生、现在的合作者——哈佛医学院和波士顿儿童医院教授纳丁·加布解释说：“这条通路实际上将阅读网络的后部与前部连接起来了，这一点十分有意思。”这些区域之间的信息流是实现阅读能力和阅读理解的必要条件。信息流如果出现异常，可能就是导致诵读困难症诸多表现的潜在原因。

探究根源

导致诵读困难症的原因除了大脑肌肉组织紊乱外，加布里埃利和其合作者还提出了另一种可能性。从诵读困难症所出现的症状以及相关成像结果来看，这种症状可能与突触可塑性这一深层问题有关。上一章我们讨论过，大脑具有选择性增强和削弱突触的能力。在这一假设中，这个看似普遍的、系统性的问题之所以只会影响阅读能力，是因为我们做的所有事情都对阅读有着很高的要求。加布里埃利和其论文合著者写道："人类的其他任何行为，在协调多模态感知表征和认知过程方面的要求，都没有阅读对其要求那么高。因此，对其他行为有潜在损害的一般性神经功能障碍可能对学习阅读有实质性的损害。"

大脑中有多个障碍因素影响着我们的阅读能力，而且只对阅读能力有影响，这不免让人感到奇怪。毕竟，阅读能力并不是我们人类进化而来的能力。在我们人类的发展历史上，近期才开始做的大多数事情，如板球、电子游戏、刺绣等，不是每个人都存在自己特定的学习障碍吗？

但是就阅读行为而言，存在如此之多能够导致障碍的因素，是因为阅读不是传统技能的新应用（而挥舞板球棒与挥舞木棒之间并无太大区别），而是对我们已有的神经设备的攻击。阅读行为远远超出了我们大脑结构的设计规范，如果我们的大脑也配有质量保证书的话，那么在阅读行为介入后，这份保证书可能就失效了。我们对大脑功能的挑战已达极限，以至于任何一种相关生物机制的损害或丧失都将危及整个大脑。

回到大脑信箱这个问题，越来越多的研究者发现，之所以它在大脑中的位置如此精准，是因为它不可能存在于其他任何地方。字母检测感知过滤器只可能位于携带形状相关信息的纤维区，这些信息来自眼睛从连接表层阅读路线和深层阅读路线的区域接收的形状信息。2016 年，一个庞大的科学家团队（成员有加布里埃利、加布和坎维舍）对大脑信箱位置始终不变这一神秘现象给出了近乎明确的解释。通过对比识字前和识字后儿童大脑中的连接模式，他们发现，只有识字后的儿童大脑中才有信箱区域（记住，大脑信箱和梭形面部区域一样，是从功能上进行定义的，因此只有你学会阅读后才会出现），研究小组表明，年幼儿童大脑中出现的这种连接，预示着几年后大脑信箱出现的位置。他们在论文中写道："特定皮质区域有什么样的功能，可能是由其连接情况决定的。"

换句话说，很久以前进化的、能够识别形状的皮层，也就是大脑信箱在大脑中所选择的据点，是一种高度专门化的神经机器，专为附近区域转化视觉形状信息。事实上，这种设置非常特殊，以至于有一个学派甚至认为，可能早在我们的大脑接触并适应文字信息输入过程之前，历史已经为我们选择了符合我们大脑严格要求的文字。在这一理论中，几乎每一种文字（包括带有字符的文字）所包含的线条形状列表都非常短，原因很简单，这些是我们的视觉处理系统可以快速并自动解析的形状。法国认知神经科学家斯坦尼斯拉斯·迪昂写道："阅读本身就是朝着适应我们大脑回路的形式逐步进化的。"

这些回路虽然专门性很强，但也不要误认为它们就完全没有灵活性。患有诵读困难症的孩子，如果能被及早发现就可以缓解症状。诀窍就是在所有孩子学习阅读之前，先找出可能患上诵读困难症风险较大的孩子。随着对诵读困难症中语言和听觉处理能力了解的深入，我们可以确定学龄前儿童中哪些孩子能够通过相关测试等专业干预改善诵读困难的问题，如询问孩子两个单词是否押韵或要求他们连续快速地说出一系列图像的名称等测试。现在，为了更早地发现儿童存在阅读障碍症，加布里埃利研发了一种电脑应用程序，可以把这种测试设计成与动物园里的动物相关的游戏。这个应用程序的主界面是一条森林小路，看起来就像波士顿儿童医院窗外的公园景色。

无疑，大脑，尤其是年轻的大脑，能够克服诵读困难带来的挑战，但是这些策略运行的机制仍然是个迷。最直接的解释是，这种练习增强了解剖结构的突触，否则突触活跃程度就比较低。加布里埃利说："但是我们在患有诵读困难症的患者大脑中也经常能看到明显的通路增长，只不过是发生在右半球，而不是在负责阅读的特定半球。”这种发育情况说明信息在大脑中的传输路线发生了改变。“人们认为这可能是因为你在打通左半球的阅读通路时，意外地打通了另一条路，”他说，“一些迹象表明，改善诵读困难症最好的结果出现在那些在大脑中开拓出了一条新阅读通路的孩子，而不是在大脑中调节行为特有通路的孩子。”

患有诵读困难症的学习者中也有一些人会靠自己的努力阅读在大脑中开拓另一条通路，但是没有专家的帮助，这种独立开拓的过程通常是艰辛且充满挫折的。他们大脑中左侧额下回有一个区域，与句法和语言相关，虽然经常处于过度活跃状态，但是也没有什么作用。迪昂写道：“这是一种勇敢无畏但毫无结果的努力。”但这确实也证明了许多患有诵读困难症的学习者所付出的艰辛努力。这种在系统神经科学层面明显可见的紊乱情况，阻碍了最积极的学习者，并且一再被人们证明这种情况与学习者的智力或学习能力无关。

这种情况并不是孤立存在的。阅读要求记忆和感知准确对接，但事实上阅读并不是唯一要求如此高的学习任务。人类的另一项学习任务要求也是如此，那就是数学。诵读困难症引起的学习障碍还有一个姐妹，被称为计算困难症。

“这个研究领域相对较小，也是一个较新的领域，在很多方面有点像研究了五年后的诵读困难症。”加布里埃利说。

“在患有诵读困难症的儿童中，多达 40% 的孩子也会发展成计算困难症，”加布说，“所以早期的发育机制中两者一定有重叠的部分。但我们对此仍然一无所知。”

计算困难症怎么能隐藏这么久？答案可能很简单，因为你可以以“数学不好”为借口掩饰自己的计算困难症，但是“阅读不好”却不能成为阅读困难的借口。“就算你不会数学，你也可以非常成功。”加布里埃利说，“你可以成为哈佛大学的英语教授，不需要任何数学知识。但是如果你不能阅读，你的日子就会很难过。”

随着神经科学家对诵读困难症和计算困难症的深入研究，关于这两种症状又衍生出一个重要问题，即在我们的标准化教育体系的历史中，究竟把哪些人筛选出来继续发展，哪些人被淘汰出局。简单地说，本世纪初关于智力和能力的各类研究并不是为了解决诸如诵读困难症之类的问题；而有关诵读困难症的问题，只有我们在认知大厦中再爬上一层才能得到解释。在这一层你不用再考虑记忆联想是如何形成的，而是要开始理解它们形成的根源。因此，自从现代学校的教育机制采用爱德华·李·桑代克的模板以来，诵读困难症一直干扰着个别学生的教育轨迹。我们也是最近才开始修改这些机制，使之更加宽容，比如延长学生的考试时间。据我们所知，计算困难症可能也有类似的影响，只是还未经诊断和确认。

系统神经科学周围的未知黑暗中是否还潜伏着什么？我们还能从现有的教育体系中挖掘出人类的什么学习潜能？什么是麦戈文研究所的科学家们已经感知到但是还未发现的？或者，从积极乐观的一面来看，哪些方面能让学习变得更人性、更有效、更具包容性并等着科学家们去挖掘呢？

准备学习状态

2011 年，加布里埃利的实验室对上述中的一个问题进行了研究。同年，博士后研究员朱莉·刘带领一个团队对海马旁回位置区进行了研究，这是坎维舍和宾夕法尼亚大学神经心理学家拉塞尔·爱普斯坦首次发现的一个功能区，这个区域对方位和风景刺激的功能就如同梭形面部区域对不同面孔刺激的功能。朱莉·刘和加布里埃利团队的其他成员（包括加布里埃利的妻子，也是经常合作的神经学家苏珊·惠特菲尔德－加布里埃利）都希望弄清楚大脑中的活动模式是否可以用来预测"准备学习"的状态。这个悬而未决的问题困扰着远至桑代克时期的许多科学家。在桑代克提出的"准备律"中，他发现实验动物的大脑中似乎有一个奇怪的开关，通常"令人满意的"学习有时转而就会变成"令人讨厌的"行为。

通过功能磁共振成像对全脑的观察来识别大脑的"准备学习"状态是不可能的，因为大脑太复杂，需要观察的地方太多。但是功能区面积小，具有高度专门性，又为这方面的研究提供了难得的机会。研究小组将视线范围缩小到海马旁回位置区，让参加磁共振成像的受试者努力记忆和回忆一些风景图片，并监测其海马旁回位置区的活动模式。功夫不负有心人，这种方法得到了回报：研究小组确定了一个活动信号，可以预测研究对象对给定场景的记忆程度。

这项研究虽然是一项开创性研究，但几乎没有什么实际用途。理论上你可以在大脑中找到一个准备学习的状态，但你必须首先让学生躺在核磁共振成像机器中，再教会学生利用这种准备状态。不管怎样，这项研究的结果只适用于寻找记忆来源的地方，而不是记忆本身，因此这项研究无非是对概念的验证。“你能在大脑中测量出有助于特定学习的大脑功能状态吗？”加布里埃利问，“尽管这个目标听起来并不算远大，但以前从未有人研究过。”

不算困难的任务完成后，朱莉·刘换了一份工作，加布里埃利把研究重心转回了诵读困难症和其他疾病。然而，当我了解到这项研究后，被深深地吸引了。倒不全是因为大脑准备学习的状态有利于学习，而是因为既然存在这种学习准备状态，那么也就暗示了另一种状态的存在：未准备学习状态。严格地说，这种状态算不上大脑的一种混乱状态，但是这种状态可能会影响到每个人，未准备学习状态是一种威胁，就像诵读困难症一样，这种状态可能会使教育偏离正轨，其根源似乎也延伸到了认知科学的系统层面。不过，和诵读困难症一样，我们不必受其影响。

前面我说过，我在大学最后几年的学习成绩并不理想，部分原因是教学时间的安排不合理。然而，我现在认为这还与这一种特别顽固的未准备学习状态有关。我的这种状态在最后一个学期的某个特定时刻达到了顶点。记得有一次，我们的教授（这个领域里的领军人，在学校的教学质量也是数一数二的）给我们上了一堂课，是关于流体动力学和声速之间的关系。

从表面看，超音速流动这一概念其实并不复杂。基本概念就是当液体通过管道时，会发生部分堵塞，比如当你突然捏住浇花用的软管、打开管道中的控制阀时，管子中就会出现一个阻塞点，液体冲过这个阻塞点后会以极高的速度喷出。教授讲着讲着就转到了冲击波的话题，我知道冲击波，但我不明白的是为什么冲击波对与超音速飞机无关的设计也有影响。教授也隐约提到了“信息的反向传播”，但当时我还是不明白这之间有什么关系。

从那堂课结束一直到随后的考试之间，每当我打开课本看到这部分内容时，总觉到不知所云。我知道我应该想办法弄懂它，但是……我就是觉得两者之间没有什么关系。我认为我当时对这个知识存在心理排斥，就好像我的大脑找不到合适的方法理解这些新信息的重要性，因此就将这些信息归到了异物行列。

时间快进到我在北海工作的那一年。我所工作的钻井平台并不是永久建在海面上的，它是一个为了勘探而设计的浮式平台，一般就是将一根管子插入海底，对抽取出来的物质进行测量。地质学家能够根据最初抽取出的石油流的压力以及石油流逐渐变细的速度预测地下石油蕴藏的情况。按常理，压力越稳定，下面的石油可能就越多。但是这样测量出来的值可能并不准确，因为你所测量出来的变化可能是微乎其微的。此外你是站在一艘晃动的船艇上，船艇上装满了极其复杂的设备，我所在的钻井平台上，这些设备都完全是由没经验的甲板工维护的。

我在研究这个测量体系时突然顿悟，以至于差点掉进海里。当石油流向平台时，需要通过一个可关闭的节流阀。平台的地质学家在这个阀门的上游监测探井的压力，但阀门下游的压力波动有可能导致读数失真。为了避免这种情况，我和我的同事就需要去扼住水流，这样会导致原油流移动的速度超过水的声音的传播速度。正是此时，我突然顿悟。“声音”实际上是由压力波形成的，当你说话的时候，你其实就是在空中发出了一个高压和低压脉冲信号。声波（或压力波）通过石油柱向上游移动并到达地质学家的探测仪器处，这样的声波很容易使他们高度灵敏的读数仪器失真。但是，如果我们扼住水流，并且石油流出速度足够快，压力波就永远无法越过扼制点；这就像对着正在撤退的协和式超音速飞机[①]喊话一样徒劳。我意识到，如果你是负责测量压力读数的那个人，你也会意识到，流动的液体确实会携带信息。就像我的教授所说，如果阻塞处足够紧，信息是不可能反向传播的。突然间，我急切地想回顾当时所学的每一步，并找出我在大学时忽略的所有相关细节。然而，由于当时还没有万维网，我只得不断打扰周围资深的同事，向他们请教，所幸的是，他们都极具耐心。

后来待我平静后，我就想知道教授第一次给我讲这个原理的时

① 协和式超音速飞机是 一种由法国宇航和英国飞机公司联合研制的中程超音速客机，它和苏联图波列夫设计局的图 -144 同为世界上少数曾投入商业使用的超音速客机。

候，我为什么无法理解。我无法理解的原因是什么？难道我的大脑里也有阻塞点？如果真有，又是什么打开了阻塞点的阀门？

好奇的大脑

1994 年，卡内基梅隆大学心理学家乔治·洛文斯坦提出了一个理论，从一定程度上回答了我的问题。他认为，当大脑检测到它已有的知识和可能获得的知识之间存在差距时，就会产生一种并不是完全不愉快的感觉，即好奇心。

有一种好奇心，主要表现为对某一特定主题的长期迷恋，如《阿斯泰利克斯历险记》[①]、恐怖谋杀播客、体育新闻，诸如此类。洛文斯坦和跟随他的脑科学家们更想了解另一种类型的好奇心，即快速激发的好奇心。随便举一个例子，假设你刚刚发现了一种已知的蛾子，这种蛾子会叮咬你的皮肤，喝你的血，而且人人都开始谈及这种蛾子。你当时可能就会有一种冲动，立即上网查询相关信息，你的这种冲动行为在这些科学家的眼里，就是一种驱力状态，就像产生饥饿、口渴、性欲时的驱力一样；也是一种病理状态，如毒瘾发作时的病态。心理学和神经科学的整个子领域都围绕着这些驱力而发展，深入研究触发这些驱力的因素、时间和对象，以及这些驱动力是如何瞬间超越其他欲望的。就好奇心而言，你所渴望的物质就是信息，大量变幻莫测的信息。是什么让大脑对一个给定的信息

①《阿斯泰利克斯历险记》是一部法国系列漫画集。

如此感兴趣，又是什么让大脑觉得其他信息对它来说像一把沙砾对饥饿的胃一样毫无用处？

就在答案无果之时，功能磁共振成像研究员开始深入研究好奇心问题并找到了一些线索。一个包括加布里埃利和惠特菲尔德－加布里埃利在内的研究小组发现，对学习者给予一笔小小的金钱奖励就可以刺激海马体（巩固长时记忆的家园）的活动，并使信息长期停留。他们想知道，类似的、内在的奖赏预期，比如好奇心产生的奖赏预期，是否也会对记忆储存产生同样的影响。但是，随着他们研究的深入，面对的挑战也越来越多。加布里埃利解释说："当然，好奇心是一种准备学习的形式，但不幸的是，大脑在遇到感兴趣的事情时会以 50 种不同的方式启动，因此很难准确地判断究竟发生了什么机制。"最终的研究证明，好奇心的活动模式不可阻挡，以至于加布里埃利团队发现他们在寻找单一的、独立的、准备学习的大脑信号时，好奇心本身就在寻找抑制好奇心的方法。他说，他们在研究记忆中的风景时使用的都是非常平淡的素材，这样他们就能够识别出一种独立于好奇心的学习准备状态。

与此同时，其他研究小组则采取了相反的方法，直接进军好奇心。几年后，也就是 2014 年，加利福尼亚大学戴维斯分校的一个研究小组对好奇心在大脑中的准确作用进行了一定程序的分析，引起了人们的注意。研究人员一边向研究参与者提问知识问题，一边向他们展示不断变化的人脸照片。研究结束后，参与者更容易记住那些在他们产生好奇心的时刻出现的面孔，也就是说，他们对知识信息产生了好奇心，与面孔无关。当你处于一种好奇状态时，形成长时记忆的潜力得到了普遍提升。各种各样的记忆（用作者的话来说）就是“通过海马 LTP 分泌的多巴胺”而展开的过程。

对，你没看错：就是 LTP，长时程增强效应，长时记忆的突触之星。系统神经科学家认为，好奇心就像在大脑中形成 LTP 的火箭燃料，对长时记忆的储存至关重要。

因此，无论这种联系多么脆弱，我们的认知大厦前两层的研究（细胞和系统层面）就在此相交了。好奇心是将他们聚集在一起的原因，这一论点无可争议。个人层面的好奇心和集体的、以好奇心为驱动的努力（即科学）之间的区别，只是程度不同，并无类型不同，都可以用以弥合信息之间的鸿沟。

这一切背后的原因源于我在上一章中提到的内容：负责记忆这项繁重工作的神经元回路。记忆神经元主要通过谷氨酸进行交流，谷氨酸是神经系统中最常见的神经递质。同时，更高层次的管理回路还会使用其他神经递质，以产生多种效应，如埃里克·坎德尔在海蛞蝓身上观察到的闪光灯式记忆储存。就人类的好奇心而言，似乎有一组管理神经元将神经递质多巴胺传递到海马体，以巩固那里的记忆。

与饥饿或口渴等状态不同，好奇心状态下的信号之所以如此令人着迷，主要源于其产生的起点。海马体本身似乎就决定了传入信息是否值得产生好奇心。研究结果给出了肯定的回答，传入信息向大脑中与奖赏预期关联的区域发出兴奋性信号，作为回馈，这些区域向海马体发送多巴胺信号，告诉海马体将新的传入信息转化为持久记忆。简而言之，海马体自知什么时候应该加强信息的存储。那么，“是什么引发好奇心”这个问题就可以归结为：当大脑获得信息时，会对什么样的信息更为渴望？

以前学习流体动力学时，我始终无法让自己对其中的阻塞理念感到好奇，这其实是因为我的大脑试图否定与之相关的重要驱力。从神经学的角度打个比喻——好奇心与饥饿的性质相似——这就像是在吃饱喝足的情况下参加吃热狗比赛一样。我当时并不渴望这些知识，我也无法说服我的大脑接受这些知识。

然而当我来到石油钻井平台工作后，情况发生了变化。当我有了一定的背景知识后，我似乎进入了一种适居区，我知道在这里能够获得更多的知识，我的这种状态类似于苏联著名心理学家利维·维果斯基所说的“最近发展区”状态。然而，仅凭注入一点知识就能触发我大脑中的驱力吗？

我们从哥伦比亚大学专门研究好奇心的神经学家杰奎琳·戈特利布的研究中或许能找到答案。她解释说，几十年前科学家们认为激发好奇心的经验法则可以归结为两种假说，一种是喜新成癖的假说，即在探索环境中对所有新事物充满欲望，另一种是所谓的信息差假说，即当你所处环境中的信息比你已知的信息量大的时候，好奇心就会随之产生。然而，这两种假说均存在一定缺点。当进入黑暗、可怕的未知世界时，喜新成癖的假说也就不攻自破了，因为有时对于未知，我们更愿意保持未知状态。而信息差假说存在的问题是，真正的信息差在自然条件下很少见，通常情况下我们不知道我们并不知道什么。而在一场知识竞赛中，我们就能明确我们所欠缺的，这就是问题的答案。在一些未知情况下，也有类似情况，"比如读一本推理小说，或者看一部电影，"戈特利布说，"不可否认，你会被未知的情节吸引并期待着某种信息流。"但更多的时候，无论你是一个在教室里决定今后命运的人类，还是一个探索新环境的灵长类，都不能保证你会被未知吸引。戈特利布说："好奇心就是学习，是你在广阔世界里没有太多限制时的学习。"大多数情况下，你周围的信息量巨大，根本来不及全部处理，更不用说去记住这些信息了，所以你的大脑必须谨慎地激发好奇心。

因此，戈特利布认为大脑中的一种元认知策略占了上风，这其中包括但不限于信息差和喜新成癖。她提出了学习进步理论，即每当你遇到大量信息，迫使你改变或重构先前的知识体系时，好奇心也就随之而来了。在由知识竞赛产生的信息差中，竞赛问题中包含的信息足以吸引你去寻求更多信息。就更开放的系统而言——戈特利布提到的"广阔世界"——只有当感觉信息增强或挑战你已知的信息时，才能激发你的好奇心。

学校里的教室就是广阔世界的一个典范。像我这样的教师可能会认为自己就是教室里唯一的信息来源，然而，即使是在智能手机和笔记本电脑出现之前，这也是不可能的。对于讲台下的学生来说，窗外的一只鸟、阳光下的一只苍蝇都能吸引他们的注意力。即使教师强迫学生将注意力放在听讲上，通常激发的也是学生的无聊情绪，而不是好奇心。根据心理学家约翰·D. 伊斯特伍德的解释，当我们无法处理当前信息时，就会产生这种无聊的感觉。

相比而言，我们在课堂中是可以积极激发学生的好奇心：只不过不是通过强迫学生集中注意力听讲，而是通过构建信息差来使学生获得知识。最简单的方法是向学生提问，这对各地的教师来说都是驾轻就熟的事。这种提问式教学法是有渊源的，即所谓的苏格拉底式教学法，已经存在了几千年。提问式教学发挥作用时，学习对学生来说就像吃饭或喝水一样能给他们带来满足感。

抑或像吸食毒品后的感觉。毒品之所以有害，其中一个原因就是它会影响大脑的奖赏中心，使我们很快就能在这些毒品和奖赏感觉之间建立联系。

幸运的是，好奇心得以满足也能和这种奖赏感觉建立联系。我有时会给我的女儿讲下面这个故事，她总是不相信我，但这件事确实发生过。在石油钻井平台工作时，我在大脑中的奖赏感和获得有用知识之间建立了强烈联系，我也是有生以来第一次感到，这种被迫学习不是来自外部的力量，而是来自内心的一股力量。走下平台的霎那间，我的大脑对所要学的知识产生了一种饥饿感。

准确地说，我一脚踩到了平台外一个结了冰的台阶上，结果严重扭伤了膝盖，也正因为如此，我在海上工作的生涯就此结束了。至今我依然清楚地记得那次长途直升机旅行，原因有二：第一，我刚穿上防护服，系上安全带，就开始后悔事先喝水了；第二，就在那一刻，我决定回到学校追寻我的学术梦。因此，我需要学习更多知识，还要以更快的速度学习。

我的职业轨迹最终将我带入了麻省理工学院，在这里我有机会与机械工程领域内的杰出人才一起继续学习，也拥有了了解学习本身的机会。这主要得益于我所能密切接触的坎维舍、加布里埃利等研究员，以及其他奋斗在认知科学大厦中的科学家们。

系统认知科学家在探索记忆是如何、在哪里、在什么情况下存储的过程中，发现了对每个学生的学习都至关重要的深层认知过程。这些发现直接驳斥了“学习是一场艰难的斗争”这一普遍观念。过去人们普遍认为学习是一场磨难，只能靠坚定的意志力才能攻克。事实上，无论是患有诵读困难症仍在苦苦挣扎着努力阅读的学生，还是强忍着困意睁大眼睛聆听枯燥讲座的学生，都证明学习光靠努力显然是不够的。即使是那些积极性很高的学习者，为了挖掘他们的潜力，我们也必须找到能将教育实践与大脑系统需求相结合的方法。实际上，许多情况下，学习最重要的就是找到激发学生好奇心的方法。

即使受到传统课堂形式的限制，但任何一位经验丰富的教师也都可以快速地制定出激发学生好奇心的策略。有些教育者立誓要把课程与学生现有的兴趣结合起来（然而，这种方法很容易失败，如《洋葱新闻》[①]的一篇经典评论文章《莎士比亚，原来是终极说唱歌手》中讽刺的那位不幸的英语教师）；再有一些策略则是利用苏格拉底式教学法创造信息差，或者鼓励学生在精读文章前先略读一遍，然后提出只有仔细阅读后才能回答的问题；还有一些策略倾向于使用学习进步理论来激发学习者的好奇心，例如，在深入研究某个主题之前，先提出一些常见的误解。

但这些策略都有其固有的局限性。最重要的是，这些策略只适用于那些有动力的学生。假设学生们已经拥有了像我读大学时的学习动力（那时我想学习，但是不能让自己感到好奇），但好奇心却会使他们产生先有鸡还是先有蛋的问题。因此，激发好奇心需要事先掌握一点相关知识，以激起学习者继续学习的欲望。

有没有一种更有机的方法能够引导学生在知识的源泉中畅饮，不是通过坚强的意志力，而是出于真正的渴望？

坎维舍在讨论麻省理工学院46号楼是如何成为一座解决问题的桥梁而不再是一块传统的学术巨石时，提出了一个重要的观点。“一个不容忽视的方面，”她说，是位于大楼另一侧的麦戈文研究所，以及他们在系统层面以上所做的研究。这里的科学家们才是真正研究

① 美国一家提供讽刺新闻的机构。

思维本质的人。”尽管系统神经科学家揭示了记忆的一些机制和状态，但学习远不止涉及记忆这一个层面。为了更深入地了解学习，我需要爬得更高，与麻省理工学院的认知心理学家进行对话。

第四章

激活惰性知识

布兰登·麦肯齐在游泳池中游来游去，愁肠满腹。这个学期已经过去了一半，课程 2.007 期末的机器人对决赛已迫在眉睫，而他的设计却落后了一大截。下午上完课，他的同学梁智怡、艾米·方、亚历克斯·哈托利和其他学生可能都在实验室完善他们的设计，而布兰登却在游泳池里来回绕圈——他好像只是茫然地游来游去，漫无目的。

不过，他游泳时大脑并没有闲着，特别是仰泳的时候，他仰望着上空，看着游泳馆顶部的椽子和通风管道从他眼前滑过，忧心忡忡地思考着什么。

其实他也不知道是什么让他更烦心，是机器人对决赛还是他的导师阿莫斯·温特，也许两者都让他心烦意乱。本周初，他们班迎来了机器人决赛中的第一个里程碑式的作品展示活动，他表现得并不出色。他和同学们的任务是演示机器人中的“最关键模块”（简称 MCM），这是比赛中最直接的得分项。这年的比赛将以“星球大战”

为主题，围绕着巨大的 X 翼战斗机展开。麻省理工学院的帕帕拉多实验室的教师团队超越自我，完美地用木材复制了电影中的两个星际飞船，从左翼尖到右翼尖长 12 英尺，从船头到船尾长 10 英尺。

也许你从未看过电影《星球大战》（虽然可能性不大），因此可能也不知道 X 翼战斗机和 TIE 拦截器是什么样子。与《星球大战》中那些奇奇怪怪的宇宙飞船不同，X 翼战斗机与现实生活中的单座型战斗机很相似，唯一不同的是，X 翼战斗机的每一个机翼都可以像书一样打开，可能是为了便于在作战中操作。机翼打开后的整体形状，从正面看像一个英文字母 X。

学期末的机器人对决赛中，由两名学生操作一架 X 翼战斗机，展开决斗。布兰登和未来的对手将分别站在战斗机头锥的两侧，背对着观众席，他们的机器人就放在一个与膝同高的黑色木制平台上，这个平台相当于一个星际飞船，用于停放 X 翼战斗机。比赛铃声一响，他们的机器人要么在遥控器的操控下，要么自动在木制星际飞船上面或下面争相完成各种任务，以获得分数。首先明显的得分操作就是旋转 X 翼战斗机的“推进器”，即附在星际飞船四个机翼上的管状物体，它们隐藏在靠近中央驾驶舱的地方。在《星球大战》的电影中，推进器的作用相当于火箭引擎，但在比赛中，这些推进器更像是旋转的喷气式发动机，每一个推进器的末端都有一个宽厚的木轮，可在原地转动。由于每个机翼上有一个推进器，而 X 翼战斗机的两侧各有两个机翼，因此机翼裂开后，每个学生可操作一个位于低处的推进器和一个位于高处的推进器。他们的机器人旋转推进器的速度越快，得分就越高。位于高处的推进器更难操作，所以得分就更高。更为复杂的是，每一个推进器上都有一个内置铸铁飞轮，重达 25 磅[①]，因此需要很大的转矩才能转动起来。此外，课程 2.007 班的学生所能用的电机要么是大转矩伺服电机，转动速度缓慢；要么是高速、低转矩驱动电机，很难带动重达 25 磅的铁铸飞轮。因此一些学生决定通过制造变速箱来解决转矩的问题，但这很有难度。布兰登不喜欢这个方案，因为即使他会制作变速箱，但操作推进器对他来说仍然是一个挑战。就这一难题，目前有两种解决方案：第一，可以在推进器表面安装一个驱动轮，通过摩擦转动推进器，第二，可以把一种叉子状的装置插入推进器表面的四个“纽扣孔”中，然后就像用叉子转起意大利面一样旋转推进器。有人看见布兰登的同学梁智怡就在实验室里尝试一种钳形叉。

如果旋转下推进器都如此复杂，那么旋转上推进器就更是难上加难。若要旋转上推进器，机器人要么向上伸出某只手臂从正面靠近，要么在 X 翼战斗机后面安装一个超级驱动器，驱动电动电梯伸到星际飞船后面的架子上，从后面接近推进器。

布兰登决定采用一个相对简单的方案。除了旋转推进器，还有其他几种得分的方法。在星际飞船的双翼前，从地面上突出了一个亚克力的小支架，支架磁化手臂下面挂着三个沉重的金属玩具坏蛋，

---

① 磅，英美制重量单位，1 磅 ≈ 0.45 千克。

叫作风暴士兵。如果机器人将这些士兵从支架上抓住，移走并吸到金属条上，也可以得分。这些金属条都是经过精心策划放置在游戏板的各个地方的，比如 X 翼战斗机下机翼的下侧。

布兰登向他的室友兼得力助手乔什·格雷夫斯咨询了一些事项，最后决定制作一个类似钳子的装置去抓那些风暴士兵。然而，这个计划本身也存在一些问题，比如如何将电机的圆周运动转化为钳子的横向运动。布兰登把金属板切成六个长条，然后把它们连在一起制成三套钝头剪刀，利用马达拉动一段鱼线就可以闭合剪刀。制作完成后，他兴奋地向温特展示了他的装置，这个装置现在正式成为他的 MCM（多芯片模块）。

温特当天的计划就是去实验室，给每个学生大约 10 分钟的时间演示他们的作品。布兰登正在 X 翼战斗机的一侧调整剪刀装置，尝试锁定一个风暴士兵。在 X 翼战斗机的另一侧，他的同学佐伊·博恩霍斯特正在摆弄自己的 MCM。温特首先走到她旁边，很快布兰登就听到了他的赞美之声。和布兰登一样，佐伊也打算通过抓获风暴士兵得分，但她的 MCM 上没有移动部件。她想了一个聪明的方法，将一根铁手指滑动到风暴士兵的磁铁旁，这样就可以把风暴士兵们一下全部拉下来，干净利落。

温特走到 X 翼战斗机另一边的布兰登旁。布兰登正在思考如何增强钳子的抓力，这样才能有效地把暴风士兵从原有的磁铁上取下来。温特的表情难以捉摸，几分钟前流淌在脸上热情洋溢的赞美之意，此时已渐渐淡化为涓涓细流。温特给布兰登提了一些改进建议：最好把剪刀改装成一个钩状物，这样这个装置就更像昆虫的下颚而不是一把剪刀，但这样改造后，布兰登不仅需要抓住每一个暴风战士，还需要把它从磁铁上拉下来。“那样的话，”温特皱着眉头说，“又增加了一层复杂性。”

温特离开了他走向其他同学，留下布兰登继续摆弄他的钳子装置。艾米·方的 MCM 可能是最漂亮的。那是一个巨大的轮子装置，通过在推进器平面上转动的方式带动推进器的旋转。计算机辅助设计奇才乔丹·马龙则用激光切割亚克力零件制造了一台工业风格的剪刀升降机。不过，温特今天最大的惊喜来自梁智怡，他看了梁智怡的设计后咯咯地笑着走到一边。梁智怡采用的是旋转叉的方法来旋转推进器，他没有安装变速箱，而是把实验室提供的电机的快速插头直接插入最强劲的电池中（可能不是爆炸性的锂聚合物电池）。这样不仅无需从 Arduino 中获得动力，而且更容易控制电机，输出电压也相对稳定。他把叉子插入一个推进器的孔中，开始旋转。几秒钟之内，推进器就以惊人的每秒 25 弧度的速度旋转起来。梁智怡的这个设计最有可能获得高分，将远超采取抓取风暴士兵策略的布兰登或佐伊，也一定会高出坐在旁边的阿纳尼娅。阿纳尼娅设计的拱形机器人正努力举起一座大厦，这个大厦是仿照《星球大战：帝国反击战》中汉·索洛的碳酸岩监狱制作的。梁智怡似乎发现了比赛中的漏洞，因此难以抑制内心的喜悦。

就在这次展示几天后的此时此刻，布兰登在游泳池里漫无目的地游来游去，思绪万千。他之前去了温特的办公室（里面摆满了老式变形金刚玩具）和他讨论自己的策略。讨论之后，布兰登反而更困惑了。因为每次布兰登说到他的剪刀装置所遇到的问题时，温特就提出一个有用的建议，但只是点到为止，并没有对整体设计提出什么真正的意见。布兰登后来回忆说："我感觉他只是给我提了一堆更复杂的方法让我改进我的机器人，然后就不管了。这让我很沮丧，因为我感觉这样下去我的设计永远也完成不了。"他叹了口气。他感觉温特很讨厌他的设计，只是没有直说而已。

惰性知识问题

布兰登的怀疑是正确的。温特对布兰登的剪刀抓取器没抱多大希望。"他的想法充满了不确定性，"决赛结束后温特回忆道，"这个剪刀抓取器所涉及的机制十分混乱，很难发挥良好的作用。"然而即使温特知道布兰登的剪刀装置不起作用，同时整体设计过于复杂，也不能直接让布兰登放弃这个设计去尝试别的办法。一旦他这么做了（一旦他滔滔不绝地直接告诉布兰登那些本可以更有效的各种方法），他就违背了这门课程的主要目标之一：不仅要教授学生微积分、物理和机械工程的原理，更要教他们如何运用这些原理进行思考。这样才能激活学生大脑中的惰性知识。

我当学生时几乎把所有的时间都花费在把一堆惰性知识堆积在

大脑中了，除了期末考试，其他时间从没想过要把这些知识应用于实践中。一想到这里，我就有种不寒而栗的感觉。但与我的好朋友物理学家兼麻省理工学院教育家桑乔伊·马哈詹相比，我的情绪就略显苍白了。他将激活学生的惰性知识视为个人使命，特别是数学和物理方面的知识，他会想方设法去激活学生头脑中的一切惰性知识。为了说明传统的死记硬背的学习方法中存在的问题，他经常举一个牛顿动力学的例子——牛顿动力学是他作为物理学家的专长之一。他让听课的学生们想象一个钢球落至一张钢铁桌上，然后弹起来的景象。他问学生，忽略空气阻力不计，当球碰到桌子的瞬间，也就是在球反弹前的霎那间，作用在球上的力都有哪些？大多数上过物理课的学生都会说，除了球自身的重量，桌子也对球施加了某种向上的“正向力”。学生回答说通常情况下，这个力就等于球的重量，因为在那一瞬间，球既没有向下也没有向上移动。

坐在原子咖啡厅里的马哈詹听了学生的回答后翻了个白眼看着一杯低咖茶。原子咖啡厅位于麻省理工学院和哈佛大学中间，是一个时髦的砖墙咖啡厅，里面高声地循环播放着奇想乐队[①]和代替乐队[②]的歌曲。他提高了嗓音以盖过音乐的声音，告诉大家无数来自顶尖大学的学生都把这个问题理解错了。“关于这个问题，我问过欧林

① 奇想乐队，成立于 1963 年，活跃于 20 世纪六七十年代，是英国流行摇滚的奠基乐队之一，曲风兼顾迷幻、流行和摇滚。

② 代替乐队，20 世纪 80 年代美国的一支摇滚乐队，于 1990 年解散。

工程学院的学生（欧林工程学院是一所位于马萨诸塞州尼德姆镇的工程学院，久负盛名），我也问过麻省理工学院的学生和英国剑桥大学的学生，”他说，“90% 的人都说向上的力就等于钢球的重量。”

要证明这一结论是错误的，很容易。马哈詹演讲时，邀请了一位志愿者上台，让她把手放在桌子上，掌心朝下。马哈詹把手伸进包里，拿出一块网球大小的石头。首先，他把石头轻轻地放在志愿者的手背上，问她疼不疼，志愿者回答不疼。然后他拿起石头，装模作样地在志愿者的手上方晃来晃去，志愿者吓得时不时地把手缩回去。马哈詹问，你为什么不停地缩回你的手？毕竟，物理系 90% 的学生都说，钢球（或岩石）下落时，作用在上面唯一的力就是球自身的重量和从下面传来的正向力，这就像石头轻放在你的手背上是一样的。

当然，真正的问题不在于志愿者，而在于绝大多数物理系的学生。每个人都凭直觉认为，坠落的物体向下施加的力比静止的物体向下施加的力大，大几千倍都很正常，这就是志愿者感觉石头快要坠落时会把手缩回去的原因。然而，这些高级且成功的物理专业的学生，通常都做不到将直观的知识与他们在物理课上所学的系统性的、预先抽象化的知识联系起来，这就好像大脑在获取课堂上形成的记忆时关闭了大脑中的体验部分似的。借用伍迪·弗劳尔斯的话来说：“他们学过物理，但还没有学会用物理来思考。”

学生在学习过程中，对各门课程都会形成惰性知识。例如，如何引导人文专业本科大三和大四的学生把大一时在写作课程中学习到的策略应用到学习中，已经成为教育研究中的一个独立子领域。在物理学中，教授们对惰性知识的担忧至少可以追溯到50年前。1969年，伦敦物理学教授J. W. 沃伦向148名学生提出了一系列本应毫不费力就能回答的问题，但这些问题的结构比学生们平时常见的问题更全面。例如，他没有让学生们计算出作用在一辆以某种速度绕圈行驶的汽车上的力的大小，而是让他们把作用在汽车上的所有力画一个简图，并标出哪个力对应地面对汽车轮胎施加的摩擦力。不到1/3的学生能够标出作用在汽车上的力，但只有其中3人正确地画出了摩擦力的方向——摩擦力应该指向圆心（如果没有这个作用力，汽车就会像行驶在冰上一样打滑）。

近半个世纪后，一群志同道合的教授（包括马哈詹和我）向麻省理工学院和奥林工程学院动力学专业的学生提出了同样的问题。我真希望告诉你们现在的学生们表现得更好，但实际结果与20世纪60年代沃伦问问题时的情况一样——我们的学生也犯了同样的错误，连错误率都基本相同。

从20世纪60年代起，我们一直未能解决惰性知识的问题，并不是因为我们缺乏尝试。自从沃伦的研究以来，西方教育已经发生了很大的变化，至少从表面上看变化很大。60年代末，无论是试图挑战权威的人，还是认为西方在科学教育方面落后于苏联的人，都层出不穷。在这场力求推翻传统课堂教法的充满善意但曲折的改革中，沃伦的研究只是起到了一定的推动作用。在美国的教师教育中，这种驱动力通常以无拘无束的杜威式教育观形式出现。这种教育观主张以学生的兴趣为中心，而不是以严格的课程为中心，提倡丰富的小组活动，不过度依赖教科书，日常学习时间灵活，如果情况允许，可以根据每个学生的步调协调授课进度。根据情况的轻重缓急，改革实践者相应地取用了不同的方法，并以不同的名称命名，如非正式学习法、童本课堂教学法、间接学习法、以项目为导向教学法、建构主义教学法等。尽管这些方法之间存在差异，但这些体系都可以统称为“由外而内”的教学法，与杜威的“由外而内”的教育科学如出一辙。这类教育体系中，课程和学习过程是不可侵犯的整体，侧重于通过学生天生的好奇心挖掘学生潜力，而不是通过过度设计的教学培养学生。可能“由外而内”的教学法中最极端的形式就是“发现式学习”，即学生们一个个都是小牛顿和小孟德尔[①]，带着任务通过自己的观察发现世界的真理。

一所学校是否会接受这些变化取决于多种因素。有的学校满怀热诚地改写了自己原有的使命宣言，还有一些学校则对这些变化充耳不闻，仍然我行我素、一切如故。我在印度上的小学就属于后者。在麻省理工学院，改革的趋势激发了研究和教学的革新，如重新修订和发展课程 2.007。1970 年，伍迪·弗劳尔斯把现在著名的机器

① 格雷戈尔·孟德尔，奥地利帝国生物学家。他通过豌豆实验，发现了遗传学三大基本规律中的两个，分别为分离规律及自由组合规律。

人比赛纳入课程之中。他认为，这种以亲身实践为挑战的课程，会让惰性知识焕发光彩，富有生命力。

“反对由外而内教学法的传统教育批评家们当时都认为学生不可能做到，”马哈詹喝了一口茶接着说，“他们说得没错。”仅靠教师由外而内的教学方式，不足以解决全部问题：教师不能一步一步地指导学生去设计和执行一个复杂的项目，因为那样学生就只会生搬硬套。相反，学生们必须把抽象的知识应用到实践中去，才能彰显教育的成效。正是这个原因，所以温特只给布兰登提出如何改进他所设计的剪刀模块的建议，并没有直接告诉布兰登放弃这个设计重新构思。

对于这种方法，马哈詹说：“我认为最重要的一条公理就是教师应该是‘站在学生旁边的向导’，而不是‘登上讲台的圣人’。”

虽然这种教育方法逐渐传播开来，但一些教育家团体也对此提出了保留意见。因为这些教育策略所存在的缺点是显而易见的，例如，通过实践进行的学习属于资源密集型学习，如果学校避开诸如平均分数等量化指标，就很难跟踪学生所取得的进步。此外，还有一个更深层次的问题，一个批评家们一致认同的问题——他们认为，所谓的对传统教学的治愈方法比疾病本身更糟糕。

马哈詹把自己列在这些批评家的行列之中。他很激进地说：“我认为发现式学习这种由外而内的教学法完全是垃圾。”

主张自由放任、由外而内教学法的阵营和其敌对阵营之间产生的争议，主要是因为双方是从不同角度阐释认知大厦特定楼层（我们前面刚刚爬上的楼层）中的研究的。

到了20世纪50年代末和60年代，脑科学最高层和心理学最低层之间的鸿沟开始弥合。无论是过去还是现在，这一进程始终充满了紧张气氛，这本就是不可避免的。从系统层面研究大脑的科学家，他们的研究视界虽然复杂到令人难以置信，但研究对象基本都是物，而不是人，如神经元、记忆、驱力状态等。然而，如果你把探索的显微镜镜头拉远到心理层面后，一些难以形容的东西就会闯入你的视野。突然间，你的研究视界中不仅有生物体系，还包括具有光辉历史的整个人类，以及所有与人类经历息息相关却悬而未决的问题。上千年来，领域内的思想家们殚精竭虑力求解决这些问题，却始终未果。因此，若要弥合大脑科学和心理科学之间的鸿沟，就需要转向那些炙手可热的哲学问题：例如，人类意志的本质，甚至意识本质等相关问题。

与教育直接相关的方面是：在脑科学与心理学的交界处，研究员对记忆方面的研究减少了，而将重心更多地转向学习方面的研究。记忆和学习这两个词并非同义词。记忆只需要储存信息，而学习则需要从这些信息中提取有意义的规则和模式，并将其应用于实践。尽管在认知大厦中，有关学习的研究还属于较低层次（例如，大脑信箱根据字母的形状将字母进行抽象化的研究），但在心理层面，对学生和教师可操作性学习策略的研究才正式开始出现。

无论是主张由外而内教学法还是由内而外教学法的教育改革者都认为，如今大多数在课堂上集中传授知识的方式行不通，这种方法容易导致惰性知识的产生。他们也认为，相对人性化、能够尽量克服认知障碍的教学方法才是解决这个问题的关键。他们的分歧主要在于对“人性化”的定义方式不同。在认知大厦的一个关键处出现一个模糊点，在这里对神经活动的研究转变为对思维的研究，对记忆的研究转变为对学习的研究。结果，这两种独立的教育改革计划难以共存，至少从表面上看是难以共存的。

认知开关

20 世纪 50 年代是行为主义者的黄金时代，他们对“输入”和“输出”之间的所有心理过程都十分敏感，但是 50 年代结束时，变革已蓄势待发。各个领域的研究人员已经开始着手探索我们的思维机制。纵观脑科学和认知心理学，即与思维内部机制有关的子领域，结合语言学和计算机科学领域的相关知识，一批具有开拓性精神的科学家开创了我们对思维问题思考的新阶段，这个阶段后来被称为认知革命阶段。

就教育实践而言，认知革命首先在心理学方面取得了突破。认知心理学的起源与 20 世纪 50 年代美国重现心理学家让·皮亚杰的理论密切相关。皮亚杰是瑞士心理学家，比桑代克小 20 岁左右，他的思想曾一度被人遗忘。

如今，皮亚杰被尊为20世纪心理学巨匠，他漫长的职业生涯不仅为当代由外而内的教育实践铺平了道路，同时也将儿童发展研究领域带入现代科学时代。他早期的职业生涯之所以引人注意还有一个原因：他证明了不同的大脑对相同的刺激能够产生不同的反应。1905年，法国心理学家阿尔弗雷德·比奈开发了第一个现代智力测验，这项测验使得桑代克和他的盟友们有机会根据学习者的天赋能力对学习者进行分类。然而对皮亚杰来说，这项智力测验只能够让他辨识我们所有人的共同点，而不是我们个体之间的差异。

皮亚杰出生于20世纪初，生活在讲法语的瑞士纳沙泰尔地区，他对动物学，特别是软体动物表现出极大的兴趣，这远不是其同龄人所能理解的。他很快完成了学业，21岁时就获得了博士学位，但也就是在这时他才真正开始踏上寻找自我之路。他交了博士论文后不久，便在仍然年轻的心理学领域开启了新的职业生涯。他在苏黎世学习心理学，师从著名的精神分析学家卡尔·荣格和精神病病理学家尤金·布鲁勒，然后在巴黎的索邦大学任教。在那里，他结识了西奥多·西蒙——也是比奈的长期合作者。

很快，皮亚杰参与了智力测验的研究。他负责将一项最初为成年人设计的智力测验改编为适合儿童的智力测试，他的工作只是对年轻考生进行口头测验，并记录错误答案的数量。然而，他不满足于这样简单的工作。为了理解孩子们的推理能力，他根据孩子们的错误回答提出了自己的问题，这也是他今后长期研究生涯中使用的主要方法。

他发现，年龄相仿的孩子似乎总是会犯同类错误，这说明从某种程度上这种结果是可以预测的，这也说明儿童在成长过程中经历了各个不同的发展阶段。皮亚杰分别给这些阶段命名，如“感知运动阶段”、“前运算阶段”等。这些阶段的细节虽然经不起现代人的推敲，但是他的基本假设不仅大部分无懈可击，而且激发了几代人的进一步研究。

他后来的工作几乎都是建立在其职业生涯一开始观察到的信息之上。他发现，年幼的孩子因为幼稚只会犯幼稚的错误，这并不是因为他们的推理能力不发达。例如，一个由十几个鹅卵石堆积而成的石堆，如果把这个石堆平铺开来，小孩子通常就会认为鹅卵石的数量也会神奇地增加。当他们发现鹅卵石的数量实际上并没有发生变化时，常常会将这种经历视为一种启示。

在这种情况下以及其他类似的情况下，皮亚杰认为，在此过程中最重要的阶段是“领悟”的那一刻。领悟并不是一种数据存储行为，而是一种发明行为。这种发明行为是指积极创造出一种关于世界认知的个人经验法则。皮亚杰推测，这种创造性的过程是不是就是我们把所知道的一切集合起来的过程呢？除了鹅卵石的故事所说明的基本法则之外，这个理论似乎也能解释通过简单观察进行的学习。当你回想一个视觉场景时，比如今天早晨的早餐，在你脑海中浮现的可能不是一张完美的照片，而更像一幅印象派抽象画，只会闪现一些相关的细节（你想到的可能是早晨吃的是脆麦圈，而不是吃了多少）。大脑这种对细节的选择性关注其实很容易理解。如果学习对你而言不是一系列被动的快速复制过程，而是一种主动的建构过程，是在你个人所形成的现实模型基础上所建构的，那么在建构期间所有的事务必然有个轻重缓急的顺序。这种对学习的愿景甚至可以解释为什么有些人在学习过程中，不仅丰富了自己的知识库，而且随着时间的推移还提高了解决问题的能力和决策能力，因为他们建立了关于新知识的表征，以及更好地运用了这些知识。

在这个模型中，你所有的知识都是由无数个独立的草图和规则组成的，皮亚杰称之为“图式”，这些图式集合成一个树状的整体，由基本知识构成的树干上还会长出长长的树枝。20 世纪 50 年代末之前，皮亚杰的理论在美国还是颇具影响力的。20 世纪 20 年代和 30 年代他在常春藤盟校做过几次讲座，均受到礼遇。然而，随后他的理论在行为主义的乌烟瘴气中和儿童发展心理学对女性领域的不尊重中被人遗忘。

1957 年 10 月 4 日，一个小小的白点[①]在美国的夜空掠过，给美国的军事安全带来了巨大影响，更不要说对美国民族自尊心的影响了。麻省理工学院物理学家杰罗尔德·扎卡里亚斯对苏联的人造

① 小小的白点，指苏联发射的人类第一颗人造卫星“伴侣号”。这颗卫星于 1957 年 10 月 4 日，由苏联的 RT 火箭在拜克努尔航天基地发射升空。

卫星及其政策特别关注。扎卡里亚斯是“曼哈顿项目”[1]的参与者，其在核磁共振领域所取得的成就最终推动了核磁共振的发展。在此前，扎卡里亚斯获得了联邦政府的资助，力图找到一种方法以弥合美国学生与苏联学生之间的知识鸿沟。特别是在当时，苏联的人造卫星已经开始在天空中巡视，因此弥合知识鸿沟的重任更是日趋紧迫。艾森豪威尔总统把国家科学基金会的预算增加了5倍，任命麻省理工学院院长詹姆斯·基利安为他的第一位科学技术特别助理，并成立了总统科学咨询委员会，由扎卡里亚斯担任委员会主席。扎卡里亚斯认为，行为主义对美国教育的影响是造成知识鸿沟的一个主要原因。为了找到一种新的方法激励学生学习，他聘请了一位亲密的私人朋友——哈佛大学心理学家杰罗姆·布鲁纳和他一起研究。布鲁纳对行为主义思想一直持怀疑态度。一年前，他带领心理系的一个小分队所进行的研究，就完全脱离了超级行为主义者斯金纳的思想。

1959年，扎卡里亚斯在马萨诸塞州伍兹霍尔召开了一次心理学家和研究科学家的会议，讨论如何将认知科学中的新发现应用于科学教育。布鲁纳把这次的会议报告写成了一本书，名为《教育过程》（*The Process of Education*）。与大多数美国心理学家不同的是，他多年来一直坚信皮亚杰的研究成果，并在书中就皮亚杰针对行为主义记忆模型所提出的替代方法进行了探讨。这本书非常受欢迎，4年内

① 第二次世界大战期间美国陆军自1942年起开发核武器计划的代号。

卖出了近 50 万册。

就这样，皮亚杰又回到了人们的视野中，这一次，美国准备好了。1960 年，认知革命以马萨诸塞州的剑桥市为中心发展得如火如荼。如果你站在位于麻省理工学院和哈佛大学中间的原子咖啡馆厅，随便扔块砖头就能砸中一个力图突破新领域的认知主义者。在哈佛大学，认知主义者主要有布鲁纳及他的同事乔治·米勒。他们早已开始深入研究（其实还是浅层）工作记忆，相关内容我会在后面的章节中介绍。此外，还有心理学家罗杰·布朗，其致力于儿童语言发展的研究。与此同时，麻省理工学院的计算机科学家已开始思考如何从零开始建构思维，成果突出的有认知语言学家诺姆·乔姆斯基，其于 1959 年对斯金纳的著作《言语行为》(*Verbal Behavior*）进行了尖锐的评论——这本书也是认知革命的开山之作。在这样的认知主义变革热潮之中，皮亚杰的理论如一片缺失已久的拼图，崛起得恰到好处。

马哈詹向后一靠，环顾了一下原子咖啡厅。“一个人的认知和思维必须要形成一定的表征。我认为，这一点无可争辩。”他说。皮亚杰的学习理论问题只是出现在从理论到实践的转变中，即当人们把这些理论变成“教育哲学”时出现了问题。

基于皮亚杰理论制定的教学策略注定会引起激烈的争议。如前面提到的，这种教学策略提倡发现式学习，认为学习者在其图式之树上添加新知识的最佳方式是让学生主动地发现新知识，而不是由教师提供新知识。在这种模式中，教师协助学生进行发现，他们唯一的教学任务是向学生教授学习策略和解决问题的策略，而不是书面知识。于是，学校教授的内容就成了教育学生“学会学习”的手段，这句话一出，迅速流行起来。

学校的建构之路

教师教育项目是皮亚杰思想进入美国教育实践的主要途径，只不过道路迂回曲折。他的思想进入麻省理工学院的道路相对直接，因此也就更快站住了脚。很快，麻省理工学院就在这方面有了较为突出的研究成果。

皮亚杰思想在麻省理工学院得以传播要归因于一位南非数学家兼计算机科学家西蒙·派珀特。他在麻省理工学院任职之前，曾在巴黎与皮亚杰共事了四年。20 世纪 60 年代后期，派珀特开始使用大型计算机进行研究，他预见到计算机将日渐价格低廉并全面普及，孩子们以后可能都需要学习编程技术。他开发了 Logo 编程语言，这是一种简化版的编码语言，适合儿童学习。“有些人想用电脑给孩子编程，有些人想让孩子给电脑编程，”他在 1971 年的一篇文章中写道。这篇文章可能是针对斯金纳的，当时斯金纳还在查尔斯河上游几英里的地方宣传他的教学机器。派珀特又继续开发了“Logo 小海龟”，这是一种早期的小机器人，被放置在一个透明的、约有半个篮球场大的穹顶之中，目的是帮助学生将编程这一深奥的体验变成有形的东西。这只小海龟比无处不在的电脑显示器出现得更早，它可以在一张大纸上移动，移动时能够绘制出几何图形。对于有幸能够接触到这种小机器人的学生来说，学习数学的目的发生了变化：数学从解决问题的工具变成了创造性工具。

如今，麻省理工学院仍在使用派珀特开发的编程语言。派珀特的学生兼长期合作者米切尔·雷斯尼克将这一发明带入了智能手机时代。

雷斯尼克身高约 1.95 米，我认识他时，他已胡子花白。他和你说话时，习惯向后靠在座位上，眼睛透过镜片的下半部分看着你，闪着光芒。他引领麻省理工学院的“终身幼儿园”研究小组，致力于研究儿童的“设计、创造、实验和探索”能力，直至他们成年。

一天清晨，团队其他成员还没来上班，在那漆成红、黄、蓝三色的温暖办公室里，他仔细研究了前辈们留下的知识遗产。“我认为皮亚杰的一大贡献就是重视学习者，尤其是儿童们，他们拥有主动建构知识的能力，而不是被动地接受知识。”雷斯尼克说，“西蒙完全同意这一观点，但他说，‘人们建构知识最有效的方法之一是通过构建世界上的事物获得知识。’”

西蒙·派珀特表达得很直白。他认为，建立一棵图式之树最好的方法就是让学习者在教室里、在车库里、在电脑里建造物体。派珀特在《儿童的机器》(*The Children's Machine*)一书中写道：“首先要在世界中构建更为具体的事物，如建造一座沙堡或做一块蛋糕，搭一座乐高玩具屋或玩具公司，编写一个计算机程序、写一首诗，或创立一种宇宙理论，然后再在大脑中建构知识，这样更为适宜。”

“通过在这个世界上创造事物，激发了我以不同方式思考问题的灵感，”雷斯尼克解释道，“当我以不同的方式思考问题时，又激发了我去创造新事物的灵感。”派珀特的建构主义哲学理论，主要应用于 STEM（科学、技术、工程和数学）领域，尤其是工程领域，但是派珀特却认为这种理解并没有完整解读出他的思想。派珀特于 2016 年去世。事实上，人文学科长期以来一直采用的都是建构主义的教学方法，STEM 各领域也正在借鉴人文学科教育中最热门的成果努力迎头赶上。比如，若想通过一门创造性艺术课程的考试，就必须完成一项创作，如创作一幅画、一首音乐作品或一首诗。与此同时，人文学科的其他领域，尤其是大学阶段的很多学科，都是以文学写作为基础的，这不可否认地需要付出创造性的努力。

雷斯尼克说：“写作有助于组织、表达和分享你的思想。我认为不仅那些想要成为职业作家的人要学写作，人人都应学会写作。”写作不仅有助于学生学会有逻辑地组织和表达自己的思想，而且还具有良好的社会效果，至少理论上是这样的。“写作能够帮助每个人发声，”他说，“让他们知道自己也能为社会做出重要贡献，这一点很重要。”

然而，如今指导我们生活的许多可见和不可见的金科玉律不是用英语、西班牙语或汉语写成的，而是用计算机语言写成的。雷斯尼克说："对我来说，学习编码和学习写作并无二致。学习编码技能不仅是以后的工作需要，也不只是为了学习计算概念，编码还是表达想法和组织思想的又一种方式。"

派珀特在 1980 年所著的《头脑风暴》(*Mindstorms*) 一书中提出"人人都应学会编码"的观点，这一观点很快受到人们的热捧。英国和哥斯达黎加的公立学校甚至把 Logo 编程语言列为必修课。然而，尽管编程语言很受欢迎，派珀特也对此寄予厚望，但是它也没有彻底地改变教育。因为 Logo 编程语言本身就是问题的一部分。派珀特的初衷是设计一门简单易学的编码语言，但无奈这门语言所涉及的语法仍然相当困难，很容易让初学者和教师失去兴趣。因此，即使 20 世纪 80 年代和 90 年代，计算机开始在教室和实验室普及，但是计算机编码并未出现突飞猛进的发展。相反，这时兴起了一种计算机化消遣的方式，即教育类电脑游戏。大多数游戏的功能相当于一个知识传递系统，与斯金纳的教学机器有异曲同工之处。

"计算机的颠覆性功能正在一点一点消失，"派珀特写道，"现在计算机只是被用来巩固学校的教学。"

雷斯尼克一直思考着 Logo 编程语言的前景和缺点。他在麻省理工学院师从派珀特，并获得了计算机科学博士学位，他很快开始了自己的研究。雷斯尼克深入研究 Logo 编程语言，并将其推向新的发展方向，其中包括一款畅销零售产品"乐高 Logo 编程"，该产品可使学生通过 Logo 编程语言控制乐高机器人。这一产品深受欢迎，所有保持客观态度的观察家都不得不承认，乐高拼装比编程有趣多了。这倒给了雷斯尼克一个灵感：也许将彩色积木拼合在一起的这种既直观又能给人带来成就感的行为本身也可以被应用于编程中。

于是他和他的团队为实现这一目标开发了一种新的编程语言Scratch。Scratch 不是一种基于文本的烦琐语言，用户可以使用简单的块形的视觉元素进行编码。这种语言最出彩的部分是，在默认情况下，这些代码块可以控制动画视频中角色和物体的移动，也就是说新用户的第一次 Scratch 编程体验将如看动画片一样轻松有趣，其中最经典的卡通形象是一只在屏幕上舞动的猫。截至写作本书时，在 Scratch 网站上注册的用户数已多达 3 000 万，与派珀特最初对 Logo 编程语言设想的规模相距不远。可以说，最能体现这一项目成功之处的是，学习者不仅会在完成作业时被动地用这一语言进行编程，还会在他们的空闲时间主动地进行编程（我女儿就是这样），而且学习者常常会以两两结对或团队的形式合作编程。雷斯尼克说：“我有时会说，我们所做的所有项目，一直秉承的终极目标是帮助人们学会创造性思维、系统性推理和协作性工作。”

这些抱负看似无可争议，但是在这一抱负之下暗藏的是西蒙·派珀特更具颠覆性的抱负——彻底改变我们所继承下来的教育规则。最让雷斯尼克感到困扰的一件事是桑代克式学校的现状：用字母或数字评定学生成绩，对学生进行分类。“我非常赞同弱化分数的重要性这一观点，”他说，“你们可能知道，在麻省理工学院的第一学期是没有考试的。我希望这一政策能够多延续几个学期。”在麻省理工学院，大多数教师都认为第一学期免试是一件好事，这有利于刚入校还处于适应期的学生的心理健康发展。但是，这一政策也存在消极的一面。雷斯尼克说，一位教大三的物理教授告诉他，由于一年级没有成绩这一推动力，导致学生们在上他的课时，缺乏知识准备。雷斯尼克认为他的理解是错误的。“如果麻省理工学院的一个学生在大一时，会因为不用考试而不认真上课、不努力学习的话，”雷斯尼克严肃地说，“那么这个学生就不应该来到这个学校学习。这将是麻省理工学院所犯的一个错误，录取了一个为成绩而学的学生。”

这种思想就是久负盛名的由外而内的教学思想。在代表学生潜能的每一个数字或字母背后都潜藏着一种不可否认的缺陷。简单地说，这样的衡量标准无法衡量不能衡量的东西。因此，我们无法知道世界上有多少有前途的学生，是分数和考试成绩掩盖了他们作为学习者的真实天赋。更糟糕的是，也许正是分数、考试成绩以及以这些成绩为中心的课堂阻碍了某些学生对学习的兴趣。因此教学方式广泛朝着由外而内、以项目为基础的方向转变，包括麻省理工学院的“本土品牌”建构主义，将为学生带来证明自己的新方法，同时能够使他们挖掘自己真正的激情所在。只有到那时，“学习者才会愿意投入更多的努力，取得真正的成功。”雷斯尼克说。

简而言之，学校应该当机立断地采用建构主义以及其他类似的由外而内的教育方法，这些方法为教育系统注入了迫切所需的三个因素：学习动机、情境化学习和活性知识。此外，作为额外奖励，这种方法也会让我们的“教育扬谷机”变得更加人性化。现在只剩一个问题：越来越多有影响力的教育研究者坚持认为，由外而内的教育策略不符合学习所需的认知过程，甚至存在扼杀这一认知过程的可能性。

由内而外思想的反击

与像雷斯尼克这样倡导由外而内式教育的思想家交谈，你会发现把这种思想转化为课堂实践的工作才刚刚开始。毕竟，分数仍然存在。但是若听像马哈詹这样提倡由内而外式教育的思想家的理论，情况则恰恰相反。诚然，老派的传统教学方法仍然盛行，但眼及之处，提倡由外而内教学法的改革者也在努力把他们的设想融入课程中，虽然用意良好，但是实际上却阻碍了学习者的学习，起到了适得其反的作用。

以马哈詹的女儿为例。马哈詹曾提及他的女儿在剑桥市当地一所公立学校学习阅读的情况。

“在美国各地，”他说，“教师都会为孩子们朗读课文，并听写单词。”这一教学方法旨在让学生们学习阅读和学习说话一样自然。这种方法始于 20 世纪 80 年代的“全语言”运动，规避了传统的、基于“自然拼读”的学习策略，即摒弃了“自然拼读法”先将单词按音素划分为最小单位然后再拼读出来的做法，而是让学生通过听单词和说单词，在自然而然的过程中理解单词的含义，或是通过大量的阅读学习写作。到了 20 世纪 80 年代末，“全语言”运动如雨后春笋般迅速流行开来。

现在回顾过去，这场运动是一次彻底的失败，失败的原因随着大脑研究（我在上一章探讨的内容）的出现逐渐凸显。事实证明，大脑天生就有识别语音的能力，但不能识别文字，因此通过听学说话要比学认字容易得多。早在 20 世纪 80 年代中期，就有证据表明“自然拼读”教学法是一种良好的教学策略。而且在 1996 年，“全语言”运动迎来了一大堆不容忽视的坏消息，其中一个就是加利福尼亚州全力推行“全语言”教学法，但是在全美标准化阅读测试中却是成绩最差的一个州。

“我认为这完全是一场灾难，”马哈詹说，“我女儿曾体验过使用‘全语言’教学法教学的阅读课，上完课后，甚至连单词‘狗’都不会读。她现在会说三种语言！”

对于那些想要证明发现式学习方法有效用的人来说，“全语言”运动的崩溃就是一个惊人但勉强的例子。而在 1985 年，教育心理学家约翰·斯威勒在新南威尔士州[①]进行了一项研究，并在与他人合著的论文中对发现式学习提出了更深刻的批评。

研究组进行了一次随堂测试：研究员将学生分成两组，分别给两组学生发了一套代数题，要求第一组学生自己想办法解答；第二

① 澳大利亚的一个州名。

组学生则不用解答这些问题，而是研究“有解样例”。也就是说，研究员提前将这些代数题的正确答案提供给第二组的学生，并阐明中间的解题步骤。那么当这两组学生面对新的代数题时，哪一组会解答得更快、更准确呢?

结果令人惊讶。根据斯威勒的试验，尽管研究“有解样例”的学生基本没有练习解题的时间，但这一组的成绩却占了上风。人们在20世纪80年代和90年代所做的研究中，反复出现了类似的结果。这些研究主要是在数学相关领域进行的，有统计学、几何学和计算机编程。研究中的发现让那些长久以来倡导由外而内教学法的人们感到懊恼。他们一直认为应该将课堂上的时间和精力花费在解决问题上而不是放在特定领域的细枝末节上。也许更令他们感到烦恼的是斯威勒及其盟友通过研究所得出的结论，即解决问题的一般技能基本上是不可教的，比如学走路或说母语。如果真是如此，那就说明那些支持由外而内教学法的教育工作者为了培养学生解决问题的能力，花在挑战复杂问题上的所有时间都是在浪费时间。

也许更糟的是，所有旨在解决问题的练习甚至起到了相反的作用，阻碍了学习者的学习。如果需要相关的理论支持，斯威勒阵营只需回顾几十年前在认知革命早期，由哈佛大学的乔治·米勒在其著作《神奇的数字7±2：我们信息加工能力的局限》中提到的一项基础性研究。这项研究是现代科学家对工作记忆或者说是工作注意力的首次探索。工作记忆属于短时记忆范畴，对应你在任何时刻意识到的所有信息。暂时储存在工作记忆中的信息最终有两种可能性：要么长期储存在短时记忆中（也可能最终成为长时记忆），要么快速被遗忘。米勒认为，当人们完全集中注意力时，大多数人都能背诵出工作记忆中的大约七个组块，一个组块就是一个高度主观化的东西。例如，对于斯坦利·库布里克[1]的粉丝来说，数字 2 001 只需占据一个组块，而随机选择的数字 7 845 中的每个数字都要占据一个组块。

1988 年，斯威勒发表了一篇文章，让支持由外而内教学法的人颇感心寒。他想知道，工作记忆中不可避免的局限性是否就是学生在解决问题方面表现平庸的原因？他提出了认知负荷理论，思考为什么解决问题的认知需求占据了工作记忆中的关键组块，而这些组块本可以有更好的用途。他认为，在学生时代最关键的时刻，最好让所有的认知组块都随时待命，而不是去解决不必要的难题来占据这些组块。他写道："似乎没有明确的证据表明传统的问题解决练习法是一种有效的学习手段，但也没有足够的证据表明它不是有效的学习手段。"

这一发现引发了一场激烈的争论，至今在教育和心理学期刊的版面上仍弥漫着战火的硝烟。直到最近，神经科学家才对认知负荷机制给出了令人满意的解释。

为了便于解释，让我们回到麻省理工学院的皮考尔研究所。早

① 美国电影导演、编剧、制作人。

在20世纪50年代，哈佛大学的乔治·米勒就曾提出，人类的工作记忆可以保存多达9个组块的数据，但一系列的后续研究却给这一数字泼了冷水，将其缩减到4个组块。21世纪初，皮考尔研究所的研究员米克尔·朗德奎斯特提出了一个似是而非的观点，解释了只有4个组块的原因。巧合的是，他办公室的门牌号就是一个四位数。若要去办公室找他，坐电梯时一般人都会多念几遍这个数字。

朗德奎斯特解释说，工作记忆的短时性与其说是对认知的限制，不如说是一种特征。毕竟，你也希望意识思维能自由流动，而不是长时间地停留在某个点上。那么，关于工作记忆是“如何形成的”这个问题就是“是什么让它如此短暂”的问题答案。科学家们认为工作记忆的表征如短时和长时记忆的表征一样，是通过神经元连接进行编码的，神经元通过策略性增强或削弱突触的模式结合在一起。那么，从机制上讲，是什么让工作记忆细胞组在瞬间就能增强或削弱突触，然后连接起来，并以同样快的速度把这种连接关系清除干净的呢？很久以来，科学家们认为，你的前额叶皮层，即工作记忆的所在地，是利用将细胞组中的活动与思想中相对应的活动保持一致来维系工作记忆的表征的。也就是说，当你的注意力发生分散时，这种活动也就转移到另一组神经元中。

2011年，朗德奎斯特在家乡斯德哥尔摩攻读博士学位时，用计算机模拟工作记忆，突然有了新发现。他说：“我没有采用持续增强突触的方式而是采用突触波的形式存储记忆。”在这种模型中，预先存在于一个人工作记忆中的组块将不会像以前人们认为的那样是一次性存储下来的，而是循序渐进、一点一点地存储下来的。

朗德奎斯特身材魁梧，留着齐肩金发，再加上一口斯堪的纳维亚口音，人们常误以为他是挪威传奇中的某个人物。只有他那双眼睛暴露了他科学家的身份，为了潜心研究，睡眠不足，因而倍显疲惫。自加入麻省理工学院厄尔·米勒的实验室以后，他花了大量时间研究自己的模型，而且是在比电脑更复杂的研究系统中研究。通过用电极刺激一对猴子的大脑，朗德奎斯特发现了前额叶皮层一小区域活跃的时间，并获得了现有的研究数据。这项技术比功能磁共振成像技术更具侵入性，功能磁共振成像扫描仪只能以秒为单位描述神经活动，而电极所描述的活动可精确到毫秒。朗德奎斯特在这些猴子身上所获得的一系列研究结果，有力地支撑了他所提出的爆发式记忆模型。

他所提出的连续式（不断增强）记忆模型和爆发式记忆模型之间的区别似乎很微妙，但爆发式记忆模型却有力地解释了工作记忆固有的局限性。想象一下，假如工作记忆中的 4 个可用组块是你在海滩上写下的四个单词，比如 SANJAY SARMNIS IS HERE（桑贾伊·萨尔马就在这里），这四个单词随时都面临着被海浪冲刷干净的威胁。在旧模式中，这四个单词中的每个字母都是同时刷新的，就像变魔术一样。相比之下，朗德奎斯特的新模型中，保留单词的唯一方法就是用食指一点一点地按原来的痕迹反复描写。如果我比较贪心，想在这四个字中再加一个字，比如，“SANJAY SARMA IS HERE TODAY（桑贾伊·萨尔马今天在这里）”，可能我还没把最后一个字描完，汹涌的浪潮就已经把第一个字冲刷干净了。于是，我又像刚开始一样只剩下四个单词，尽管是新的一句话“SARMA IS HERE TODAY（萨尔马今天在这里）”。朗德奎斯特的研究团队指出了这个在理论上受“刷新率”限制的模型，有力地解释了为什么每次你在工作记忆中添加一个新的组块时，很可能就会丢失一个旧的组块。

近似学习法

除了使用组块这种策略外，我们还可以采用相对更柔和的指标测量工作记忆的容量，比如一个人能够复述的一段文字的长度，或者他们重新描绘图像的精细程度。使用这些策略，研究人员证明工作记忆是高度可变的，同时与一般智力程度有相关性。研究得到的一个结论是，只要有什么东西阻碍了你的工作记忆，那么你全面解决问题的能力就会受到影响。某些疾病，如精神分裂症和多动症，对工作记忆也会产生干扰。一些临时入侵的信息，也会成为阻碍工作记忆的因素。还有一个致命的威胁就是刻板印象。当与性别、种族和社会经济地位等因素有关的想法侵蚀工作记忆时，学生就会分散注意力，影响考试成绩。

提倡由内而外教学法的阵营认为，不合理的教学设计只能放大这类问题。当你试图解决一个复杂的问题时，马哈詹解释说：“你的大部分记忆都在‘搜索’中，想要通过假设的行动方案寻找一个理想的解决方案。你会自问：‘我知道些什么，我要去哪里？还有多远？’”

通过分析“有解样例”的方式进行学习，而不是通过自己解决问题的方式进行学习，是克服工作记忆障碍的一条潜在途径。提倡由内而外教学法的派系也支持“过度学习”某些知识，比如背诵乘法口诀表，这样解决问题时就能较为容易地唤起这些知识。

马哈詹使用的方法不同。事实证明，他是世界上最具估算能力的人之一。有一次，他的一位同事在一次法律诉讼中签订了一分数额巨大的秘密协定，一位记者要求马哈詹估算该现金奖励的数额。马哈詹根据自己的知识，最终估算出的数字与实际数字非常接近，结果当事人认定一定是有人泄了密，并提起了诉讼。

其实马哈詹能够准确估算出正确数额并不足为奇，他还出了一本关于估算近似值的书（他喜欢用这个专门术语），名为《街头数学》（*Street-Fighting Mathematics*）。从这本书的书名就能看出他解决复杂问题的方法：首先快速分析问题，得出一个近似答案，然后把全部工作记忆集中在解决问题的关键任务上。他说，这种先行动再提问的方法不仅适用于解决 STEM 问题，也适用于写作。无论怎样你都要先写一个糟糕的初稿。这与解决问题的步骤是非常相近的。”随着更多的工作记忆被释放出来，接下来的写作思路就会明了清晰。

值得一提的是，马哈詹提出的问题解决策略实际上就是一种解决问题的方法，与最极端的由内而外教学法主张教育中应只有内容，而没有过程的立场不同，马哈詹认为教育中过程与内容同等重要。这是一种可用于指导思想的策略，就像一个教练指导运动员如何移动身体一样。

事实上，我们有时并不能完美地控制我们的思想，就像有时我们无法控制我们的身体一样。朗德奎斯特在猴子前额叶皮质中检测到的爆发式记忆模型，从时间上说，非常接近大脑中最快的可执行信息流的速度，也就是几乎接近思维的速度。那么，意识思维是如何控制工作记忆的内容的？朗德奎斯特的模型就这个问题也给予了一定的暗示。我们虽然还不知道意志是如何在大脑中产生的，也不知道我们是否真的拥有可以支配我们思想和行为的自由意志，不过，我们知道的是，当你创建一个工作记忆表征时，神经活动的模式与你决定移动手臂时出现的模式相似。

关键之处在于脑电波这一重要神经现象，电磁波峰和波谷随着联结在一起的神经元组活动的变化而变化。比如当你控制四肢时，有一种控制模式叫作 β 波，当什么都没有发生的时候，这种波在运动皮层中占主导地位。这种波可以抑制不必要的活动，但似乎并不受欢迎。如果你想抬起手臂，就必须消除 β 波。随着不受欢迎的 β 波的消失，就会产生一系列高频伽玛波，与手臂的运动相一致。奇怪的是，这些伽玛波的爆发与朗德奎斯特在研究工作记忆时观察到的现象非常相似，它们也被不受欢迎的 β 波所控制。这种相似性所暗含的理论十分明显：允许你控制四肢的意志过程，也可以允许你控制你的思想流。

“运动中的运动皮层和抽象思维中的前额叶皮层之间的动力学及其他方面看起来非常相似，”兰格奎斯特说，“但仍存有可争议之处。”

我很欣赏朗德奎斯特提出的这些问题，但最令我欣赏的是他从神经科学方面对大脑进行的研究，即意志本身问题。

“意志究竟在哪里，这应该就是终极问题了吧？”他说，“我们仅仅是为了巩固学习，才学会顺势而为，还是说这就是意志？还是……”

他拖长了音，感到热血沸腾。

究竟应该采用由内而外的教学法还是由外而内的教学法，成了人们争辩的热门话题。2009 年出版了一本书，名为《建构主义教学：成功还是失败？》(*Constructivist Instruction: Success or Failure?*)(封面是两个对立的辩论讲台)。该书试图为辩论双方提供平等的机会，让彼此都能够对对方的观点做出回应。然而，双方的辩论很快就演变成了被动攻击和推测性的争论。争论的焦点是：解决问题是否是一种可以教授的技能，以及学习者是否真的有意志控制他们的工作记忆。就像地缘政治竞争对手声称他们所拥有的矿产开采权一直可延续到地球中心一样，有时辩论双方让人感觉他们其实就是想瓜分脚下的认知科学领域。

然而，如果我们在爬上认知科学大厦的过程中，意识形态没有在认知心理学的层面出现，这也同样让人感到惊讶。辩论双方的初衷都是力图改善教育，但是一旦你的研究范围中囊括了拥有纷繁芜杂发展史的人类，那你不可避免地会遇到这样的问题：怎样改善？为谁而改善？学生应该按照自己的兴趣决定学什么，还是应该学会严格控制自己的思想，坚定地学习教师认为重要的知识？随着我们在认知大厦中不断向上探索，并进入更广阔的世界，学习的认知科学在此得以应用，而认知的裂缝仍将继续存在，这也是未来教育前景中一个不可避免、不可忽视的特点。

但这不能成为我们放弃探索的理由。让我们听从绝地武士卢克·天行者①的智慧之言吧：

呼吸。

只需……呼吸。

再回到麻省理工学院的游泳池，布兰登正在里面游泳，他的工作记忆中不断浮现出暴风士兵、汉·索洛和X翼战斗机的形象。他意识到《星球大战》已开始让他感到紧张，他不确定自己是否喜欢这种紧张。游泳队进行了一项新的训练：仰泳转身，这是游泳运动员在比赛中用来改变方向的技术，速度极快但是容易迷失方向。就

① 《星球大战》系列电影的重要角色之一，正传三部曲（EP4-6）的男主人公。绝地武士和原力使用者，义军同盟成员。为建立新共和国做出了不小的贡献。

像乘法口诀表一样，这一技能也需要通过反复练习直至最终内化为自己的第二天性。布兰登发现自己的大脑中想的全是这个动作，它的认知要求远超于对来回游泳的认知要求。从表面上看，这个动作看似疯狂，然而，布兰登本人此时却意识到，今天一天他的大脑都没像现在这样清晰。

事实上，有时在看似混乱的环境中也能找到秩序。我们从婴儿期就开始学习如何从混乱中发现秩序，因为我们必须努力从周围刺耳的声音、杂乱的景象和多变的气味中提取其中的意义。恰当地说，这也是成年人从婴儿和幼儿看似杂乱无章的学习行为中所学的一课。校园里没有人比劳拉·舒尔茨更了解这一点，她是一位认知心理学家，主要研究青少年用来理解世界的、看似严谨的逻辑。

舒尔茨解释说，自布鲁纳将皮亚杰的理论重新引入美国以来，他的思想经历了一些变化。“当然，皮亚杰的认知发展阶段理论崩溃了，”她说，“只留下了最基本的假设。”20 世纪 80 年代中期，一种更严谨的新理论取代了皮亚杰的理论。这种新理论将孩子比作小科学家，这应该是约翰·杜威比较喜欢的理论。正如舒尔茨的博士生导师兼合作者艾莉森·高普妮克所写：“这一理论的基本思想是，儿童对世界的日常认知所使用的认知设备与成年人对科学的认知所使用的认知设备是相同的，即儿童也会建构理论。这些理论使孩子们能够预测新知识，阐释知识，并分析知识。”这一新理念被称为理论论，有效地解释了我们如何将新信息纳入现有的图式之树的过程。

当有信息进入，需要对现有理论进行修改时，学习者必须对原有理论进行补充、修改，或者在某些情况下，为了接纳新理论而将原有理论全盘抛弃。正如舒尔茨和其合作者所展示的那样，当孩子们遇到的新知识与他们原有的个人理论相悖时（通常以迷惑性玩具的形式出现），大脑中就会召开一个探索大会，尝试弄清楚事情缘由。这一结果与前一章讨论的以好奇心为中心的学习发展理论密切相关。新鲜有趣的信息不仅会触发好奇心的驱力状态，而且在有意识学习的层面，这些信息会把被动的观察者转变成真正意义上的科学家。

而复杂难懂的新信息往往不会附带简单易解的说明。幸运的是，我们的大脑已经进化到拥有能够有效地处理这些突发事件的能力，而且是从婴儿期开始就能应对。事实证明，婴儿对事件的解读方法不仅是一种简单有效的方法，而且因为婴儿大脑中可用的信息量有限，所以这通常也是最好的方法，这有些类似于统计学家所说的贝叶斯推断法[①]。

舒尔茨曾对数百名对象进行了研究。她和一名研究生摆弄着故意弄坏的玩具，让婴儿们在一旁观看，婴儿们的母亲在离他们不远的地方。如果你是婴儿，当你想玩这个坏了的玩具时，在你的思维世界中就只有两个选择：要么把玩具弄好，要么把玩具交给一个成年人。婴儿们根据对舒尔茨和研究伙伴们摆弄这些玩具时的观察，

① 是推论统计的一种方法。这种方法使用贝叶斯定理，在有更多证据及信息时，更新特定假设的概率。

需要决定是自己想办法修理玩具，还是把玩具直接递给妈妈。结果很明显，由于婴儿大脑中的信息极其稀少，他们通常会做出最佳选择。那时，他们的行为不仅像小科学家，而且像小统计学家。尽管在成年人的日常生活中很难再观察到这种与生俱来的技能，部分原因是我们不断整合的统计数据堆越来越大也越来越复杂，但这并不能说明我们在丰富我们的图式之树时，不再使用同样的原则。事实上，这种统计推理可能是皮亚杰在20世纪早期提出的思想理论持久不破的黏合剂。

你可能会因此而假设，既然皮亚杰的学习模型得到了如此强烈的支持，那么舒尔茨也会支持由外而内的教育实践。然而，事实并非如此。

她说：“我想我们还没到那一步。一方面，你不可能通过自己的发现来学习微积分；但另一方面，你又希望培养出来的工程师有能力构建东西，而这又需要一定程度的实践学习。“在我们思考如何能让尽可能多的人接受教育、如何使教育尽可能有效的时候，我们显然需要一些必要条件。我们需要对不同的学习动机和兴趣持有更宽容的态度，也需要由外而内教学法的强大动力。只要我们运用得当，就能让尘封在棺材中的惰性知识重获生机，翩翩起舞。同时，我们也需要调动资源，比如，金钱和时间，当然还要利用学生的认知资源，以传授深奥有用的知识。因此，我们忽视了由内而外教学方式的潜在好处。”

教育界不可能等着完美答案出现。我们需要实时整合多种观点，并随着新知识的出现不断更新观念。面对教育心理学存在分歧这一事实，最好的回应不是选择阵营，但也不是寻求随意的妥协。相反，我们应采用贝叶斯推断式的方法。当我们作为一个孩子时，应该像一个科学家一样构建自己的认知世界模型；而当我们作为科学家和教育工作者时，我们必须创立一种在教育实践中最有效可行的理论，同时保持开放的态度，应需而变。

布兰登在麻省理工学院的游泳池里刻苦训练，他一直在练习转身、调整方位，一练就是几个小时，突然他有了灵感，想到了如何设计机器人的方法。那么他改变主意的时候是倒立着的还是右侧向上？他的决策过程真的是意志性的，还是环境暗示的产物，或是工作记忆和长时记忆之间复杂的相互作用的结果？尽管认知科学在各个层面都取得了显著的进步，但仍无法回答这些问题。当他从游泳池中出来的时候，情况就不同了。他的想法改变了，思维也平静下来了。从明天开始，他将设法旋转 X 翼战斗机的推进器，纵然要放弃前面的一切设计重新开始也无妨。

第五章

遗忘的力量

有时我会把学习的法则比作一幅神秘的海洋地图。20 世纪初，桑代克对这幅海洋地图的一些重要地理特征进行了描述，从那以后，一代又一代制图师不断尝试细化这幅地图，并根据发展的需要纠正了桑代克的错误。但是有一个问题依然存在：对于那些不得不在这些危险的水域航行的人（学习者和他们的教师）来说，并不清楚应该信任哪一个制图师所绘制的地图。有的制图师利用机械模型绘制出了一幅由内而外教学法的地图："根据我们对海洋地质学的了解，这里应该有危险的暗礁。"还有的制图师绘制出了由外而内教学法的地图："基于大量实地考察判断，朝这个方向驶出的船只总是一去不返，说明那里一定存在危险的暗礁。"

过去，这两种学习策略都把学习者引入了歧途。例如，正是由外而内的教学思想导致许多学校采用了"全语言"教学法。这是一个警示性的例子，说明忽视大脑功能的本质必会导致教学的失败。

但由内而外的思维方式也会导致失误。1983 年，哈佛大学心理学家霍华德·加德纳发现，中风或其他创伤导致的大脑损伤可能会干扰阅读能力，但不会影响计算能力和其他能力。因此他认为，大脑中不是只有一个包罗万象的智能，而是拥有多个相对独立的特定智能。时至今日，这种多元智能理论仍然是对一般智能理论强有力的控诉。正如加德纳所说，智商测试过于注重某些能力，仅仅是因为这些能力容易测量。受大脑运作机械原理的启发，他提出了另一种理论，从而更新了老旧的由内而外的教学思想。

然而，令加德纳沮丧的是，一群虔诚的追随者对他的理论理解得过于极端，视之为多种“学习风格”的理论依据。这种观点极其有害，会让大多数学生认为由于他们的大脑结构特殊，因此需要专门的教育手段。尽管存在大量反对证据，但是这种观点仍然像僵尸一样徘徊在教育文化中。现在我还经常遇到自称是“听觉型”“视觉型”或“动觉型”学习者的学生。也许他们确实拥有某些相对而言的天赋（毕竟，临床心理学家在诊断特定学习障碍时，通常也会援引智力评估这一概念），但这并没有也不应该改变我们在课堂上的教学方法。所有有关这一主题的大规模文献综述都显示，按照学生偏好的学习方式传递教育内容，并不能产生任何可测量到的益处，甚至不利于知识的长期留存。

坚信以神经科学来解读思维和由内而外教学法的改革者也是“右脑”和“左脑”占主导地位观点的忠实支持者，他们认为哪些学生更具创造性或逻辑性取决于他们思考时哪个脑半球占主导地位，就像许多人是右撇子或左撇子一样。左右脑的概念可以追溯到19世纪，但是在20世纪60年代才得到发展。为了治愈癫痫病，医生通过手术将病人的大脑分离成左右两个脑半球。这一实践表明，没有来自左半球的输入，就无法唤起大脑中的语言功能。但在此后的几年里，功能磁共振成像研究表明，几乎所有的认知任务都需要在一定程度上调用两个脑半球。但是，即使一个人相对而言更具创造性或更具逻辑性，也没有理由认为他们的这种优势就来自大脑的整体结构层面，而不是更高的心理层面。

神经科学中还有其他观点，比如我们只使用了大脑的10%，这就是一种错误的观念（这一错误观念并不是来自现代推崇由内而外教学法的思想家，而应归因于威廉·詹姆斯）。事实上，“全语言”运动的崩溃，虽然主要责任应归因于由外而内的教学思想，但由内而外教学思想的支持者们也应负一定责任。

20世纪80年代末到90年代，教师们与一种教育实践开始了一段惊心动魄的“恋情”，这种教育实践当时被称为“教育神经学”。这一理论是围绕儿童大脑发育的新研究建立起来的。研究结果发现，孩子们的突触连接在10岁之前就开始增加，于是大脑开始了长达数年的突触“修剪”程序，其机制基本上与LTP相反。一个人到了20岁出头的年纪，这一程序就将大脑塑造成了成人形态，然后将收尾工作交给了前额叶皮层。这个区域与大脑的执行功能高度相关，不仅仅影响工作记忆，还影响注意力、情绪调节和任务执行。我一直认为我在大学里的一些行为就是大脑中的这一区域发育迟缓导致的。

教育神经学认为，如果从出生到 10 岁这段时间是突触发育的黄金时期，那么就必须在这个时期通过多种多样的信息刺激来丰富青少年的感官世界，否则就会错过这个关键期。1996 年，《新闻周刊》（*Newsweek*）杂志的一位撰稿人表示："只要在正确的时间输入正确的信息，那么一切皆有可能，但是如果你错过了信息输入的关键期，就会产生障碍。"

有观点认为，在大脑发育的某些关键时期，人们更容易完成某些类型的学习，其中最主要的就是有声语言的学习，这是有一定道理的。但在 20 世纪 90 年代中期，一些人把早期突触发育想象得过于神奇，以至于美国多个州都颁布了与之相应的法律，要求丰富幼儿的感官能力。例如，在幼儿的听力范围内演奏古典音乐，这种观点认为只需通过接触巴赫和莫扎特的音乐，就能提高幼儿的空间推理能力。这种做法和其他安慰剂一样没有什么害处，但是当这种做法妨碍了被证实了的更好的方法时就会引发问题。事实上，这正是"全语言"运动所经历的情况。有一种说法认为，只要孩子们看的次数多了，自然就能理解书上文字的意思。突触发育的神奇时期为这一说法提供了依据，因此立法者和学校董事会都对这种教学方法表示认同。结果导致美国的一些州有整整一代的学生在阅读能力方面远远落后于其同龄人。

然而，到了20世纪90年代中期，“全语言”教学法的问题广泛地显露了出来。教育神经学怀疑论者认为，教育工作者从脑科学直接过渡到教育实践之前应该三思而后行。华盛顿大学认知心理学家约翰·布鲁尔在一篇文章中写道：“认知心理学是比神经科学更好的选择”这篇文章后来成为“神经学怀疑论”运动中最重要的文献之一。“目前，大脑和学习之间的跨度无法承受太大的负荷。”布鲁尔说。他建议为了让大脑研究为未来成功的教育实践做出贡献，最好走一条“间接的双桥路”，即先暂停一下，待到从认知心理学层面得以验证后再继续进入课堂。

这也许是由内而外的教学思想应用于教育实践的一条可行途径。但话说回来，这仍然不能解释即使是最公正的教育心理学家也会为了自己的研究目的，择优挑选辅助性的神经科学研究的原因。幸运的是，还有另一种方法。通过回顾心理学理论认知革命的历史，我们可以从战略上整合由内而外教学法和由外而内教学法，这两种理论都在很大程度上更新了桑代克的学习定律。同时根据神经科学不断的发现，这两种理论也存在一定的合理性。事实上，还有一种学习理论非常突出。这种学习理论的关键思想既简单又出人意料——高效学习的秘诀竟然是学会遗忘。

几十年来，人们对桑代克学习定律的更新绝大多数都与他提出的效果律有关，效果律阐释了记忆如何被存储在一个相互联结的网络中。桑代克的三大学习定律中的练习律与遗忘有关，却很少受到关注，也许是因为长期以来大多数人包括桑代克本人在内，都认为遗忘的过程就是失去记忆的过程。

桑代克的观点很简单：记忆会随着时间的流逝而衰退。然而，实际情况比这要复杂得多，人们也很快意识到了这一点。1932 年，密苏里州心理学家约翰·亚历山大·麦吉奥赫要求研究对象记忆随机成对的单词，他对研究对象说：“请将单词猫和花生配对记忆，这样每当我说猫时，你就说花生。”在研究对象学习和背诵这些单词期间，麦吉奥赫又让研究对象们背诵一些容易混淆的新词对，比如，“猫和眼镜”或者“猫和打字机”，给本来简单的任务增加了难度——结果，研究对象记忆原来单词的困难程度显著提高，远比桑代克提出的“记忆随着时间的消逝而衰退”的理论所预测的难度大得多。麦吉奥赫的研究结果改变了遗忘曾有的意义。

他认为，研究对象记不住“猫和花生”这对词，不是因为记忆被彻底抹去了，而是因为其他与之竞争的记忆阻挡了研究对象对这对单词的记忆。很快，人们认为遗忘的主要原因是记忆受到了干扰而不是随时间流逝而衰退，对记忆的构成也有了更深刻的理解。

假如把一段记忆比作森林深处的一座老房子，如果人们因为受到了干扰，而不是因为房子废弃了而无法进入这座房子（比如说，不怀好意的人故意诱导人们误入小道而偏离前往房子的主道），这并不意味着房子本身消失了。房子依然在原地，只是目前无法进入。许多研究人员（甚至包括斯金纳）开始把记忆的访问路径和记忆本身视为两个完全独立的问题进行研究。多年来，不同的研究者给这两种现象起了不同的名字，其中由认知心理学家罗伯特和伊丽莎白·比约克夫妇所取的“提取强度”和“存储强度”两个名字最引人注意。罗伯特简明扼要地解释：“存储强度是指对某事物的了解程度；提取强度是指对某事物的可访问（或可提取）程度。”

如果一件事的存储强度和提取强度都较低时，比如，你记不起很久以前在一门课中所学的知识，当然你也从来没有全神贯注地学过这门课，那这就不能将其称为记忆；而一些最新获得的并在短时间内有重要意义的信息，比如说，米克尔·朗德奎斯特办公室的门牌号，其提取强度很高，但存储强度很低，这意味着这段记忆暂时可以访问，但很容易被遗忘；也有一些记忆是存储强度高，但提取强度低，比如，不停萦绕在你脑海中的一段旋律，或者你儿时好朋友的电话号码，虽然感觉熟悉但已经记不起来了，这样的记忆你可能一时回想不起来，但如果给予一定的线索，你就立即能够想起来；最后，那些存储强度和提取强度都很高的记忆就应该是你所熟悉的、随时可以提取的记忆，比如第一位美国总统的名字、你的生日，抑或是一个不经意间改变了你人生的人的名字。

罗伯特·比约克毕业于明尼苏达大学，主修物理和数学，说话节奏和约翰·韦恩一样，热爱高尔夫运动，研究生时就开始研究数学心理学这个年轻的领域。在明尼苏达大学读了一年研究生后，他的导师大卫·拉伯奇告诉他，这个领域的主要领军人物威廉·埃斯蒂斯准备去斯坦福大学任教。罗伯特是一个非常优秀的学生，在明尼苏达大学发展前景广阔，但拉伯奇仍敦促他转学到加利福尼亚。"这对我来说是件好事，但对他来说并没有什么好处。他这么做确实令我吃惊。"罗伯特后来回忆说。

第二次世界大战爆发前，埃斯蒂斯曾是斯金纳的学生，当时被派往太平洋战区服役。比约克听说，战争期间埃斯蒂斯的家人曾在他休息期间送书给他看，但是由于寄送东西有严格的重量限制，根本无法满足他读书的需求，家人寄书的速度远远赶不上他看书的速度。他很沮丧，写信给家人要了一本关于数学的书。"他就是想涉猎更多的知识，"罗伯特说，"另外看数学书还有一个好处：一本高深的数学书要花很长时间才能读完。"战争结束后，埃斯蒂斯带着满腹的数学知识回国，开始了数学心理学领域的研究并创立了一本同名杂志。

数学心理学家试图创建学习大脑的简化模型，这方面的研究在认知革命中独树一帜，与 20 世纪 50 年代和 60 年代麻省理工学院西蒙·派珀特及其他人进行的计算研究齐头并进。到了 1966 年，罗伯特师从埃斯蒂斯一起进行研究，他把打孔卡片塞进斯坦福大学为数不多的一台大型计算机里，以期建立一个数学学习模型，即马尔可夫链模型。马尔可夫链是各种状态的一种概率序列（我在麻省理工学院所做的研究就用到了这一模型理论），数学心理学家在模拟大脑如何学习时开创性地使用了这一模型。罗伯特在简化模型中赋予大脑的任务是记住成对的物品，就像 30 多年前麦吉奥赫所做的研究一样。他的模型证实了短时记忆状态和永久性记忆状态的存在，但还有一个问题：短时记忆中的信息似乎不愿传递到永久性记忆中去。“竟然没有转移到永久的记忆状态”，他说，“这一发现在当时确实出人意料。”然而，更令人惊讶的是罗伯特针对这个问题所采取的解决方案：他让短时记忆单元进行随机的遗忘行为。这样，模型中的信息就开始乖乖地向前移动，完美地滑入长时记忆中存储起来。这一结果让比约克踏上了一段漫长的职业之旅，首先，他去了密歇根大学，然后去了他最终的学术之家——加州大学洛杉矶分校——他在那里致力于研究遗忘的重要性，并研究与一间教室差不多大的电脑中出现的情况是否与在教室里学习的学生情况相符。

正是在加州大学洛杉矶分校的教工俱乐部里，在一棵盆栽棕榈树下，罗伯特·比约克和伊丽莎白·比约克（罗伯特的妻子兼合作者）共同参加了学校的面试。教工俱乐部是一座单层建筑，坐落在一个峭壁上，可俯瞰地面上的一条街道，街道上挤满了行驶的汽车。虽然校园里著名的喷泉已经没有水了，但好在此时洛杉矶正处于灾难的暂缓期。这里刚从困扰人们多年的长期干旱中解脱出来，又遭遇了一连串的野火火灾，上个月火灾的烟雾还笼罩着整个城市迟迟不肯散去，下个月火灾又要卷土重来。现在就好像有人按下了环境灾难的暂停键，刚好给人们留出了时间，讨论如何更好地利用我们人类这一物种的智慧来解决问题。

罗伯特和伊丽莎白端着咖啡坐了下来。

罗伯特在将研究方向转向记忆的遗忘方面之后的几年里，心理学家们虽然已经清楚记忆的存储强度和提取强度之间存在差异，但是还不清楚究竟该如何处理这一差异。不过，比约克夫妇共同提出了一个有趣的理论，这个理论不仅将这两种强度联系在一起，并将遗忘定位为学习大脑如何运行的基础。

“我认为，对我们来说真正不同且具有挑战性的方面，不仅是简单地了解这两种强度，”伊丽莎白说，“而且要研究它们之间的相互作用。”

他们从一开始就对遗忘的重要性产生了怀疑。毕竟，威廉·詹姆斯早在 1892 年就提出：“如果我们什么都记得，那么大多数情况下，就会像什么都不记得一样不幸。”而比约克夫妇则倾向于认同罗伯特在 1972 年的预测——如果没有遗忘，我们就会“堕落”到一种“完全混乱的状态”。

为了更深入地挖掘记忆的奥秘，罗伯特（伊丽莎白是后来才正式加入这一研究行列）开始探索使新记忆无法找回的各种方法。在 20 世纪 70 年代的一系列研究中，他和他的研究伙伴用各种各样的方法引导他们的研究对象踏上遗忘的彼岸。第一种方法是按照麦吉奥赫的方式，将需要记住的信息与分散注意力的信息交织在一起。罗伯特还试着让实验对象变换所在位置，一个房间用于学习，另一个房间用于评估。他认为，来自一个人感官的线索有助于提取特定时刻的记忆。此外，他还探讨了间隔学习法，他认为这种方法虽然会导致短期内的遗忘（任何习惯于考试前临时抱佛脚的人都经历过），但对长时记忆是有好处的。所有这些技巧都使实验对照组产生了可测量的遗忘现象。

他甚至通过简单地引导研究对象不要记住某些内容来诱导遗忘。在一组研究对象记住了一长串信息后，罗伯特又让他们忘掉这些信息，他对研究对象们说："那些信息只是为了练习，后面的才是真正需要记住的信息。"罗伯特又让研究对象记忆另外一份信息，然后对他们进行了测试。他的诱导在某种程度上说成功了，与对照组相比，研究对象对第一部分信息的记忆下降了，而对第二部分信息的记忆增强了。

多年来，罗伯特进行了一系列研究，使用了多种方法诱导研究对象进入遗忘状态。有趣的是后来所发生的事——他在试验中给予研究对象一定的提示来帮助他们回忆已遗忘的内容。这样，研究对象失去的记忆不仅恢复了，而且他们仿佛被赋予了新生命。这些曾被遗忘又重新焕发光彩的记忆似乎比那些从未遗忘过的记忆更容易被提取，也更牢固。

遗忘后又再现的记忆，其力量之强大，可参考一个常见的例子。罗伯特建议人们想象一个非常普遍的社交场景："试想一下你在某个会议或聚会上，或者某个需要你记住所见的人的名字的地方。当需要记住一个新名字时，人们通常就是一遍又一遍地重复这个名字。当然，只是在心里默念。”这种方法的确可以起到作用，但只是在短时间内有效，对创建长时记忆没有任何作用。所以到了晚上，你会发现自己就有点记不清这个名字了，你反复回想他究竟叫什么名字？詹姆斯？詹杰斯？还是詹克斯？大概一个小时后，你又突然想起了这个人的名字：想起来了！那人叫詹吉斯！罗伯特说：“忘记一个名字，过一会儿再想一想，回忆起那个人的名字——这对你那天晚上或第二天回忆起那个名字来说，无论是在那一天晚上还是第二天，都是一个强有力的过程。”

只需要利用遗忘和提取记忆的力量，学生和教师就都能找到有效的方法改善他们的学习习惯和教学方式。例如，罗伯特早期的研究结果显示，间隔学习法对长时记忆的益处不仅可以通过细胞层次的突触增强来解释，还可以通过认知大厦中的更高层级来解释。在认知大厦中，间隔学习法是通过遗忘和再次记忆的过程，从而延长记忆停留的时间。“关于间隔学习法的相关机制人们一直争论不休”，罗伯特说，“有时我们认为这些理论可能都是正确的，毕竟这些理论并不是相互排斥的。”如我前面所述，在交叉间隔学习的效应中，一个间隔学习与另一个间隔学习交替进行，你就有可能获得深刻、强大的记忆，当然，前提是你最终能够提取出曾经忘记的内容。

事实上，比约克夫妇的研究才刚刚开始。他们最为感兴趣的是罗伯特关于定向遗忘的研究发现，他只是简单地告诉学生不要记住一些东西，学生们便奇迹般地遵守了。他们想知道究竟是什么机制能产生这样的效果呢？

在20世纪70年代和80年代的大部分时间里，伊丽莎白只能站在这一领域的幕后进行研究。

"过去学校有一项规定，亲属不能参与研究。"罗伯特解释说。

"这确实是一部分原因。"伊丽莎白也承认。

"多年来，这些规定一直对女性不利。如果一对夫妇同去应聘一份工作，通常都是丈夫得到工作，"罗伯特说，"当我们来到这所大学时，我记得有人告诉我们，我们是整个大学里的第二对或第三对夫妇。"

"体系就这样。"伊丽莎白说。

"这就是加州大学的体系，"罗伯特说，"后来有一段时间，学校不再反对亲属共同参与研究，但仍存在一些约定俗成的情况，比如，'你们不能一起发表论文'，或者'你们最好分开在不同的领域工作'。因此，尽管伊丽莎白的研究方向是学习记忆，但她有一段时间……"

她说："有一段时间我转向了视觉认知的研究。"

"主要是以孩子为研究对象。"罗伯特补充说。

"我做了一些发展方面的研究"她说，"但是我们实际上一直都在一起研究和交流。”

“对，一直以来我们都在一起研究和交流。”罗伯特表示赞同。

1978 年罗伯特与人合作开展了一项研究，研究目标是解释“研究对象的神秘能力”，用他们的话来说就是，大脑似乎是得到了某种暗示才会遗忘某个信息。这一研究只取得了些许成功，但经过他们精心调整后的研究方法却揭示了一些意想不到的东西。从记忆中提取信息的行为不仅提高了这些信息日后的可提取性，同时也积极地抑制了对不必要信息的回忆。

提取信息的行为可超越被回忆的信息，从而改变记忆，有了这一意想不到的发现，比约克夫妇便一切准备就绪。配料已摆好，工具也已配齐，最后，两位大厨来到厨房，准备接受学习研究大师桑代克的挑战。

慢慢地，大学中也开始支持已婚夫妇一起从事研究工作，直至今天，同时雇用一对夫妇已经成为许多学校的招聘策略。最后，经过多年的合作（之前他们从未合著过），比约克夫妇于 1992 年发表了一篇论文，这段佳话如教堂里回荡的一首赞美诗般受人传颂。

罗伯特说：“这是我们结婚 23 年以来，共同发表的第一篇文章。就桑代克关于学习如何运作所绘制的原始地图而言，这或许是最重要的一次更新。”

记忆失用理论

如果遗忘仅仅是记忆衰退的一种表现，如桑代克在他的记忆衰减理论中所提到的那样，那么遗忘就只有害处，就像饥饿、寒冷或死亡本身一样，是我们永恒的敌人，作为动物的我们在进化过程中一直在与之英勇斗争。记住我们所经历的一切，这种想法无论是从精力还是信息存储方面都是极为奢侈的，因此从某种意义上说，遗忘是不可避免的。

比约克夫妇于 1992 年发表的论文对这个问题进行了探讨。他们思考，长时记忆的存储空间会不会是无限的呢？毕竟，在认知大厦的楼上楼下，研究人员描绘了一幅记忆的图像，这个图像看起来并不像一个有限的容器可以被随时填满，而更像一棵生长中的大树，每一个新枝都会增加记忆的总存储量。在这样的模型中，用阴阳哲理来分析的话，如果记忆是阳，遗忘并不一定就是阴，遗忘的作用反而更像是一种工具，经过万年的进化，用于修剪我们图式之树上生长过旺的杂枝。

正是比约克夫妇所观察到的存储强度和提取强度之间的相互作用，使得这种工具更有价值。聚会上你第一次遇见某个人的时候，你会情不自禁地反复默念他的名字，因为这时记忆的提取强度很高。当你记住这个名字的那一刻，记忆的存储强度从零攀升到一个较低的程度，但重复默念这个名字并不能增加存储强度。根据比约克夫妇的研究，其原因是当提取强度很高的时候，重访记忆的回报呈递减趋势。

“我在创建或研究记忆时发现，记忆的提取强度越高，存储强度增强的程度就越低。”罗伯特解释说。

只有当记忆的提取强度受到干扰而下降时，比如因时间流逝或者混淆信息出现，你才有机会大幅度地增强存储强度。比如，在我们假想的聚会中你记住的一个人名，一段时间后你遗忘了，之后又重新记起，这可能是因为你赋予了这个名字新的关联。

罗伯特说：“记忆的存储强度是抽象的，实际上与你记忆中相关事物的联系程度有关。所以，如果你想记起的是过去发生的某件事，或者高中时某个朋友、教师的名字，那么这些事或名字也许会和很多事情联系在一起。比如，学校的画面、你们在一起的小插曲、说过的话等。”

所有这些事物之间的关联就可以解释为什么第二次或第三次重新学习时总是比较容易。这些事物之间的相互关联还会影响记忆的提取强度。罗伯特说：“我们的理论中还提到一点，你失去提取强度的速度取决于存储强度的大小。”当存储强度非常高时，提取强度减弱的速度就非常慢，甚至可能永远不会消失，这就是为什么一个健康的人总是能够随时从记忆中提取出他母亲的名字或乔治·华盛顿这个名字。即使记忆的提取强度开始减弱，但存储强度仍然存在，可以随时恢复提取强度。“如果你的生活轨迹发生了变化，你所接触的人也会发生变化，你可能会结识更多的人。你好朋友的名字、恩师的名字，或者别的什么，也许不能随时被调取出来，但是随时可以被识别，”罗伯特说，“如果某些事（如参加同学聚会或其他类似情况），能够提供足够的线索，你便能够再次回忆起这些人的名字。这样记忆的提取强度将大大增加，并在相当长的一段时间内有效。”

换言之，如果遗忘的体验实际上是由于受到其他思想和记忆的干扰而使提取强度消失，那么遗忘就会降低那些干扰因素的联想，直至接近于零。提取记忆的行为能够重新点亮正确的路径，同时，那条与正确路径竞争的路径也会因为受到阻碍而逐渐消失。

但当存储强度较低时，即当森林中的那座老房子更像一个小棚屋时，提取强度减弱的速度也十分迅速。这就是无论你在心里默念过多少次你在聚会上刚见面的那个人的名字，但几分钟后就又忘记了的原因。从比约克夫妇的理论中我们可以得出一个可行的结论：无论一段记忆提取时有多么轻松，记忆的存储强度也并不会因此而增强。这个结论几乎与认知大厦中突触层面的研究结果完全一致，但是干扰信息所产生的联想藤蔓所形成的扼制作用使得记忆的提取变得困难，但提取过程能够增强存储强度，存储强度增强后反过来能长久地保持记忆的提取强度。

在更新桑代克的学习大脑地图的过程中，提取努力这一概念很快发挥了重要作用。到了 20 世纪中叶，人们将桑代克的记忆衰退模型与电子计算机的存储形式进行对比后，其理论模型得到了强有力的支持。许多人理所当然地认为，我们之所以会忘记事情仅仅是因为我们的存储空间不足了，就像一个存满照片的硬盘一样。著名的鱼类学家大卫·斯塔尔·乔丹担任斯坦福大学校长时曾抱怨说：“我每记住一个学生的名字，就会忘记一条鱼的名字。”

然而，比约克夫妇的理论直接抨击了桑代克的记忆衰减理论，并重新提出了记忆失用理论。他们认为大脑的存储容量是无限的，然而，在特定时刻能够提取信息的数量，从理论上来说的确是有限的。

比约克夫妇在阐述这一理论的奠基性论文中写道：“根据我们的记忆失用理论，当我们对记忆中的某些信息的提取强度越来越大时，对其他信息的提取强度就会越来越小。这种观点倒可以为鱼类学家大卫·斯塔尔·乔丹免除责任。因为人们总是严厉地批评他对人类记忆能力的理解有误。然而，我们的理论同样认为记忆的提取能力是有限的，如果让这位鱼类学家突然花费大量时间在记忆中存储并提取大量学生的名字，自然就无法成功提取某些鱼类名字。”

如果提取强度是整个大脑中的一个相对量度，那么也是局部的一个相对量度。每一段记忆表征都有各种相对较强和相对较弱的输入路径。而每一个“线索”，即触发一连串思想的感觉或认知印象，也有各种相对较强和相对较弱的输出路径。在比约克夫妇的模型中，提取努力的行为（总是在遗忘之后）就如在你的认知环境中放置了一台旋耕机，你会优先考虑从线索到有用记忆表征的路径，同时削弱可能让你容易混淆的路径，也就是清除了那些多余和有错误的关联。

“总的来说，这体现了记忆机制的适应性，”罗伯特说，“遗忘会让人感到沮丧，毕竟我们都熟悉，回忆不起一件我们想回忆起的事情是一种什么样的感受。但广泛的统计结果显示，我们能够回忆起来的大部分信息都是与当前情境线索相关的事情，即与当前任务和我们这一阶段生活更相关的事情。”因此，通过遗忘可以确保我们获得当前最重要的信息，而那些当下不那么有用的信息都存储在记忆中，以备不时之需，只是当下看不见这些记忆，但并不意味着它们在大脑中不存在。

学校的努力

随着记忆失用理论的传播，教育工作者们开始寻找将这一理论应用于实践的方法，也就是将科学家们绘制的最新地图应用于当下的课堂中。人们很快就发现，这些理论几乎可以应用于任何学习行为发生的地方。

例如，罗伯特在研究运动技能学习的过程中，将一小部分注意力放在了记忆的提取努力方面，这让他有机会重温自己的爱好之一——高尔夫球运动。在 1978 年的一项经典研究中，研究人员对两组儿童进行了试验，评估他们将沙包扔到三英尺外目标的能力。第一组儿童只在三英尺处练习扔沙包，而第二组则在两英尺或四英尺处交替练习。研究结果是，第二组儿童虽然从来没有在三英尺的距离练习过扔沙包，但其表现却优于第一组儿童。这一结果有力地证明了变化的力量，但当时还没有出现解释这一现象的机制。现在，罗伯特已经认识到提取努力的合理机制，并发现到处都有不太理想的训练模式，特别是在高尔夫球练习场上，人们通常会把一个动作练习到快要吐的地步，也就是说一个动作要经过长期的集中练习后才会练习下一个动作。

“人们在练习场的训练方法全都错了，”罗伯特说，“他们把一个动作练习好之后才会开始学习新的动作。就这样一次又一次地重复一个动作，那只是短时运动记忆的改变。他们不懂得交叉练习，也不懂得间隔练习。”这种训练方法在特定的培训课程中能起到提高技能的作用，但是 20 世纪 90 年代初，越来越多的研究表明，这种封闭式练习并不利于技能的长期保持以及不同任务之间的技能转换。例如，一组研究人员让羽毛球运动员练习三种不同类型的发球，一组运动员采取的是集中练习法，另一组采取的是交叉练习法。前者在练习期间进步较快，但一段时间过后，后者不仅球打得更准确，而且从球场的另一面发球也表现得更好，而两组运动员都没有在这个位置练习过发球。

20 世纪 80 年代中期的一种运动学习思想在比约克夫妇的理论中得到了新的解释，这种理论就是“重载假说”理论。该理论认为集中练习高尔夫球是有害的，因为这样会抑制你提取负责挥杆的运动程序。高尔夫球手通常只能加载一次运动程序，即使他们连续击球 10 ~ 20 次，也只能加载一次。“他们不懂得重新加载运动程序，”罗伯特说，“其实，每次换一个新动作或者选择一个新目标都需要你重新加载相关的运动程序。这样，提取努力加强了，技能记忆也会更牢固并更容易获取。”罗伯特在 72 岁时打出了 96 杆的好成绩，他把交叉练习的技术福音传遍了高尔夫球的所有神圣殿堂，其中也包括美国职业高尔夫球协会的年会。

就我们的课堂而言，提取努力理论有助于解释为什么交叉间隔学习产生的效果往往比单纯的间隔学习更好。最近的一项技术使人们对提取努力理论的研究更加深入。伊丽莎白直言不讳地表示支持这项技术。如果提取记忆的过程能够消除错误的联想，激活所需记忆，那为什么要等到考试的时候再去提取问题的答案呢？近来，伊丽莎白一直倡导一种预测试练习，即在真正的考试之前进行一次模拟测试。像许多与记忆失用理论相关的研究一样，对预测试的研究可以追溯到 20 世纪 70 年代，这时诸多对预测试进行的研究首次得出了一个结果——预测试能够显著提高期末考试成绩。最近，伊丽莎白与人合著了一篇有趣的文章，文章表明多项选择题类的预测试甚至可以提高与错误答案相关的知识的提取强度。例如，在回答黄石国家公园最古老的间歇泉是什么的问题时，也激活了相关的潜在实用知识，比如，在回答这个问题的同时想到“老忠实间歇泉”虽然名字听着老但年龄相对较小这个知识点，以这种方式提取出来的知识比被动地阅读这个知识的效果更佳。

然而，虽然预测试的方法十分有效，但是学生们还是对预测试提出了抗议。因为准备预测试需要时间，更重要的是，预测试所需的提取努力也需要花费精力。这个问题又引发一个新问题，这个新问题在比约克夫妇发表记忆失用理论之前就一直困扰着他们。这个新问题准确地说就是，为什么提取努力会让人感到如此困难？毕竟，有许多活动，如卡路里的消耗和认知资源的利用等，都会得到大脑的回报。那么是什么让有效的学习策略看起来如此困难？

必要难度理论

早在 20 世纪 80 年代中期，罗伯特就已经开始着手寻找这个问题的答案。1985 年，罗伯特受邀加入了美国国家研究委员会，该委员会的大部分研究经费由美国军方提供，负责研究一切能够快速培养优秀士兵的技术。众所周知，该委员会研究出的提高人类绩效的技术无论多么重要，所有与学习有关的心理学理论也都要经过严格审查。很快，令各地的科学迷们感到沮丧的是，1987 年《纽约时报》详细报道了该委员会最终得出的结论：“没有证据表明超心理学元素的存在或有用，包括超感知觉（ESP）、心灵感应或思维投射，以及其他凌驾于物质之上的精神动力。”该委员会的这次研究本来是一次性的，但新的研究问题却以最快的速度出现，并一直持续到 90 年代中期，也就是在罗伯特担任委员会主席的时候。

在此期间，在超感知觉和超心理学的干扰下，仍然出现了一些有前景的、严肃的研究。其中一些研究最终无果，比如在睡眠中通过录音进行学习的研究。然而，元认知的理念——也就是我们如何认知自己的思维和学习的理念——却十分有意义，其与记忆失用理论如此契合，不仅影响了比约克夫妇各自的职业生涯，最终还影响了应用学习理论的形成。

元认知思想在学习研究的历史上出现得尤其晚。罗伯特说："元认知领域相对年轻得多。我们花了很长时间才发现元认知与学习之间的某些关系。"

从理论上讲，这一研究课题应该非常符合以桑代克为代表的研究者的研究方向，他们引导心理学远离了所谓的"内省"方法，转向能够产生硬数据的定量技术。尽管桑代克和杜威在研究方面多有不同，但二人都认为元认知不适合进行定量分析。我们没有理由怀疑一个人是否拥有对知识的主观感觉，因此心理学家很少考虑这类思想是如何偏离现实的。

然而，在20世纪60年代，这种情况开始发生改变。在现代对元认知的首次研究中，心理学家约瑟夫·哈特将人们的知感与已知事实进行了对比。他假设我们使用某种静态指标，比如发动机机油尺，来判断我们对某个主题的知识状态。然而，引起罗伯特注意的是后续研究中提出的另一个汽车类比：车速表。与汽车的车速表是根据发动机的转动来推断行驶速度一样，我们是根据编码及提取的速度和努力来推断有关我们记忆状态的知识。

然而，这个车速表可能会被愚弄，这尤其令人沮丧。因为许多研究表明，学生们学习一个内容时，往往在学到一个可接受的知识水平后，就不会再进一步学习了。如果你对自己的知识状态判断不正确，那将是一场灾难。事实上，我们所知道的知识的每个方面，以及我们获得更多知识的能力，都充满了潜在的不准确性。

关于我们提高记忆能力的元认知偏差，心理学家已经确定了三个主要来源。当信息摆在我们面前，后视偏差会让我们把这些信息当作熟知的东西来对待——这在考试时就成了一个严重的问题，你会突然发现你认为已经知道的东西竟然还留在课本里，而不在你的记忆里。预见偏差也是构成我们记忆的一种产物，一个给定的线索可以有效地调用一个信息，而我们却想当然地认为我们能够在没有这个线索的情况下再次调用这个信息。例如，许多学生可能能够判断出血红蛋白是否需要血液中的氧气，但当直接被问到这个分子的名字时，他们却无法说出。最后，我们中的许多人都认同了罗伯特和其合著者提出的零偏稳定性理论，即我们对我们的记忆中哪些信息是可获得的、哪些是不可获得的所产生的错觉会随着时间的推移继续保持。事实上，上完课后短期内可以获得的信息对于你以后获得信息来说其实会有不良影响。零偏稳定性很容易转化为过度自信（比如，我已经知道我需要知道的一切，所以不需要再学习了）和失败主义情绪（比如，我学不会这个内容，我永远也可能学不会，那我就没必要费心去学习了）。

除了这些普遍的、支配一切的偏差所造成的普遍扭曲场之外，其他因素也会让我们产生错觉，包括我们提取和编码给定事实的方式。例如，如果你能轻松快速地记住一个内容，你可能会认为这就是正确的学习方法，但实际上，这可能只是让你误以为你学得很好的谎言。轻松学会的知识并不总是能够轻松提取，特别是知识所呈现的方式让学习者感到学起来很轻松，提取时的难度反而更大。在一系列引人注目的研究中，学习者称那些用大字体、大音量传递的单词比用小字体、小音量传递的单词更容易记忆，这一结论在随后的记忆测试中被彻底否定了。

罗伯特在上述研究问世前 20 年就意识到了一种认知模式，他意识到元认知不仅仅是在认知心理学中被忽视的一个方面，事实上，元认知理念与他和伊丽莎白提出的记忆失用理论完全吻合。他认为，元认知研究可以像战神金刚百兽王[①]一样，与记忆失用理论相结合，与之相辅相成，被广泛应用于教育实践研究。一方面，作为学习者，你还有未得到开发的学习技巧，因为在桑代克最初的学习定律中对此没有进行研究；另一方面，你还有未得到充分利用的学习技巧，因为学生们总是误以为学习技巧不仅没有效果，反而增加了学习的

①《战神金刚百兽王》是 20 世纪由福克斯制作、田口胜彦执导的动画片。该片讲述了来自地球的吉斯、斯万和他们的伙伴效力于银河星系联盟，他们组成了威力无比的战神金刚，用光芒神剑一次次地击败了札克魔王进攻的故事。

难度。

对于满足这两种情况的学习技巧，罗伯特给它起了一个名字，叫作“必要难度”。间隔学习法，就是一种必要难度技巧。间隔学习法可以消除最近学习到的知识所带来的虚假安全感，另外，这种学习法给予提取强度减弱的时间，也就给学习者创造了一个增强存储强度的机会。此外，间隔学习法具有神经科学家自20世纪70年代以来谈论的突触层面的所有好处。

交叉间隔学习法能够产生更大的必要难度。交叉间隔学习法具备间隔学习法的一切好处，由于遗忘得更多，从而有效地提高了存储强度以及学科之间的知识更多的转移。预测试也同样能够增加必要难度，预测试要求提取努力，并且带来了额外的好处，即不同于一个人的知感，预测试不会谎报一个人的知识状态。此外，罗伯特的书中提到，使用一种意想不到的或较难阅读的字体也属于一种必要难度。

20世纪90年代中期，比约克夫妇通过学术渠道将必要难度理论广传全世界，然后静待反响。虽然一小部分感兴趣的人能够理解这一理论，但这个理论仍然没有引起大部分教师和学生的重视。到了2014年，一对与比约克夫妇偶有合作的研究者在一位专业作家的帮助下，出版了一本畅销书，名为《认知天性》（*Make it Stick*）。书中描述了诸多认知科学家的见解，其中包括比约克夫妇的理论。

佛罗里达国际大学法学院新任学术主管路易斯·舒尔茨也读了

这本书。法学院离迈阿密海滩只有几个街区和由几个桥梁相连的岛屿。多年来，法学院的律师资格证考试通过率一直徘徊在佛罗里达州各法学院的中间层次（2012 年在该州 11 所法学院中排名第七，2014 年上升到第三，2015 年 2 月又下降到第九）。据说舒尔茨扭转了法学院的考试通过率平平的现状。

由于传统，法学院希望在不改变即将开设的课程结构的情况下，提高律师资格证考试通过率，因此学校试图采用舒尔茨所说的“银弹”① 来实现这一目标，即将所有资源投入到一门课程或一套能产生不同凡响的课程中。然而，和舒尔茨基本同时进入佛罗里达国际大学任职、以研究数据为专长的一位同事劳尔·鲁伊斯通过数据分析表明这种方法在佛罗里达国际大学行不通。为了寻找新的可行方法，舒尔茨决定认真阅读《认知天性》一书中描述的研究，包括比约克夫妇的研究成果。

那一年，他开展了一个与佛罗里达国际大学传统的法律课程并行的项目，旨在教学生如何学习法学院学生所需要学习的大量知识。如今，该项目在大学六个学期的课程中均已开始实施。首先，舒尔茨开设了一门自愿学习、无学分要求的课程，旨在教授学生诸如自我预测试之类的技巧，以及他所开发的一种能够概括课程内容（法

---

① 在欧洲民间传说及 19 世纪以来哥特小说风潮的影响下，银色子弹往往被描绘成具有驱魔功效的武器，成为针对狼人等超自然怪物的特效武器。后来也被比喻为具有极端有效性的解决方法。

学院通用的一种学习方法）的优化方法。“学生都是自愿来上这门课的。”他说。但是，在第二学期、第三学期和第五学期，如果你的学习成绩在班级倒数的20%之内，你就必须继续跟着舒尔茨一起学习。“第六学期的课程是最重要的，”他说，“虽然这是一门选修课，但是现在90% ~ 99%的学生都报了这门课。”至此，他说：“这个数字足以说明这门课的成功。”

舒尔茨的项目并不是旨在增加额外的法律知识，而是使用诸如必要难度之类的工具引导学生学习。“我们不是重新教授法律知识，”舒尔茨说，“事实上，我们采取的是‘翻转课堂’的教学模式，学生必须在课堂之外自学法律，然后当他们进入课堂时，就是测试，就是元认知，就是间隔重复。”

对一些学生来说，这个项目就是天赐的好机会。佛罗里达国际大学的其他课程结构仍然与普通课程一样，采取期末考试测评的方式，从理论上说短时学习技巧，比如死记硬背的学习方法还是能起到一定作用的。但是这里仍然存在一个问题：在法学院，需要学习的知识量非常大，根本不可能靠几天的死记硬背能学完。“法律课并不像其他大学课程，你只需要记住十几页的知识点，就可以走进考场，运用这些知识写写论文就可以万事大吉，”舒尔茨说，“如果你把《宪法》这门课的内容全部概括出来的话，估计最少都要120页。”为了说服学生们采用间隔学习法，他举出了一个久负盛名的证据——艾宾浩斯的遗忘曲线，并将其应用于法律知识的学习中。“假如，你认真上了一堂课，两天后，你提取这堂课所学知识的能力就下降到 30%。法律专业的学生通常是这样做的，他们会在考试前十天才开始复习所学知识。所以整个学期他们提取信息的能力都维持在 30% 左右，待到期末考试前突击补习的时候，提取能力能回升到 45%。我告诉他们，如果他们使用间隔学习法的话，他们提取知识的能力可达 80%，而他们同学的提取能力只有 45%，因此他们具有强大优势。”

2015 年 6 月，该项目实施两年后，佛罗里达国际大学的律师资格证考试的通过率一夜之间从排行榜的第九位飙升至第一位。截至 2019 年，该校在此后每半年举行一次共九次的考试中，有七次保持第一名的位置，其余两次也未低于第二名。学校的最终通过率，即毕业后两年内通过律师资格证考试的学生比例，目前在美国名列前十五。

“我们所做的就是教他们如何更好地自学。”舒尔茨说。

颠覆“教育扬谷机”

众所周知，佛罗里达国际大学学业成绩提升项目最鼓舞人心的方面，也许是这个项目为那些“如果没上这门课就可能无法从事法律职业的学生”所做的一切。舒尔茨说，第二学期和第三学期的课程非常关键，这是他们班上大约 140 名学生中排名倒数 20% 的学生必修的课程。“这些人中又有相当一部分人，大约有 10 个人，可能根本无法通过考试，他们的平均绩点还不到 2.0。如果到了学期末他们的平均绩点还没有达到 2.0，他们就会被开除。这个政策让许多学生感慨：‘好吧，我害怕了。我会照你说的去做。’”

他们中并不是所有人都采用了舒尔茨的学习方法，采用这种学习方法的人也并不是都通过了考试。但大部分都采用了且通过了，这就足以说明问题了。

“我们之所以现在能在全州排名第一，正是因为这部分学生帮助我们实现了目标，因为以前的通过率也就是在 50% 以上、60% 以下，而现在达到了 70% 以上、80% 以下，”舒尔茨说，“我知道轶事证据不足以说明问题，但是去年我们的一个学生通过使用间隔学习法，从班里的最后一名一跃而成全班第三名。他在法学院的三年学习生涯中，从一个一开始总是抱怨自己的记忆力像筛网一样不可靠的人变成了对间隔学习法赞不绝口的人。最后，当他参加律师资格证考试之前，预测试时高达 70%，比考试及格所要求的 63% 高出了很多。所以当他正式参加考试时感到非常轻松。”

这样的结果总是令人振奋，特别是当其他学生也像舒尔茨的学生一样取得优异成绩时。“我们非常幸运，有这样努力学习的学生。我们学校有很多第一代美国人[①]，”舒尔茨解释说，“但我们学校没有其他一些学校存在的问题，有的学生往往认为自己有特权通过律师考试。我们没有这种情况。我们的学生唾弃这种现象。因此，我认

① 第一代美国人指那些父母移民美国，在美国出生或从小随父母移民美国的学生。

为，虽然我们法学院的一些学生可能没有优越的背景，但他们有智慧，有才能，有勤奋刻苦的精神。当我们向他们展示这里最好的自学方法时，他们的天赋才得以释放。”

罗伯特说：“总的来说，佛罗里达国际大学法学院的课题，让学生们改变了自己的学习习惯，有效地应用了必要难度理论，这一点非常值得学习。”

也许比佛罗里达国际大学研究结果更引人注目的是一个简单的事实，即比约克夫妇证明了改变是可能的。

比约克夫妇的研究甚至对由外而内教学法和由内而外教学法旷日持久的大战提出批评。那些支持由外而内教学法的人可能会认为学生能够自然而然地从基于项目的课程中“学会学习”，比约克夫妇对此言辞强烈。伊丽莎白说：“我们的许多研究都指出，在决定如何最好地吸收信息时，如果你只是凭感觉，凭直觉，凭你认为听上去不错，凭你认为应该起作用等方法，那大多数情况下都是不正确的。”

由内而外教学法的阵营也因为对“有解样例”学习法的热爱步入了同样危险的境地。毫无疑问，“在某些情况下有解样例的学习法整体来说效果更好，”罗伯特说，“这可能仅仅是因为特定情况下的学习者还没有取得足够的成功，他们需要帮助才能克服解决问题的困难。然而，我认为这只是为了让学习者能够以某种方式产出一些成果。有解样例学习法可能会导致提取努力短路，而提取努力仍然是保持长时记忆的关键。

然而，尽管必要难度理论给予了人们一定的启发，但它也有严重的弊端。以舒尔茨的成功为例，他的成功的确是一个精彩的故事，但是这个故事说明，在大多数中等水平的法学院，和他的学生一样的学生都会被集体开除。这是教育的失败，也是人类潜力的浪费，我们现在应该认识到这是完全可以预防的。罗伯特和两位合著者于2013 年发表的一篇关于元认知的文章中提出了类似的观点。他们写道:“在我们看来，我们的社会过分重视个体之间的先天差异在决定可以学到什么以及可以学到多少方面所起的作用，但与此同时又对培训、实践和经验的力量过度低估。这种过分重视和过度低估的结合“可能导致学习者认为他们所能学到的东西是有限的。”

正如我所指出的，我们身边有些人的潜力得不到认可和实现，由多种原因造成。许多原因甚至是大多数原因都与体系的不公正有关，这是社会存在的问题，而解决这一问题我们义不容辞。但是，这些不平等往往会由于我们在学习者面前设置的认知障碍，以及对学生进行分类的认知盲点而恶化。

我希望现在我们已经能够明确，我们的生活中已不再需要这些绊脚石和障碍物了，并且我们可以采取一些措施来清除这些障碍。同样的方法可能不适用于每一种情况，而不同的方法可能会吸引不同的实践者。但最重要的一点仍然是毋庸置疑的，即我们可以采用不同的方式学习和教学。我们无须继续依附 19 世纪的教育思想，我们要跟上不断发展的前沿科学技术。

从道德上来说，我们有义务把认知科学领域中的理论付诸于实践。我们拥有的知识可以把学生从教育的扬谷机中拯救出来，帮助他们实现对学习的终生热爱。是的，是时候把这些知识付诸实践了。

第二部分

动脑与动手

第六章

教育变革的探索之旅

当我们一层一层爬上认知科学这座大厦时，所做的工作只是探讨了如何将科学家的发现应用到学习和教学中去，而现在是时候做出所有工科学生都必须学会的转变了——整合所学的抽象科学知识，将其应用于现实世界之中。

这种转变绝对没有想象中的那么简单直接。首先，现实世界对工程师的要求不同于对科学家的要求。例如，在人性化的认知学习中看似普通的细节，如一种既定的教学策略是否能够大规模地应用（暂且不谈成本效益），在现实中都是至关重要的问题，更不要说涉及成本效益的问题了。由于受到种种限制，即使是最让人拍案叫绝的教学理念也很难实现其变革性潜力，除非我们能够做到让大部分人体验到这种教学理念而且不仅是短暂的体验，更是终身体验。

同时，困扰着基础科学的逻辑陷阱在其现实应用中变得更加危险。科学家们为了简化基础科学理论，通常采用创建模型的方式，然而这些模型涉及的范围往往太小，对于人们所观察到的结果，无法面面俱到地进行解释。而工程师，从某种意义上说与科学家们正好相反，他们为了简化知识所建立的科学模型所涉及的范围又太大，他们在其逻辑框架所能解释的范围之外，预测基础科学在现实世界中的应用效果。科学中的还原论思维模式虽然不能解释一切，不过也只有在工程学中才会产生真正的危险，主要表现在：以这种思维为基础修建的桥梁可能会坍塌、制造的金融工具反而会破坏经济稳定、生产出的药物副作用太大、创建的扬谷机浪费太多……

因此，若要将我们在认知大厦中的发现应用于实践，首先必须了解认知科学研究领域中未曾涉及的内容。其中最突出的是，当认知科学家试图阐释“大脑”或“心智”的工作原理时，他们对其进行了概括：通过对许多个体（甚至是多个物种）的研究，描绘出一幅普遍的人类大脑工作的原理图，这只是对普通的人类大脑的高度概括。然而，现实中并不存在统一的、典型的人类大脑。因此，任何包容性强、认知人性化的教育愿景，若要在现实世界中发挥作用，就必须具有灵活性。想要将理论应用于实践，还需要包容学生在学习兴趣、学习动机、现有知识、特定学科的学习速度等方面的个体差异。

在学校中实现可扩展性、灵活性、能够优化认知这三个工程学方面的要求，都具有相当大的挑战性。综上所述，科学家们提出了一些严峻的问题：我们要进行的改革是否可以在我们继承下来的教育体制中实现？抑或是为了实现这些改革，我们需要从头开始建立新的体制？

事实上，如果改革者足够有魄力，教育改革即使受到传统教育结构的限制，也能取得一定成效。举例来说，佛罗里达国际大学法学院的改革之所以卓有成效，部分原因是他们采取的方法在传统法学院教育束缚中成功实现了逆转，打破了由权威的教授、半圆形的演讲厅和期末考试等组成的常规教学模式。

麻省理工学院也在学术上层建筑层面尝试过多种教学变革。不夸张地说，是一位太空探险家带领麻省理工学院在这条改革道路上勇敢地迈出了最初的步伐。约翰·贝尔彻是在“旅行者 1 号”和“旅行者 2 号”宇宙飞船上制造等离子体探测仪小组中的一员。20 世纪 80 年代，这两艘宇宙飞船曾近距离探测木星、土星、天王星和海王星，他是探测仪器的主要研究人员。如今，他大部分时间还在研究这些探测器进入星际空间后反馈回来的数据。在此期间，他又把目光转向了物理教育中遇到的种种挑战。作为麻省理工学院最大的课程体系《物理 II》的主讲者，他认为这些挑战不容忽视。

在 1996 年的一次物理教育者大会上，贝尔彻接触到几种能够改进传统课和背诵式教学模式的教育策略。他在教学中发现，即使是最优秀的学生，学完了大量物理知识后，仍然会对物理问题给出直观且错误的答案，因此他和许多物理教授都感到十分懊恼。研究过皮亚杰相关理论的学者告诉他，这个问题与学生童年时期对物理世界建构的认知有关。孩子们通过动量、摩擦力和重量等自然现象，已经形成了个人认知理论，这些认知理论虽然在日常生活中是正确的，也能起到作用，但在物理课堂上根本站不住脚。教师想要纠正学生的这种错误理解，需要对学生陈旧的认知图式进行根本性重塑，但另一方面这些图式又与学生十多年来获得的记忆紧密相连，这种根深蒂固的认知不可能仅通过一堂课就能抹去。但是，学生已有的这些错误认知必须彻底根除。听说尝试这种做法的教师寥寥无几，他备感惊讶。

不过，变革就这样开始了。在哈佛大学的河边，物理学家埃里克·马祖尔已经开始尝试一项创新性改革。这项创新以及他的另一项改革为世界各地的课堂实践做出了重大贡献。他提出了“同伴教学法”，鼓励学生们互相解释那些容易混淆的物理概念。“作为学生，刚刚学过这些概念，应该知道自己哪些懂、哪些不懂，”他后来回忆说，“我 17 岁时就开始思考这种方法了，现在已经记不得当时实施的时候经历了多少困难了。”

同伴学习法有点像一个时间旅行装置，教师所传授的知识能够在不同学生的认知中穿行，满足不同水平的学生需求。然而，这也存在一个问题：传统大教室的形式虽然可让所有学生接触到等量的智慧，但学生彼此之间却无法进行轻松交流。

很快，贝尔彻发现一些学校的物理系（最突出的就是伦斯勒理工学院和北卡罗莱纳州立大学物理系）开始研究开创性解决方法。伦斯勒理工学院采用的方法叫作“工作室物理”，简称 RPI，即将授课、复习课和实验室实验等教学流程融为一体，以小圆桌和开放式的教室布局取代大教室的单向交流结构，这种结构非常适合实施马祖尔提出的同伴教学法。

更妙的是，这种布局结构将教师的展示从讲台上转移到了学生的课桌上，学生在自己的课桌上就能够亲身接触到和体验到课堂中的实验物体和实验过程。对于老派物理教师来说，这种人际互动的方式似乎根本没有必要。但对于一位希望消除学生在儿时形成的错误物理观念的教师来说，这种方法非常有意义。这种方法的理论观点，即“体验认知”理论，认为大脑的功能并非仅限于头骨中的神经元，而是贯穿整个身体的神经网络，这些神经网络在儿童早期发育中起着至关重要的作用，到了成年期，还会继续影响人记忆的编码、提取和修改。基于这个理论框架，学生通过自己的亲身体验学习物理概念，能产生一组重叠但独特的存储关联。“工作室物理”通过强化学生的触觉体验，加强了学生对抽象概念的理解，特别是能使教授更深入地了解学生的学习历史，纠正他们在童年时产生的错误理解。

贝尔彻和一群志同道合的教育家计划在麻省理工学院建立自己的“工作室物理”，然而在此之前，他们仍需解决一些硬件方面的问题。例如，贝尔彻经常在实施“工作室物理”教学法的教室里，看到一大群学生挤在一起围着一块白板解决问题，因此他们首先需要一个更大、更好、有先进技术支持的教室，而这需要足够的资金和学院的全力支持。幸运的是，贝尔彻提出这方面的要求后，都得到了支持。贝尔彻的合作者和这项工作的最终接班人彼得·杜尔马什金回忆说：“他是靠自己的声誉以及对麻省理工学院的贡献获得支持和资助的，因此他才能启动这个项目并组建项目团队。”

“当时，学校有一定的资金来源，主要用于支持教育改革方面的项目。还有很多人的项目都获得了资金支持，”杜尔马什金说，“但是只有TEAL，即贝尔彻的‘技术支持主动学习’项目进入了课堂。”

技术支持主动学习体系

在太空中，没有上下之分，而在实施TEAL项目的教室里，没有前后之别。

因此，如果你悄悄走进麻省理工学院的一个TEAL教室中，你的第一印象可能是课堂组织随意混乱，但如果仔细观察，就能发现隐藏在随意中的组织性，就像天体的运动一样，看似杂乱，实则有迹可寻。教授们（现在主要是杜尔马什金教授）站在3 000平方英尺[①]的教室中间，周围有13张课桌，每个桌子边围坐着9个学生，3个人为1个小组。另外还有1个技术指导，1个研究生和6个本科生助教在这些课桌间来回走动。学生们正在胶面课桌上演示天体音乐，经典的牛顿物理学展示。（在《物理II》的课堂中，学生的桌面

① 平方英尺，英制面积单位，1平方英尺约为0.093平方米。

变成了用于演示电磁学的法拉第笼[①]。此外，你还会发现教室的四面墙壁上都挂着白板和投影屏幕，天花板上安装着视频投影机，以便教授可以把任何一组的白板放大 13 倍，使全班都能看到。有时候，教授会把复杂的电磁场高级动态视觉效果投影到白板上，内容都是用学生的数据生成的（贝尔彻在参加“旅行者”探测器项目时对电磁场的形状产生了持久的兴趣，自己开发了电磁场动态视觉的基础软件）。与教室整体风格不相融的是每张桌子上摆放的台式电脑，这是教室创建时期的遗留物，而早在几年前，大多数学生就已经开始使用笔记本电脑了。

回想当年，麻省理工学院突然从传统讲课和背诵式的教学模式转变为 TEAL 教学模式，这一改变，从结构上和文化上都给教育带来了新变化，同时也引发了来自各方面的怀疑目光。“我们从一开始就意识到，进行变革时一定要处理好三个层面的关系，”杜尔马什金说，“即行政、教师和学生背景。无论忽视了其中哪一个方面，都会遇到巨大问题。”

例如，有的学生会因为被迫参加 TEAL 必修课而怒气冲天（麻省理工学院的学生经常逃课，特别是那种照本宣科的课，逃课率可能是各大学中最高的。他们也不喜欢参与小组学习）。贝尔彻和杜尔马什金都是“同伴教学法”的忠实信徒，他们也和埃里克・马祖尔

① 法拉第笼，一个由金属或者良导体形成的笼子，是以电磁学的奠基人、英国物理学家迈克尔・法拉第的姓氏命名的。

合作过。他们认为，TEAL 项目中的小组互动是必不可少的部分。小组互动不仅有利于同伴教学，同时还能够培养学生在未来实验室和工作单位的合作精神。然而，集体共同创作似乎触发了学生们的条件反射开关。“他们对小组学习的理念还停留在高中时的印象。”杜尔马什金说。高中时学生们为了在小组活动中取得好成绩，往往需要完成大量工作。

TEAL 项目正式开始时，不仅学生们表现出了不安的情绪，还有一些教师的皮质醇水平也迅速飙升到了和学生们同等的高度。杜尔马什金说：“有一些教师也会感到不安，甚至不愿意以这种方式授课，这无形之中增强了学生对 TEAL 项目的抵触情绪，甚至请愿拒绝接受 TEAL 教学法。”

学生们在 2003 年的请愿书中写道：“我们认为我们的教学质量因为‘尝试新方法而大大降低了。学校不应该强迫大部分学生尝试这种方法。”校报也报道了这一问题，并引用了一些著名教授对这种方法的批评语录。“TEAL 项目存在一系列问题，”一位物理学家说，“很多学生都不满意。”

在一段时间里，TEAL 教学法似乎真的行不通。这难道是因为 TEAL 项目对传统物理教育变革得太多、太快，太不尊重相关制度规范了？

虽然有一群师生强烈反对这种方法，但是最终一群管理者还是拯救了这种教学法。物理系的大部分人都明白，该项目在进入稳定轨道的过程中必然会遇到非常大的阻力，因此改革者们需要十足的耐心。

TEAL 团队需要的正是几年的时间。该项目启动之初一直没有重视师资的培训，现在师资培训成为该项目最重要的任务。“有些教师太依赖传统的授课方式，”杜尔马什金说，“他们就喜欢站在讲台上。”

“对他们进行再培训是首要任务，”他说，“然后，我们要收集数据。几年内，这些教师将证明接受 TEAL 教学法的学生比采用传统授课方式的学生受益更大。”

从一开始，TEAL 就不只是一种课堂干预，而是像杜威实验学校的传统一样，也是一种实验性干预。2006 年，以色列海法市的以色列理工学院教育研究员哈德耶·朱迪·多里进行了一项实验性尝试，取得了显著成果。这项实验采用了各种各样的评估技术，最重要的一种是测试机制，在课程开始前和结束后分别对学生进行测试，主要测试学生对一些惰性知识，如概念性问题的掌握情况。

到了学期末，采用 TEAL 教学法的学生对这类棘手的概念性问题回答的准确率比那些采用传统授课形式的学生的准确率高出了两倍。同时，TEAL 课堂中学生的不及格率还不到传统授课方式的一半。18 个月后，TEAL 项目班学生的表现仍然优于传统班。

TEAL 最大的受益群体是女生。令人惭愧的是，历史上世界各地的物理入门课程中，男生的学习成绩一直优于女生，这表明了性别结构上的差别，而不是能力偏差。这种现象导致了专业物理研究和工程领域持续性别失衡。“我认为物理是一种古老的守门员式学科，”杜尔马什金说，“把许多女性都挡在了物理学的门外，我认为同伴合作的环境改变了这一点。”以斯沃斯摩尔学院为主导的团队（马祖尔也在内）进行的研究也得出了类似的结果。该团队的研究表明，各种情况下的同伴教学法都提高了男生和女生的学习成绩，但相比而言，女生受益更多。在采用 TEAL 教学法的班级中，有一些学期，实验室的 6 名本科生助教全部是女生。“每当学生首次走进这样的教室时，他们首先看到的，”杜尔马什金说，“就是本学期的助教女学生。我认为这向所有人传递了一个真正有意义的信息——今天，在麻省理工学院以 TEAL 教学法为基础的物理课上，因性别不同产生的差异消失了。如果你查看他们的期末考试成绩，男女的平均分几乎是一样的。”

超越时空

TEAL 教学法自 2001 年提出以来，已在世界各地广泛应用，而且不分年龄均适用，成效也是非常显著。例如，中国台湾地区在引入 TEAL 教学法后，高中生的考试成绩不仅提高了，而且他们对物理的兴趣也普遍增加了，此外，还提高了学生参与课外科学项目的积极性。肯塔基大学引入 TEAL 项目后，修建了一个共有 54 个座位的教室。这个项目的引入不仅扭转了以前的性别差距，而且提高了学生的成绩。在此之前，女生的平均成绩比男生低 5%，使用了这种教学法后，成绩反而比男生高出了 10%。当然如果没有合适的教师，新型教室也将形同虚设，不可能获得如此巨大的成功。一项对中国台湾地区大学生的研究也证明了这一点，它与麻省理工学院早期采用 TEAL 教学法但是缺乏对教师培训的经历如出一辙。不过，同一项研究也再次证明，在新的 TEAL 教室里，女生的成绩都有大幅度提高。

回顾过去，TEAL 的早期成功确保了女性不会被“教育扬谷机”从物理和工程领域淘汰出局，这应该是 TEAL 团队所期望的最鼓舞人心的结果之一。事实上，由于麻省理工学院这座顶级讲坛的影响，TEAL 项目已开始在全世界范围内传播，并成功将女性带入物理学领域，这在我心目中就是一个不折不扣的成功故事。

TEAL 早年间受到种种技术的限制，却仍能取得如此辉煌的成就，这才是这个故事最值得称道的部分。最初，“技术支持主动学习”中的“技术”部分主要指的是与“空间”有关的事情，如摄像机能够将每个小组白板上的内容投射到教室四周；安装在学生桌面上的复杂磁场模拟设备等。

然而，TEAL 方法的后续技术浪潮则更具革命性，它突破了“时间”的界限。

举个例子，马祖尔对学校教室所做的第二大贡献是他创建了个人应答系统，与这个系统配套的设备叫作个人应答器。看过“谁想成为百万富翁”这个电视节目的人应该熟悉这项技术。个人应答器是一种手持无线电设备，演播室里的观众或教室里的学生能够通过这个设备同时回答多项选择题。

个人应答器早已成为大学传统大教室里的一种常用设备，教授们在利用这种设备衡量学生对某一特定主题的理解程度后，再确定是否要进入下一个主题。现在回想起来，这个逻辑似乎是那么显而易见。毕竟，教师们以前也总是依靠非正式的投票方式来决定什么时候开始下一个话题。比如，我们提出问题，然后观察有多少人点头。理论上说，个人应答器所做的就是提高了这种统计方法的准确性。

但个人应答系统的技术含量远不止这些，它还揭示出现状可能发生的变化不是渐进的，而是定性的。事实上，个人应答器虽小，却代表了一种反抗行为，是学生应该跟着教师的节奏学习这种规则的反抗。而现在学生们手里有了个人应答器，就能按照自己的学习进度帮助教师制定教学节奏。

与之共同进行反抗的还有许多前瞻性课堂（包括 TEAL 课堂）中使用的另一种技术，叫作“混合式”教学法或“翻转式”教学法。在这些教学方法中，学生要在上课前以观看视频的形式接收部分或全部课程内容，然后在上课期间完成部分或全部作业，教师在学生旁边随时准备为学生答疑解惑。就课堂发展趋势而言，最时髦的当属“翻转课堂”了。在 2016 年的一项调查中，55% 的大学教师表示，他们至少在一门课程中使用了混合式教学法或翻转课堂的方式进行教学。以麻省理工学院的TEAL课程为例，杜尔马什金以及其他教师就是自己制作所需的教学视频，他们的视频不是在那种大教室里录制的，而是在一个黑盒子般的教室里录制的。他们对着摄像机，面前放一块透明的玻璃，一边讲课一边用荧光记号笔在玻璃板上书写板书、绘制图表，由于视频在像镜子一样的玻璃板上看是反像的，这样就可以保证他们在写字时也能面对着学生。

综上所述，个人应答器和翻转课堂都代表了自粉笔遇到黑板以来的课堂实践中的巨大变化，而这些变化如此令人印象深刻的原因非常简单——这些方法挑战了当代大众教育中最根本的假设，即学习不以知识为节点，而以时间为节点。

从小学、初中到高中、大学，甚至到研究生阶段，我们作为学习者的学习过程是以我们在教室里坐在椅子上的小时数、完成课程所需的周数和获得学位所需的年数来衡量的。课程进展的速度，对学习成绩优秀的学生和学习成绩差的学生是一样的。这往往会导致前者对课堂的厌烦，以及后者对课堂的恐惧。

个人应答系统和翻转课堂教学实践在现代教育中占据着独特的地位，因为这些教学方法打破了以时间为中心的教育魔咒，同时又没有违反学校继承下来的其他体制结构。有了桌子上的个人应答器，你就可以通过投票的方式让教师减慢或加快授课进度；在家观看视频讲座时，你也可以快进或快退。然而，你的课程还是会受制于一个范围更大、以时间为中心的体制，那就是当学期结束时，你仍将得到一个分数，这个分数代表着随着时间的推移你所积累的知识量。同时，这个分数仍将列入你的成绩单，就像课程表中其他课程一样。

总的来说，一个给定的课程可以从空间和时间两个层面根据学生的情况进行调整，但是，就像在新闻节目之间穿插播放的喜剧一样，这些改革无异于把一些带点野性的模块强行塞进一个原本固定的结构中。

工程师们对特定飞机或航天器的预期性能极限有一个专业表达：飞行包线[①]。要超越这个限制，就需要扩大包线范围。这早已是一个通俗化的表达。麻省理工学院的 TEAL 项目就挑战了传统课堂模式的极限，甚至大范围地超出了设计规格，导致这架“飞机”升空后差点坠毁。实际上，这个项目打破了所有的记录；但现在，究竟还能对这个项目做出多少修改还是一个未知数。

TEAL 项目现在是麻省理工学院世界遗产的一部分。该项目受到了一些固有局限性的限制，比如，时间中心主义、不断侵入的行政上层建筑，还有不容忽视的 TEAL 成本（成本之高即使是富有的学校也会望而却步）。因此，人们不禁要问，如果没有这些限制，我们将会取得什么样的成就。

幸好，人们无须等待太久就能找到答案了。事实上，在 19 世纪

---

① 飞行包线是指以飞行速度、高度、过载、环境温度等参数为坐标，表示飞机飞行范围和飞机使用限制条件的封闭几何图形。

初期，世界采用的是一个完全不同于大众教育的体系，事实证明这是一个非常经济的体系。在这个体系中，是知识而不是时间占据主导地位，并且它拥有自己独特的教学规则。

我将在下面的章节中讨论学习者现在又开始通过各种独立的途径，借助TEAL课堂中使用的技术，回到类似19世纪的学习方法这件事情。绝大多数人都不知道，世界各地都曾尝试过这种方法。他们尝试后，发现这种方法虽然在理论上具有令人印象深刻的教学能力，但最终还是放弃了。现在，在我们寻找类似教学策略的过程中，应该了解这期间发生了什么以及发生的原因，这一点很重要。我们必须穿越时空回到过去看看当时的世界，回到那个年轻的苏格兰人安德鲁·贝尔眼里的世界，在他改变教育史之前以及他被教育史遗忘之前的那个世界。

男子孤儿学校

1787年6月，贝尔乘船来到印度的一个港口城市——马德拉斯市，打算在此逗留一两日后，再出发前往加尔各答。结果却无意中陷入了一场危机，让他，在这里一待就是十年。

18世纪80年代，殖民统治在印度不断蔓延，印度在英国的殖民统治下各方面备受压制。18世纪初，法国曾是次大陆上具有统治地位的殖民国家，因而在印度以及其他殖民地，法国与英国之间的冲突不断，到1783年，英国明显占了优势。

回顾这一时期的历史，有一个作为殖民地的后果没有得到足够的重视，那就是大量印度妇女怀上了殖民地士兵的孩子，有的是因为强奸或胁迫，有的仅仅是为了能在压迫统治下过上相对好一点的生活。后来，这些士兵要么死亡，要么被征召到别处服役，留下这些妇女和他们的孩子苟延残喘。尽管这些儿童的母亲大多数都尚在人世，但殖民地政府仍把这些孩子视为军队中的孤儿，决定（往往违背孩子母亲们的意愿）由他们负责这些孩子们的吃、住和教育。

这一决定成了贝尔在马德拉斯市期间的主要关注点，马德拉斯市后来更名为金奈市[①]。28 岁那年（1787 年），贝尔从船上走下来时，并未意识到自己有什么样的潜力。他曾为了实现发财梦去了美洲殖民地，他在这些地方生活的期间，殖民地宣布独立。他险些在这里丢了性命。他曾在打响独立战争的弗吉尼亚州生活和工作过，战争开始后，他乘坐一艘开往英国的船只侥幸逃走。在前往码头的路上，他甚至看到了拉法耶特侯爵[②]（一位前来协助美国人的法国将军）朝着与他相反的方向走去。贝尔的船驶到加拿大新斯科舍省荒芜的海岸时不幸触地，船上的船员和乘客只得在一个冰雪覆盖的岛屿上露营，一连几个星期，在加拿大春天的寒风中冻得瑟瑟发抖。最后，贝尔被一艘捕鲸船营救，并在哈利法克斯市[③]休养康复后，回到了家

① 1996 年，为了去除印度的英国殖民时代印记，作为城市名称的“马德拉斯”更名为金奈。

② 拉法耶特侯爵，法国政治、军事人物，法国大革命时期君主立宪派代表人物。

③ 哈利法克斯是加拿大新斯科舍省的首府。

乡圣安德鲁斯[①]。回到家乡的他又差点死了两次，一次是因为喉咙剧痛，连着三天滴水未进；另外一次是经历了一次手枪决斗，幸好没有受伤。

在一次镇议会议员选举中，贝尔父亲手中的票成为决定性的一票，获胜者承诺照顾年轻的贝尔。一开始，贝尔的赞助人建议他不要加入英国国教，但是1785年时贝尔已经受戒成为一名牧师，因此没有接受这一建议。两年后，贝尔的赞助人帮助他获得了圣安德鲁斯大学的荣誉医学博士文凭，给了他一张前往加尔各答的船票和几封介绍信。

这些介绍信在马德拉斯没有什么用，但是当船到达马德拉斯时，贝尔已经和船长以及船上的其他高官显贵建立了良好的关系，他给他们讲学，教他们学习自然观察法。就这样，这位年轻的牧师博士带着一大堆新介绍信来到马德拉斯，并引起了一阵轰动。他开展的一系列付费讲座，很快成了当地重大的社会活动。贝尔向充满敬慕之情的人们展示了电的原理，创造了印度有史以来第一块人造冰，并建造了印度次大陆上的第一个热气球。他在最早的一部传记中写道："这次的热气球做得并不大，由于助手不得力，设计失败了，我一气之下把热气球从露台上扔了出去。没想到，太阳的热量稀释了热气球中封闭的空气，热气球竟然升空了，场面非常壮观。"

---

① 圣安德鲁斯是坐落在英国苏格兰东海岸法夫行政区的大镇，也是苏格兰历史上最著名的城镇之一。

贝尔在马德拉斯市的传奇故事引起了男子孤儿学校创办者的注意，他们正在物色一位合适的院长。贝尔欣然接受了这份工作。然而，孤儿学校还需要几年的时间才能建立起来，在此期间，贝尔为了生计继续四处做讲座。此外，他的牧师身份也给他带来了很大的经济收益。到达马德拉斯市后，他很快成为当地一个区的牧师，后来又成为另一个区的牧师，最后同时担任了八个区的牧师，工作相对轻松，但是报酬非常丰厚。

1789 年，东印度公司在一个名叫伊格摩堡的巨大建筑中创建了男子孤儿学校。这个堡垒曾被用来存放火药，历史不长却被炸毁过两次。

一开始，孤儿学校面临着资金匮乏的问题。学校的资金主要来源于东印度公司提供的津贴、慈善捐款和对英国士兵酗酒的罚款。当地的“孤儿”人数高达 230 名，这些资金加起来，根本不够支付孩子们的吃住和教育费用。贝尔刚来时，学校只能为其中 20 名学生提供教学、食物和庇护，后来随着资金来源的增加，这一数字很快增加到 100 名。贝尔自己也并不富裕，但他不顾朋友的劝告，自愿免费为孤儿学校服务，靠牧师一职和讲座的收入维持生计。

起初，贝尔将精力全部放在学生的吃饭、穿衣、接种天花疫苗等事情上，几乎没有时间考虑他们的教育问题。孤儿学校的校服和被褥单薄，难以在雨季御寒，伙食也缺乏营养。大多数学生常年过着饥寒交迫的生活，有的孩子感染了蛔虫病，还有的患上了麻疹。

有一次，接近 1/3 的学生都进了当地医院就医，一份医学报告这样描述了孩子们的情况：“身体过于瘦小，必须得到精心照顾，才能挽救他们。”学校开始的前三年，因为疾病（含天花），贝尔失去了 4 名学生。幸亏，天花没有人们想象得那么致命。

孩子们的教育问题使得他们本来就困难的生活变得雪上加霜。贝尔接管了孤儿学校后，招聘了两名助理教师，还聘请了一名校长。然而，从一开始贝尔就发现这些教师不懂教学，甚至连字母表都不会教，对此他颇感震惊。但每次他好不容易雇佣到一个合适的助理教师时，其他地方就有更好的职位将这些教师挖走。此外，每当他建议改变一些做法时，他的助手们总是心生不快，办事拖拖拉拉。

由于深陷种种挫折的旋涡中，一天早晨心烦意乱的贝尔骑着马沿着马德拉斯海岸散心。他碰巧路过一所印度露天学校，在那里他看到了有趣的一幕。他发现学校中年龄大一点的孩子们在沙滩上写下一些数字，然后让年龄小的孩子们描一遍这些数字，以这种方法教小孩子们写数字。他瞪大了眼睛看了一会，然后离开了。就像电影的场景一样，马儿一跃而起飞奔疾驰，我想他当时一定大喊着：“想到了！我想到了！”

他不是第一个，也不是最后一个声称“想到了”一个对社会能够产生长期影响的办法的人。他偶然发现的可能只是一所普通的本地学校，这所学校用当地的语言进行教学，与那些相对少见、用梵语进行教学的学校相比有很大差别。18 世纪和 19 世纪，印度南部的这些本地学校使用了一种常见的教学方法，即让一个学生写一些数字，比如写一张度量衡表中的数字，然后大声朗读出来，其他学生跟着他有节奏地背诵。也许正是因为贝尔看到这种教学方法，以及孩子们在沙滩上描绘数字的情形，才使得他在回家的路上产生了阿基米德式的灵感[①]，一路大喊“想到了！我想到了！”

贝尔—兰卡斯特制

回到男子孤儿学校，贝尔开始了一系列变革。他先给最小的学生每人准备了一盘湿润的沙子，然后让他的助教教孩子们用手指在沙子上写字母。这些沙盘可以重复使用，不像当时使用的那些抄写本不仅昂贵，耗费得也快。“这种方式吸引了孩子们的注意力，他们表现得兴趣盎然，”贝尔后来写道，“这种方法极大地提高了教师和学生们的效率。”

尽管有这些好处，但是负责给最小的孩子上课的助教告诉贝尔，这种方法与久经考验的真正教学方法大相径庭，可能行不通。贝尔情绪低落，决定采用在海边学校观察到的另一种奇特方法——学生之间相互教学。他找来一个年纪较大的学生，名叫约翰·弗里斯肯，

① 传说古代叙拉古国王海叶罗请金匠做一顶金冠，做好后他怀疑其中掺杂了别的金属，要求当时的数学家、物理学家阿基米德测量王冠含金的纯度，但又不能损伤王冠。阿基米德冥思苦想，却一直没想出来方法。直到沐浴时，他突然从浴盆中溢出的水得到了启发，发现了浮力定理，并据此测定了金子的纯度。据说当时他从澡盆中跳了出来，连衣服都忘了穿，边跑边喊“想到了！”。

给了他一小笔费用，让他教最小的孩子在沙盘上学写字母。这就是同伴教学法最早的雏形，弗里斯肯所取得的成绩很快超过了助教教师。于是，贝尔扩大了这种教学方法的规模，给更多的大孩子付费让他们教小孩子学习。一个班接一个班地取得了成功，贝尔的学生们很快就能在相互的指导下共同学习。

贝尔后来在一本手册中写道："学校把学生分成了六个或八个班。"他将用这本手册向以英语为母语的国家宣传他的教学体系。贝尔的学生并不是按照我们现在所理解的方式进行分班的，所有的学生都以同样的速度进行学习。他写道："每个班的进度都不会因为懒惰或愚钝的孩子而受到影响。"在他的体系中班级始终是不变的，变的是学生。学生按照自己的学习程度逐步升班，就像练习武术的人获得不同段位的腰带，或者滑雪者从蓝色滑道逐步升级到黑色滑道一样。在贝尔的体系中，一个班上名列前茅的孩子有机会进入高一级的班里，然后从倒数开始一点一点进步。贝尔会给这些学生几天时间，几天后如果他们的学习成绩还是达不到中间水平，就会降级回到他原来的班级，直到成绩能够达到再次升班的标准为止。

同样，日常课程中屡次不合格的学生就会降到低一级的班里，并坐在班里的最前面。"如果他的成绩继续下滑，那他将注定永远堕落，"贝尔写道，"但是，如果他的成绩提高很快，在班里名列前茅，他就可以回到原来的班级继续学习。这样的情况经常发生，孩子们只要加倍努力，就可以跟上班里其他同学的学习节奏。"

在每一个班级里，贝尔都把他的学生分成若干学习小组，每组由一个学生和一个充当教师的学生组成，后者会在课余时间得到教师的额外辅导。“从一开始这种简单的安排就带来了许多好处，”他写道，“首先，就在你点名让一个学生当教师的那一刻，你其实提升了他的重要性，赋予了他一个认真学习的角色，而这个角色的作用众所周知。其次，‘教师’要努力让他的‘学生’跟上整个班的学习进度，否则就要落后。”

这最后的一点，在贝尔看来也是最重要的一点。时至今日，学生在课堂中落后仍然是一个恶性循环问题，一个知识没学会就有可能导致另一个知识也学不会，后续的相关知识就都学不会。他写道：“这就是为什么大多数学校认为一些学生不适合学习的原因。”贝尔认为，责任不在学生，而在于他们的教师。他对着充当教师的学生们说：“是你们不知道如何教学，如何抓住和吸引学生的注意力，不是他们学不会，而是他们的注意力不在学习上。”

贝尔的体系还有其他优点。与被动地接受一个知识概念相比，教授一个知识概念能帮助充当教师的学生们更有效地学习知识，这是贝尔年轻时当教师的经验。多年后，罗伯特和伊丽莎白在他们的研究中将此作为记忆提取实践的一个案例。除了同伴教学以外，贝尔的教学体系中还包括约 15 分钟简短而快速的授课部分和实际操作部分（学生从湿沙盘学习阶段毕业升级到用纸笔学习时，每个孩子必须首先自己制作一支笔，这也是实操的一个内容）。

为了让孩子们坚持学习，贝尔建立了一套复杂的奖励制度，他认为这比惩罚学生更能有效地激励学生。他制定的课堂纪律只用来约束那些不守规矩的学生，而不是用来约束学业表现不佳的学生。惩罚措施很有限，一般就是留校抄写作业，通常由受罚的学生所在小组的组员监督实施。贝尔小时候遭遇过体罚，留下了心理阴影，因此他不会对学生们采取任何体罚措施。

当贝尔全面开始在学校实施改革时，遭到了他的校长和助理教师们的反对。校长递交辞呈时，弗里斯肯已经 11 岁了，负责学校 1/3 的管理工作。贝尔的确设法留住了一些助教，只不过他们的任务重点不再是教学，而更多的是保证孩子们不滥用他们的新权力。一位传记作者写道:“教师们的这种干预有效地防止了霸凌和虐待行为，寄宿学校的许多罪恶就源于这种霸凌和虐待行为。”

这样说可能有些过于绝对，霸凌的人总是有各种各样的办法。不过，根据贝尔的阐述，这个体系不只在学术层面，最关键的是在经济层面发挥了作用。贝尔采用新体系后，学生人均费用大幅下降。起初，该校每个学生每月的总开支约 10 卢比，这还是在贝尔要求改善学生的饮食和衣着之前。但是采用了他的新体系以及他在这一过程中提出的其他有效做法，比如自己饲养奶牛而不是花钱去买牛奶等，使孤儿学校每月的人均食宿和教育费用只略高于 6 卢比。成本虽然明显降低了，但学生在着装、食宿方面的条件并没有降低。贝尔说:“我们从来不会在任何情况下以任何理由克扣孩子们的津贴。”

孤儿学校运营成熟后，学校里的 200 名学生几乎全部是以一个学生教另一个学生的形式学习，学生的年龄都不超过 14 岁。到了 1792 年，贝尔在写给英国朋友的信中夸耀自己的新教学体系：“这些孩子中有的当教师，有的当学生，有时两种身份兼而有之。一个孩子可以教另一个孩子学习，而另一个孩子又可以教其他人。这一体系很快取得了成功。”贝尔写道：“孩子的母亲们一开始对送儿子去寄宿学校都感到伤心不已，这可以理解，因为许多母亲都是被迫把儿子送到寄宿学校的。但是看到他的新教学体系取得的成效后，她们便想尽一切办法把她们年幼的孩子都送到我们的学校来。”与此同时，那些幸免遇难的英国军官们也努力让自己的孩子和孤儿学校的孩子们一起接受教育。“我们已经有 30 多个混血男孩，他们在学校的待遇、衣着、纪律和饮食方面都和那些可怜的孤儿一样，”贝尔写道，“我认为这是对孤儿学校最好的认可。”

贝尔的身体日渐衰弱，1796 年他启航前往英国，因为有人告诉他那里的气候有利于他恢复健康。于是，他带着 25 000 英镑和一笔东印度公司的养老金返回，开始着手在此安排生活的各项事宜。他买了一个苏格兰大庄园，接受了多塞特郡的一个牧师之职（在那里他成功地为教会成员接种了天花疫苗）。一位传记作者写道：“贝尔 47 岁了依然雄姿勃发，还娶了当地一位牧师的女儿阿格尼斯·巴克利为妻。他再一次扎根于英国的土地上，而且生活得很好。1797 年，他写了一本书，印刷了 1 000 册，这本书主要讲述他在马德拉斯所取得的成就，他把书送给了他认识的每一位有识之士。

贝尔在给印刷厂的一封信中写道："你们可能认为我过于狂热，但是如果你我都能活 1 000 年的话，我们就能看到这种教育体系在全世界传播的繁荣景象了。"

转年，英格兰第一所马德拉斯式学校出现了。在那之后的几年里，每年都会涌现一批类似的学校，或者一些学校转变成马德拉斯式学校。人们对这一教育体系的热情倍增，这在很大程度上要归功于坎特伯雷大主教、一些有影响力的贵族、甚至还有诗人威廉·华兹华斯①、塞缪尔·泰勒·柯勒律治②和罗伯特·骚塞③的支持（贝尔的第一部重要传记就是由罗伯特·骚塞撰写，于 1811 出版）。同年，以基督教教条为基础的全国穷人教育协会成立，这一组织的强大性不言而喻，其名下的所有学校都采用了贝尔的教育体系。1832 年贝尔去世时，这个组织在英国及其殖民地已建成了 12 000 所学校，采用的都是马德拉斯教学体系。这还只是一个组织的力量，其他慈善学校也采用了马德拉斯教学体系。此外，这一教学体系在海外也广为流传，从加勒比海传到大洋洲和南非，又传到了俄罗斯，甚

---

① 威廉·华兹华斯英国浪漫主义诗人，其诗歌理论动摇了英国古典主义诗学的统治，有力地推动了英国诗歌的革新和浪漫主义运动的发展。

② 赛锡尔·泰勒·柯勒律治英国浪漫主义诗人和评论家，他一生是在贫病交困和鸦片成瘾的阴影下度过的，诗歌作品相对较少。

③ 罗伯特·骚塞，英国作家，湖畔派诗人之一。他曾一度激进，后反对法国革命，于 1813 年被国王封为桂冠诗人。

至传到了冰天雪地的新斯科舍省（几十年前贝尔就是在那里遭遇的海难）。

尽管贝尔的体系广传于讲英语的大多数国家，后来又传到一些其他国家，但也有例外。最主要的就是年轻的美利坚合众国，并没有接受他的这种教学体系，并不是因为美国人反对这种体系，而是因为美国是贝尔的最大竞争对手约瑟卡·兰卡斯特的大本营——一开始他也是贝尔的最大支持者。

1804 年，贝尔和他的妻子在多塞特的家中首次见到了约瑟夫·兰卡斯特，并热情地接待了这位年轻人。兰卡斯特，比贝尔小 25 岁，正在研究一种教育体系，他的教育体系与贝尔的有许多相似的特点。比如，他的体系中也需要一个大教室，采取的也是学生教学生的教学方式，使用的教具也是装满湿沙的托盘。贝尔和兰卡斯特在早年间还能相互容忍，但很快就出现了分歧。贝尔始终忠于英国国教，而作为教友派信徒的兰卡斯特则坚持认为学校的基督教教学应该是无教派之分的。结果，贝尔的教学体系，后来被称为“导生制”的教学组织形式，在英国各地占据优势；而兰卡斯特的教育体系在其他地方取得了成功，包括大哥伦比亚（现在的委内瑞拉）、墨西哥和美国。兰卡斯特的教育体系在教友会信徒之城费城和附近的纽约市尤其受欢迎。在那里，他的体系得到了一位当地最有权势的政治家德威特·克林顿的拥护。

美国独立初期，尤其着力推动大众教育的发展。当时美利坚合众国还是一个新兴的国家，政府体制也不成熟。现在美国政府采取代议制管理国家似乎是一种相当稳定的方式，但在当时，人们普遍担心无政府主义和君主制势力会卷土重来。教育是防止无政府主义和君主制势力卷土重来最显著的方法。“那些被人民赋予权力的人会以潜移默化的方式适时地将权力转化为暴政，此外，我们相信为防止这种情况发生，最有效的措施，就是采取行之有效的方法从思想上对广大人民群众进行教育。”

正是本着这种精神，费城和纽约着手为最穷的孩子们建立了公立学校体系。当时，以税收为资金来源的现代教育形式还未产生，这意味着只能依靠学校背后的慈善组织提供资金。结果，当兰卡斯特承诺会把每一美元最大限度地用于教育时，政府终于同意资助公立学校。1809 年，在纽约市的一所兰卡斯特学校的开学典礼上，德威特·克林顿发表了一篇演讲，他憧憬着：“我一想到 1 000 个孩子汇聚在一起，在一个教师的引领下，纪律严明，以前所未有的速度学习知识，我认为兰卡斯特学校的开创者就是我们人类的恩人。”

19 世纪 20 年代初对兰卡斯特教学体系的拥护者来说是最令人兴奋的时刻，但即使在那时，人们也能看到这台声称完美无瑕的机器中也有松动的齿轮飞出。诚然，每当德威特·克林顿访问兰卡斯特的一所学校时，他看到的总是完美和谐的景象，但话说回来，当时他本身就是美国最知名的人物之一，呈现在他面前的自然是最美好的一面。1818年，奥尔巴尼[①]的一位校长给他写了一封信，信中说："兰卡斯特学校的学生其实和其他学校的学生一样反复无常。弗雷多尼亚的几个儿子就比较傲慢，时常违反学校主管学生的管理，因为他们认为那些学生比他们强不了多少。但我猜当您去学校时，是看不到这样的情形的。因为只要您一出现在学校，学校立即就变得多么安静啊！多么有序啊！学生们学得多么刻苦啊！"

兰卡斯特学校的纪律情况是个很大的问题，因此学校的创始人为了让学生遵守纪律，采取了一种自创的复杂惩罚制度。严格来说，这种惩罚制度在当时并非体罚，但是如果放在现在，孩子们的父母一定会报警、请律师或者带孩子看心理医生。在兰卡斯特学校中，多次违反纪律的孩子，就会被"木圈套住脖子"。兰卡斯特在1803年的一篇论文中提到："学生保持平衡一动不动时，这种木圈就会平稳地压在学生的双肩上。但是，学生只要稍微动一下，木圈就会失去平衡，所有力量都会压在脖子上。因此，为了保持木圈的平衡，学生必须坐直、坐正。"惩罚措施还不止这些。对于那些不守纪律的学生，兰卡斯特要求用木镣铐把他的双腿铐在一起，然后让他在教室里走来走去，直到筋疲力尽。如果这样还不管用，兰卡斯特建议把学生的左手绑在背后，或者把两个胳膊肘绑在一起。如果有两个或几个学生同时不守纪律，同时犯错，就在他们的脖子上套一个木轭，把他们拴在一起，然后让他们倒着走，在学校里游行。对

① 美国城市名。

于屡教不改的学生，兰卡斯特会实施最离奇、最侮辱人格的惩罚措施。“有时，我们会把犯错的孩子们放在一个袋子里，或者一个篮子里，悬挂在学校的屋顶上。这样所有的学生都能看见，就会像嘲笑笼子里的鸟儿一样嘲笑他们。”兰卡斯特说。

从这些惩罚措施中我们就可以推测出兰卡斯特的人格。因此，他后来虽然和其他人也建立了合作关系，但很快人们就都疏远他，这也就不足为奇了。他离开英国去美国的主要原因，有传言是他为了自娱自乐而鞭打了班上的几个导生，他的英国捐助人因此立即解雇了他。即使没有他，不列颠和外国学校协会与传教士一起也同样成功地在国外建立了兰卡斯特学校。很快兰卡斯特学校在整个加勒比地区、埃及、马耳他、澳大利亚、塞拉利昂、马达加斯加、好望角，甚至在印度和锡兰（今斯里兰卡）都站稳了脚跟。虽然人们尝试在德国、瑞士和荷兰引入这一体系失败了，但它在拉丁美洲获得了飞速发展。19 世纪 20 年代拉丁美洲独立战争陆续爆发，但这并没有阻挡人们对公共教育的需求，学生们冒着可能会惊动军队的危险，坚持到他们的导生制学校求学。当时南美的许多主要城市以及巴拿马和墨西哥都创建了这类学校。

兰卡斯特在美国同样不断地被朋友们疏远，不得不在州与州之间来回奔波，以期寻找一个能够施展自己才华的新职位。当他在巴尔的摩[①]越来越不受欢迎时，他收到了一封来自南美洲的邀请信，

① 美国城市名。

这封信如及时雨一般解救了他，他带着革命英雄西蒙·玻利瓦尔的邀请函启程前往加拉加斯[①]。抵达后，兰卡斯特受到了贵宾级的待遇，而且在那里他遇到了一位女士，是他久未谋面的一位熟人的遗孀，并与之结婚，玻利瓦尔亲自参加了他们的婚礼并祝酒。然而好景不长，玻利瓦尔和兰卡斯特很快也闹翻了，兰卡斯特只得带着家人一起又开始了奔波之路。他们去了特伦顿[②]，去了蒙特利尔[③]，去了费城，无论走到哪里总是留下一堆半途而废的项目和愤怒的捐助者。"兰卡斯特做事总是虎头蛇尾，只说不做，"教育历史学家卡尔·凯斯特尔写道，"他可能是那个时代获得名人资助最多的人，给予他资助的人有罗伯茨·沃克斯、古利安·弗普朗克、安德鲁·杰克逊、马丁·范布伦、德维特·克林顿和乔治四世。"

1838年，兰卡斯特在纽约市被一匹逃跑的马踩踏而死。贝尔于6年前去世，享年78岁，并在威斯敏斯特大教堂举行了隆重的葬礼。然而，这两位创始人还在人世时，贝尔和兰卡斯特的教育体系都已经开始被淡忘。到了21世纪中叶，世界各地的城市取缔了导生制教育体系，取而代之的是今天人们更为熟悉的教育方式，按年龄而不是专业水平分班，由成人教师在独立的教室中授课，每个学生都以同样的教学速度学习。

① 委内瑞拉首都。

② 美国新泽西州首府。

③ 加拿大东南部港口城市。

导生制教育体系在全球范围内日趋衰落，有一定合理的解释。尤其在美国，兰卡斯特的“乞丐式”学校饱受诟病。一位不知名的新英格兰评论家早在1832年就说过：“兰卡斯特教育体系的卖点就是省钱。不难想象，这样的学校应该能够培养出优秀的水手和士兵，因为他们如机器人一般整齐守纪。但对于共和党人、对于追求自由的人、对于需要自我控制的人和自我主宰命运的人来说，这并不是一个理想的地方。兰卡斯特在教育中提倡惩罚学生，这一点表明他的学校只适用于别人家的孩子，你不可能愿意把自己的孩子送到这样的学校去。我们有能力为我们的孩子们提供更好的教学条件。”

到了19世纪40年代，他所说的“更好的教学条件”已逐渐明确，指的就是专业教师与独立教室授课的教学形式，这种教育理念由霍瑞思·曼提出。霍瑞思·曼是马萨诸塞州的首位教育部长，他积极倡导创建公立学校。随着经济的进步和文化的变革，以及铁路和运河运输的发展，美国州际贸易兴盛起来，从而削弱了许多本地企业的势力，造成原有社会结构土崩瓦解。为了弥补由此产生的社会权威和社会服务方面的懈怠，各州开始疯狂进行体制建设，修建了许多救济所、医院、精神病院和监狱。在霍瑞思·曼的职业生涯早期，他曾全力以赴修建了两所精神病院。在霍瑞思·曼的思想中，他认为应广泛发展公立学校体系，使之成为所有学校机构的主体，以期培养出一批超越普通大众、聪慧理智，能够担当起治理年轻美国大任的美国人。

霍瑞斯·曼和他的同胞们所面临的问题，不是如何建立一个更好的教育体系，而是如何建立一个适用的教育体系。这个体系是为了培养公民，而不是盲从者；是为了培养具有公德心的一代，而不是自私自利的一代。在兰卡斯特的学校中，学生们为了争夺升班机会，不得不踩着别人往上爬。这种教育方式显然无法培养出具有公德心的下一代。我们需要的不是这种教育体系，我们需要的是一种广泛的教育体系，一种能够让孩子们有共同体验的教育体系。当时盛行于普鲁士的（今天德国的一部分）一种教育模式尤其引人注意，由专业教师在教室对学生进行授课，这是一种能够为学生提供共同体验的教育模式。1836 年，一本倡导这一教育模式的畅销书中提到："小学的校长们首先必须拥有智慧，才能唤醒学生的智慧，否则，国家无疑会倾向于选择贝尔和兰卡斯特式低成本的学校。"

到了 19 世纪 40 年代末，兰卡斯特学校曾经的堡垒——纽约市和费城都开始用学徒教师替代导生，并最终彻底取代导生。很快，这些曾经的导生制学校都转型为由专业教师授课的教学模式了。因此，凯斯特尔写道："美国的导生制运动虽然开始时轰轰烈烈，但是结束时却悄无声息。"

结束这一运动的不只是美国。到了 19 世纪 50 年代，几乎所有曾经蔓延过导生制教育浪潮的地方，这一浪潮都已退却。从导生制浪潮退却的广泛性和全面性来看，其衰落不可能是由某种外部压力造成的。相反，导生制教育模式的崩溃可以说是技术上的失败，是这一系统的内部机制（主要指免费工作的学生教师）与外部世界的需求格格不入，因而出现故障。即使从理论上说，允许学生在学校学习时按照个性化轨迹发展不失为一个好主意，但是在 18 世纪和 19 世纪的现实世界中，建立这样一个同时兼顾成本效益、有效教学，还有（也是最关键的）长期稳定的体系，是不切实际的（事实上，导生制学校的运行效率并没有宣传中的那么高）。不过，也有一些导生制学校拥有智慧超群而且兢兢业业的校长，学校持续的时间也比大多数学校长，但是这种情况是极为罕见的。每个工程师都知道，若要设计出一个长期稳定的系统，仅靠运气是远远不够的。不可避免的事实是，为了让学生能够自由地学习各门课程，那么每个学生就需要一个教师，而以合理的成本实现这一目标的唯一方法就是让学生们免费互相教学。但这要求学生们必须能够承担教学这一责任，但实际上这一点是无法保证的，尤其是在竞争日益激烈、付费教学岗位越来越多的情况下，更难实现。总而言之，或许最令人惊讶的不是这个体系失败了，而是它竟然坚持了如此之久。

教育反思

今天的美国，几乎每个州都有一所以霍瑞思·曼的名字命名的公立学校，共有 54 所。历史人物中除了总统或开国元勋，能够拥有如此之多以自己名字命名的学校的人屈指可数。以马丁·路德·金博士的名字命名的学校有 78 所。安德鲁·贝尔在弗吉尼亚看到的、以法国将军拉法耶特侯爵的名字命名的学校有 79 所。

没有以贝尔或兰卡斯特的名字命名的学校。

到了 20 世纪初，当第一代实验心理学家开始认真思考如何利用新的心理科学来改善教育时，他们沿用了以课堂为基础、按年龄分级的教育体系。在可预见的未来，学生们将在规定的时间里尽心学习，完成学业。杜威创建的实验学校，虽然持续时间不长，却对这一体系进行了细化。最终在教育中取得成功的“管理进步主义者”虽然提倡教育标准化，也认可根据学生的能力进行分类，但他们认为没有必要改变独立教室教学的这种模式。

或许在另一个世界，一个以“安德鲁·贝尔”名字命名的学校，学生们的分类形式更简单，只要表现出对某门课程近乎精通就可以毕业。但是我们过去没有生活在这样的世界中，现在也没有。在我们的世界里，虽然学生们天赋各异，兴趣不同，但是绝大多数学生都要在同一个班级以同样的速度学习。现如今，我们依然会根据学生在课堂上的表现对他们进行排名，而学生对规定教学时间的教学进度感受并不一样，有的学生认为太快，而有的则会认为太慢。我们仍然无法明确应怎样的教学速度才是最理想的。

即使是在“技术支持主动学习”的课堂中，尽管设计时考虑到了满足不同学生学习的认知需求，但也同样遭遇了这一不幸。例如，杜尔马什金说：“旧的授课形式除了在认知方面存在缺陷，学习者死记硬背之后遗忘也是一种常态。TEAL 教学法在一定程度上有助于抑制这种情况，但仍存在一点问题，即 TEAL 教学仍然是以时间为中心的大整体的一部分。”

如果像 TEAL 这样激进的方法都不能打破时间中心主义的魔咒，或许这一魔咒根本就无法打破，至少在我们继承的教育结构内是做不到的。不过，在这种教育结构之外的那些新型的教育结构中或许能行得通。事实上，我们的生活中正涌现出各种各样的新式学校，他们不仅能像传统学校一样拓宽教育的范围，还可以把传统学校完全甩在身后。这也是我们下一章中将要介绍的内容。

第七章

个性化学习

科幻小说《银河系漫游指南》的作者道格拉斯·亚当斯在该小说中给“生命、宇宙和万物的终极问题”提出了一个简单统一的解决方案——科学家们为了解决这一终极问题制造了一台超能计算机，计算机在思考了750万年之后，得出了一个简洁而令人费解的答案——数字42。制造这台计算机的宇宙科学家们对这个答案也是一头雾水，而这台计算机暴露出的是他们在推理中存在的致命缺陷。他们最后才意识到原来他们从未定义过终极问题是什么，一个没有问题的答案又怎么能算答案呢？

然而，对于现实生活中的两个年轻人勒内·拉米雷斯和乔什·特鲁希洛来说，42这个数字所代表的意义就很容易定位，因为这个数字如云一般笼罩着他们的生活，并对他们的生活产生了重要影响。他们深知若要在职场立足需要具备高等教育的资格证书，然而他们连普通的学历都没有，更不要说有效的职场培训了。

勒内·拉米雷斯大四那年，由于祖父去世，他不得不暂缓学业，承担起养家糊口的重任，生活的压力致使他的学习成绩急速下降，因此，想要获得旧金山州立大学生物学学士学位的愿望几乎很难实现。学校通知他，他可以多交 3 000 美元参加补习班，不过并不能保证他一定能获得学位。他最终放弃了这个机会。他后来在旧金山城市学院的学习也同样失败了。20 岁时，他怀疑自己可能永远也没有能力获得学位了。

乔什·特鲁希洛也在苦苦寻找生活的答案。他刚刚在佛罗里达州立大学完成了一个创业方面的本科课程，但他在大学二年级创办的第一个企业，一家医疗保健初创公司却陷入了死亡旋涡中。后来他说，失败的主要原因是他缺乏编码和网页设计方面的技术专长，而他所学的创业专业并没有涉及这方面的技能。因此，他如果想要创办一家成功的科技创业公司，就需要重新进行一轮大学学习，这不仅需要额外花费巨额费用，而且也是一件令人沮丧的事。

2015 年年底，正当勒内和乔什举棋不定、不知何去何从时，他们听说了一个令人难以置信的好机会。法国电信业亿万富翁泽维尔·尼尔在硅谷郊外创办了一所免费的编码学院。在这所学院里，即使是一张白纸般的新手也能在短短几年时间内学会一些重要编程知识，而只需要花费少量的生活费。他们仔细研究了这一消息，并没有发现其中有什么陷阱，只不过与传统的学校相比，这个学校确实存在许多不同之处，但这并没有阻挡他们去学院的求学之路。他们已经沿着传统教育的道路走了很久，也许现在所需要的正是一条不寻常的道路。

42 号编程学院

这所学校与传统学校最明显的不同就是它的名字：42 号编程学院。他们后来发现，学院之所以选择这个数字为名，是因为它代表了生命、宇宙和万物终极问题的答案。这个数字中还有一个隐含信息：数字 42 读起来和“坚忍”这个词[①]发音相似，而坚忍是所有成功进入学院学习的申请人所必须具备的品质。

与其他大多数学术项目不同，42 号编程学院入学时并不考虑入学者的考试成绩、推荐信、过度考究的论文或硕果累累的成绩证书。相反，42 号编程学院要求所有的申请者参加一个为期 28 天的强化培训班——“鱼池”编程挑战班，申请者仅需通过自己的表现脱颖而出。42 号编程学院在巴黎的总部名为 Ecole 42，已运营多年。勒内和乔什参加了 42 号编程学院设在美国的第一个“鱼池”编程挑战班的成立仪式，该校区位于加利福尼亚州硅谷边缘的费利蒙特市。

几年后的今天，硅谷的 42 号编程学院看起来仍然与周围的环境十分不和谐。这所学校坐落在一座独立的方形大楼中，被一堵被熏黑的玻璃墙遮挡住。在此之前，一所营利性连锁大学在同一栋楼外开设了一家分校。相比之下，至少就其周边环境而言，营利性大学分校的情况更好一些。学校每个方向几英里外都有草坪、停车场、

① 英语中数字 42（forty-two）的读音与坚忍（fortitude）相似。

公路、办公楼和大型商场，这是一个集经济、地理、技术和文化力量于一体的综合系统，旨在促进人们的出行、消费和收入。然而，当42号编程学院搬进这幢大楼后，它的内部逻辑与外部世界显得格格不入。即使在今天，当你进入这座大楼时，还有一种走进了外国大使馆的感觉。

这所学校独特的办学理念是：学生免费学习，拒绝接受将高等教育视为消费品的思想，不能将高等教育与买运动鞋或牛奶相提并论。学校同时拒绝了周边地区的汽车文化，学校里的大部分学生都住在42号编程学院对面的宿舍里，与学校只隔一个停车场，因此学生的大部分时间都在学校里，吃饭也在学校里。再加上学校招生流程中要求无外部世界输入，因而给人们留下一种半孤立的印象。42号编程学院的学生们就像和尚一样，专注自己的内心，朝着他们称之为家的黑色大厦大步而去。

仔细观察，学校的大楼并不是完全被熏黑的玻璃包裹着。有一个用白色混凝土建造的马蹄形建筑，横跨在教学楼这座巨石阵的入口，看着也还算顺眼。大楼内空间很大，一排排白色的空门框朝不同方向延伸，像槌球的小门一样立在正坐在台式电脑前的学生们上面。42号编程学院的全部课程就像一个电脑游戏一样，需要通过连续过关后才能学完，过关的唯一方法就是提交一个合格的编程项目作业。学生们就这样沿着几条可用的路径，一关一关地攻克，总共需要攻克21个难关。截至本书撰写完成时，学校里尽管有一些学生已经接近第21关了，但尚无人顺利通过21关，硅谷42号编程学院或世界各地其他42号编程学院分校均无人通关。不过，42号编程学院的学生往往在全部通关之前，就会收到诱人的工作邀请。这是一个了不起的结果，因为许多人刚刚参加这个项目时，连一行代码都写不出来。

如今，硅谷42号编程学院的学生几乎都在当地的知名科技公司和一些还不太知名的初创公司找到了工作。学校能取得这样的成功，应该与“鱼池”编程挑战班从一开始就要求申请者具有坚忍的品质和富有洞察力分不开。此外，成功还应该与42号编程学院的过关式学习结构有关。这个项目是教育学中的一个突出例子。换作其他学校和其他情况，这个项目也许也能产生这样显著的成果，但是最终要么难以持续，要么运行成本太高，撑不到100年就从历史中消失了。

众所周知，“掌握学习法”[①]很容易理解：只有当你完全掌握了概念A，才能进入概念B。考试成绩不是一种比较的手段，而是一种决定你是否能够晋级的方法。晋级的标准很高，在一些掌握学习法的版本中，晋级需要达到90分以上或更高。掌握学习法是1968年由教育家本杰明·布鲁姆提出的。不过在不同历史时期，人们出于各

① 掌握学习法，也叫通达学习或精熟学习，是一种基于行为主义理论的教学模式。该方法认为，如果提供适当的学习条件，绝大多数儿童都能掌握学习内容。掌握学习方法要求学生证实他们已经熟练掌握了当前的学习目标，然后才能进入后继的学习目标。

种动机也提出过类似的方法。例如，在贝尔和兰卡斯特的导生制学校里实行的掌握学习法，就允许学生按照自己的节奏学习课程。后来，1919 年伊利诺伊州库克郡的一位主管创建了以掌握学习法为基础的“文纳特卡制”教学制度[①]，以应对当时占优势的分级和升级制度。20 世纪 50 年代，斯金纳设计出了教学机器，这种机器的一个主要卖点就是把学生从教室时钟的束缚中解放出来（以极小的代价，将学生的注意力连续数几个小时集中在他们的课桌上）。

今天，掌握学习法正在经历某种程度的复苏。截至 2017 年，纽约市已有 40 多所学校建立了以掌握学习法为基础的教学体系。此外，佛蒙特州、缅因州、新罕布什尔州、伊利诺伊州和爱达荷州的学校也开始纷纷效仿，检测这种方法的成效。成功的案例比比皆是。例如，2014 年，纽约市一所不景气的学校在引入了掌握学习法两年后，该校学生的阅读合格率从 7% 跃升至 29%。但是对于每一个这样的结果，人们都可以进行反驳，那就是在负担过重的教室里所做的任何改变都可能是有益的。同时，家长们也有理由怀疑，现代掌握学习系统（许多系统都要求学生花大量时间坐在台式电脑前）是否只是斯金纳教学机器的新版本而已，其所谓的教学优势是否只是对其成本效益的一种掩护。

诚然，掌握学习法只是个性化学习的几种途径之一。例如，聘请经验丰富、能力超群的私人家庭教师，虽然成本高昂，却是个性

① 文纳特卡制是由美国进步主义教育家华虚朋推行的教育实验计划。

化学习的一种有效方法。多样化的由外而内的教学方式也提供了其他类似的途径，在教师的密切监督下，学生可以遵循自己兴趣，按照自己的节奏学习自己需要学习的知识。而这两种方法都没有得到大规模应用，因为家庭教师也好，以学生为中心的学校也好，最关键的是都需要优秀的教师。我坚信，在人类世界繁荣发展的历史中，最需要感谢的就是那些优秀的教师们。现在，一小部分越来越有影响力的教育方法正在扩大教育领域。42号编程学院只是几种由外而内教学方式中的一种，这类教育方式着力于技术开发，试图以一种认知人性化、学习个性化、教学质量一致化、可规模化的方式为学生提供广泛、深入的活性知识。就42号编程学院来说，其个性化学习主要源自一种混合教学法，即将探索学习倡导者所钟爱的那种基于项目的教学方法固定到编程课程中。学生们在学习的过程中，不是通过多项选择题来“升级”，而是通过弄清楚如何构建越来越复杂的代码库来“升级”。

42号编程学院高年级学生完成的学习任务与他们将在工作中遇到的挑战项目极其相似，因此这种方法培养了他们的就业技能。正是这一机会（学生不仅能够获得学历，还能拥有实际编码的超级能力）让乔什和勒内背井离乡，搬进了硅谷42号编程学院的宿舍中，开始了他们第一次“鱼池”编程挑战之旅。接下来的28天中，熬红的眼睛、咖啡因、自助食品和不间断的工作将与他们如影随形。“鱼池”编程挑战班的整个考试过程比任何一个标准化测试时间都要长，学校的要求明确，再加上“鱼池”编程挑战班所耗费的时间和精力，使得这场考试就像一场赌注巨大的赌博游戏。而在“鱼池”编程挑战班接近尾声时，乔什和勒内双双被拒，不能“升级”，这种打击的沉重性对他们来说是难以想象的。

星际探索学校

在距离学校南部350英里外的洛杉矶，八年级的克莱尔·王坐在教室后面的一个角落里，教师正在给全班同学上课，而她却在看自己的书。教师要讲的大部分内容她已经知道了，虽然不是每个字都明了，但她已掌握了要点内容。刚开学的两周里，克莱尔已经把每一本教科书都通读了两遍。只要她愿意，就一定能在期末考试中取得优异的成绩。正因为如此，她的教师允许她在课堂上看自己想看的书，如罗恩·彻诺所著的《汉密尔顿传》，或者迈克尔·夏邦的小说。同年，她参加了两次学术能力测试。虽然每次考试中都有一道题答错了，但如果综合她的做题量和口头表达能力来看，她的分数已经接近完美。就在这个时候，她想认真地探索自己大脑的极限，她已经厌倦了传统的学术知识，尽管教师们也尽了最大的努力劝说，但是她内心十分清楚自己想要的挑战的是什么。

两年前，她参加了一个叫作《天才儿童》（*Child Genius*）的电视节目，这是一档真人秀以及智力竞赛节目，12名年轻的学生共同挑战一些难题，胜利者可以获得奖学金。这些学生们还要完成记忆力大挑战，顺利通过三轮淘汰赛才算胜出。克莱尔发现自己能够在很短的时间里记住任意一副牌的顺序。而这对许多未受过训练的成年人来说，即使时间充裕，也未必能做到。出于对自身能力的好奇，她经常上网观看那些有关记忆运动员探讨战术的论坛。

她发现，记忆运动员们在记忆能力方面并没有什么先天优势。他们的记忆力之所以与众不同，主要取决于他们使用工作记忆的方法。他们很少将工作记忆作为临时信息转储，而是将其作为一个装载站（通常是一个想象出来的地方），这样他们可以有效地将新信息与更深层的信息匹配起来。记忆运动员记忆扑克牌顺序时，使用的是“轨迹记忆法”，即在脑海中把一张给定的牌（比如把红桃J想象成一个能够代表这张牌的视觉记忆符号，比如电影《泰坦尼克号》中杰克手里握着的红心）放在一个他们熟知的地方（比如他们童年卧室的门口）。记忆的关键在于要按顺序记忆和回忆这些数据点，沿着一条不变的路线穿过一个人的房子或邻居的家，把这些助记符号串联起来，然后在心里重新走一遍这条记忆路线。有一个记忆运动员通过使用这种方法，记住了圆周率 π 的前651 000位数字。

懂得了这样的记忆方法，克莱尔很快就在记忆竞赛中名列前茅。八年级的那个夏天，她到麻省理工学参加了美国记忆冠军赛。

这场冠军赛每天都有一次选拔赛，从13名参赛的记忆运动员中选出几名胜出者。他们要在极短的时间内按顺序记住300个单词（这一轮有3名运动员被淘汰），然后是记忆4个陌生人的个人信息，这些个人信息都是以长达 40 位的二进制数字形式表示的（另外 3 人被淘汰），然后进入提问环节，提问的内容主要是关于元素周期表和摇滚名人堂的大量信息，这些信息他们在几个月前都研究过（这一轮 4 人被淘汰）。

到决赛时，只剩 3 名记忆运动员，他们需要在 5 分钟内记住两副牌（洗过后）的顺序。这 3 名记忆运动员其中的一位就是只有 13 岁、来自洛杉矶的克莱尔。

她顺利通过了三轮淘汰赛。比赛结束后，当地记者纷纷过来采访获胜者。有几个人采访了冠军，但大多数人都围在克莱尔身边，克莱尔年纪如此之小，却有如此惊人的记忆力，这让记者们难以抗拒。

第二天早上，她和家人们在酒店吃早餐，谈论起整个比赛过程时，克莱尔只是一笑而过。她开始涉足一些其他形式的课外学习，如在线课程和记忆竞赛，因为学校的课程对她而言已经没有什么价值了。“在学校里每个人都必须学习完全相同的东西，”她说，“就算你已经学会了代数，你也必须再学两年。”

但一想到下一学年将要发生的事，她的情绪就又高涨起来。

“我要去星际探索学校了。”她说。

这是一所由科技亿万富翁埃隆·马斯克创建的秘密学校，位于加州霍桑市的太空探索技术公司总部。

去星际探索学校需要一直向南行驶，看到一个像谷仓一样的建筑后右转，然后驱车行驶大约一英里，会看到左手边有一排白色的油罐。仔细观察，这个谷仓状的建筑物实际上是太空探索技术公司发射的“猎鹰 9 号”火箭的第一级，一个高达 156 英尺的助推器。2015 年它首次垂直着陆，降落时如落叶一样轻盈，从而受人瞩目。而那些看起来像油罐的东西实际上是一个完整的汽缸，用来测试超级高铁的标度模型。超级高铁是一种高速列车，在真空管中穿行时能够避免空气阻力。电动汽车公司特斯拉和脑机接口公司神经链接以及其他一些高科技企业都是马斯克旗下的公司。

星际探索学校坐落在一个一英里长的太空探索技术公司大楼的中间，通过两重友好的安保检查和高耸的树篱就到了。至于这些树篱的形状，我保证你不愿在社交媒体上发布它们的照片。

所有的来访者还要经过一个关卡才能进入学校。在第二重检查时保安会递给你一张纸，上面贴着一个标签，写着“波利斯”三个字，纸上不规则地排列着 120 个彩色正方形。每个彩色方格代表一个或多个政治党派主导的区域。“请从道德层面出发，”上面的指示写道，“从方格中划出五个选区。”

有人可能会想，这所学校与太空探索技术公司相邻，学校中一定有令人叹为观止的高科技。其实不然。星际探索学校的生活与其他学校的最大不同之处在于，学校的 45 名学生需要不断地参加复杂的游戏，即星际探索学校联合创始人乔什·达恩所称的“模拟游戏”。学校的整个流程是达恩一手策划的——他将这些过程描述为“疯狂地制作内容”。这些活动的持续时间从一小时以下（“波利斯”这个任务所花的时间最短）到一个月不等。一般情况下，学生可以以小组或个人的形式同时参与多个项目。

在10月风和日丽的一天，克莱尔和星际探索学校的其他学生开始了为期8周的模拟游戏，代号“摩西”——以纽约市的建筑大师罗伯特·摩西的名字命名。罗伯特·摩西在20世纪所做的城市规划，以牺牲有色人种居民为代价，为富有的纽约人带来福利。中央会议室的前面是投影幕布，上面是一张游戏地图，由一排空六边形组成。星际探索学校的16名学生中，年龄最大的也不超过14岁。他们坐在会议室里，全神贯注地听达恩解释复杂的游戏规则，规则中甚至涉及错综复杂的土地竞价过程。克莱尔眼睛盯着地图，俯身和她的一个队友低语。最后，当达恩发出游戏开始的信号时，学生们便分散到各个卫星会议室里制订策略。就在这时，走过来一个学生，问达恩是否能去其他队的会议室观摩。

达恩想了一会，说：“这不符合比赛精神。”

“可我们还是可以去看看吧。”学生大胆地说。达恩扬起眉毛，学生转身回到自己的小组。这是个好问题，因为在星际探索学校，游戏和现实生活之间的界限并不总是清晰的。例如，除了他们的学习日程、个人项目和模拟游戏以外，每个学生还有一个虚拟的货币宝库（星际币）。学生们可以以个人或小组的形式开展业务，赚取更多星际币。一年中学生们会组织三次集市，在此期间大量星际币得以流通。学生们全权负责整个企业，职责包括编码市场的数字交换信息以及处理达恩的税收系统。

看着学生们开始忙起来，达恩又花了点时间继续解释。他指着即将举行的活动海报说：“就在我们上面的会议室里，他们设计了星际探索学校的彩票，这个彩票的设立本身就存有争议。比如，他们有权利设立这个彩票机制吗？”尽管达恩和其他教师鼓励学生认真思考无法评判的道德问题，但最终做与不做还是由学生来决定。除了颇具争议的彩票赌博计划以外，学生们还要互相支付费用重新设计公司的标识、重新编码网站和制造商品。星际币还存在一个遗留问题，那就是星际币的遗赠问题。“到目前为止，还没有出台专门针对学生毕业后星际币处理问题的政策，”达恩说，“每个公司遗留下来的资金数额各不相同。”

有一次，达恩来到麻省理工学院做了一个关于游戏设计的讲座，期间提到了一个他所设计的模拟项目。在这个项目中，学生能否创造经济利润将占成功几率的 40%。这时一位研究员站起来，直截了当地责问他为什么要鼓励学生赚钱。达恩听了无比震惊。“你真的认为，在现实世界中这种利益动机的占比还不到 40% 吗？将资本主义力量运用到模拟游戏中，而非仅仅给学生创造简单的条件，这样感觉更真实。”他说。

这种活性知识直接影响学生在现实世界的应用结果，这也是星际探索学校教育的最终目标。100 多年前，杜威在他的实验学校里创建了一个由学生组成的微观社会，鼓励学生扮演成人世界中的各种角色，其目的并不是为了某个假设的未来自我而学习，而是为了在未来的社会中取得成功而学习。这种方法有一些内在的好处，比成绩排名和小红花之类的外部激励因素更能激发年轻人的好奇心，特别是对那些不能或不愿意延迟享乐的人更具激励作用。最重要的是，在这样的环境中学习到的知识已经能够在现实世界中应用了。

星际探索学校也采用了一些类似实验学校的做法，只是做了两处重要修改：模拟项目中假设世界中存在一种先进资本主义的状态；模拟项目中，学生是这个世界的假定领导人。如果说在 42 号编程学院里，你需要像电子游戏中的主角一样完成项目，那么在星际探索学校，你就需要在游戏地图上方盘旋，扮演政治家、城市规划者和商业领袖的角色。“在成人世界里，做出过伟大贡献的人有可能实际上是一个品质恶劣的人。”达恩说，“学校的使命不仅要防止这种情况发生，还要积极朝着另一个方向努力——为未来培养领导者，而且是富有正义感、体贴周到、能够顾及他人的领导者。”

这两个目标形成如此鲜明的对照，听起来像是相互对立的，但实际上这样说并不完全正确。这两个目标代表了由外而内这一推力的两个方面，它们都是为了阻止标准化教育对人类潜能所造成的浪费。就像我们可以通过减小分母或增大分子的方式增加分数的值一样，教育者可以通过夺回被“教育扬谷机”淘汰的学生来增加学生学习的机会，同时也可以通过消除对最有天赋的学生不必要的束缚来增加学生学习的机会。

但这也并不是说星际探索学校的所有学生都能在传统“教育扬谷机”中幸存下来。“我们学校最优秀的学生之一，获得了全额奖学金，进入了本市最好的女子高中，”达恩说，“但是多年来，她一直没有受到重视。直到她差点获得国家天才儿童奖学金时，她的教师和父母才意识到她那些隐藏已久的潜能。”看到她的表现如此出色，她的母亲大声对达恩说：“我都不知道天赋是什么意思！我女儿有天赋吗？”他苦笑了一下说：“从传统意义上说，您的女儿有着非凡的天赋，除此之外，她还是一个了不起且卓越的人。”

一个能力超群的人得不到社会的投资，是这个社会犯下的最令人咬牙切齿的错误之一。达恩说：“像克莱尔这样的学生是一种‘自然资源’，我们现在比以往任何时候都更需要这些人来解决人类所面临的诸多问题。因此，面对这些渴求知识的年轻学者，我们所面临的问题是，在他们构建个人图式之树时如何避免阻碍他们的发展。他们已经证明自己有能力吸收大量以任何形式呈现的挑战性知识。在这些罕见但强大的例子中，学习的敌人不再是标准而具体的问题，如健忘、困惑和心不在焉，而更像是在认知大厦中出现的问题——无聊、倦怠……如果长期对这个问题视而不见，学生在学校的学习体验将是一种痛苦的经历。”

如今，克莱尔似乎已经摆脱了这些问题。她坐在星际探索学校篮球场附近的工作桌旁，看上去热情洋溢。“现在，我能如愿以偿地开始学习高难度的课程。我正在学习微积分。”她说。微积分 BC 尤其有难度，就克莱尔这个年龄段的学生来说，每年只有不到 500 名美国人能够通过。星际探索学校的大部分课程，学生主要是以项目为基础选择总体探索方向，然后教师和学生共同制订适当且具有挑战性的学习目标。因此，无论何时，当你走进星际探索学校，总能看到 14 岁的孩子与 7 岁的孩子共同合作，从不同深度探讨相同主题的场景。但微积分课有些不同，学校年龄最大的学生中只有 3 人选修了这门课，而且只有微积分课配有教科书。克莱尔说，她本可以像以前一样在几周内学完课本里的知识，但她不想再这样做了，因为她的新课主要侧重于数学的复杂概念和知识的应用，远远超出了课本知识。她笑着说：“我最喜欢的课程之一就是微积分。我以前认为数学很枯燥，但现在我们有很了不起的教师，只给我们 3 个人上课。”

这是很长一段时间以来，学校的教学第一次做到了与她的学习速度相匹配，速度快到足以满足她的好奇心，但又不会超出她的极限。正是由于这种个性化的教学，才使得以学生为中心、由外而内的教育方式发挥作用，且效果显著。

然而星际探索学校是独一无二的，它拥有得天独厚的资源，拥有智力超群的学生，最重要的是，拥有尝试新方法的自由。“这是一种不寻常的现象，因为基本上在其他任何国家，我都不可能创建自己的学校，”达恩说，“若是在其他国家我永远不可能有这样的机会，也不可能和埃隆一起合作，也不可能得到太空探索技术公司的资源，永远也不可能聘请到我们现在这些才华卓著的人才。对于那些想要尝试新模式但是又心存疑虑的家长们，我会努力为他们带来好消息。”

但是，从大规模释放学习潜力这一任务而言，一所独立学校特别成功的因素反而可能成为其他学校的负担。星际探索学校的教学完全依赖于一小部分出类拔萃的教师，靠着这些教师敏锐的洞察力引导学生学习。若要在教育中大规模地复制这种教学法，教育必败无疑。这种方法所需要的巨额教育成本，除非有亿万富翁的支持，否则大多数社区根本无法承受。如果成本大打折扣，那么学生就感受不到在星际探索学校课堂中的学习体验。那些采用由外而内教学法的学校通常都否定了传统的课堂结构，这是相当危险的，因为失败的到来一定是悄无声息的。虽然我们对标准化考试不乏诟病，但也正是因为有了这种考试，我们才能及时发现学校中存在的大问题。

达恩和世界各地少数幸运的教育工作者所享受的自由度，都不可能大规模地在教育中实现。42 号编程学院和星际探索学校都有其独特的传统、规则和内部经济，让人感觉像是外来文明的前哨，因为这些学校的设计不符合霍瑞思·曼和桑代克等人物认可的规范。所以，就像拼积木的人把一块积木安放到一堵乐高积木墙上一样，积木从墙上突出出来，显得有些突兀，似乎预示着还有其他更好的安放方法。

与主流教育体系持续不相容仍然是阻碍新方法传播的最大障碍之一。然而，根据某些进步教育家的说法，新机制取代传统机制的时机从来没有这么成熟过。这场革命的最佳发展途径取决于你与谁交谈。有的人希望对旧机制进行过滤和改造，另一些人想避开旧机制，还有一些人则想把旧机制完全抹干净。不管怎样，有一条主线始终贯穿着所有教育改革，那就是教育技术。到目前为止，原本主要是由内而外、对斯金纳教学机器进行程序化攻击的教育技术，已经发展为全面、由外而内的教学法。

奥特创新学校与蒙氏学校

奥特创新学校是硅谷公司在 2013—2019 年间创办的一家提倡创新学习的公司，这所学校单纯直接地将由外而内的教学理念应用于教学之中，几乎到了夸张的程度。学校教室里的天花板上安装着摄像机和麦克风，默默地记录着孩子们在学校学习的每一分、每一秒。然后教师们将这些原始视频和音频通过机器算法来寻找规律，以期找到可以优化学习的课堂实践模式。

尽管我对这种教学中的一些方法感到不安，如记录学生的一举一动，但总体来说奥特创新学校项目具有一定的教育革命性。20 世纪初，建立标准化、轨道式学校的教育模式取得了成功，很大程度上是因为这种教育模式最具可衡量性。如果把桑代克和杜威的教学观进行比较的话，其性质不应该是苹果和橘子之间比较，而是橘子的数量和橘子的颜色之间的比较。由于我们的社会越来越注重效率，因此只有可量化的方法才有意义。

如今的世界更加重视教育的量化，奥特创新学校并没有打算改变这一点。相反，这所学校提出了一个简单的问题：说不定我们能找到一种能够量化不可量化事物的方法呢？

2018 年 10 月，奥特创新学校的创始人马克斯·文迪拉来到位于旧金山索马区的公司总部，走进一间会议室。他身材瘦长，留着胡须，穿着一件朴素的 T 恤，散发着扎克伯格式技术员的气息。事实上，马克·扎克伯格是奥特创新学校的首批投资者之一。奥特创新学校最初采用的是中央管理体系，但很快体系的枢轴（这是学校内部的一个术语）就转向了另一种结构。到了 2018 年，他们所创建的实验室学校只剩下寥寥几所。这几所实验室学校为开发更广泛的奥特创新学校技术平台提供了信息。任何一所学校，都可以购买该平台，借鉴其结构和管理方法，自由发展个性化、以学生为中心的教育体系。

文迪拉在硅谷的谷歌公司挣得了自己人生中的第一桶金。他离开硅谷后创立了自己的初创公司。这家公司后被谷歌收购，他又重新加入该公司，并升任谷歌产品个性化负责人。如今，他和为数不多的几个谷歌前员工坚信，他们的目标是为了解决硅谷尚未解决的各种难题。从某种意义上说，互联网一直与 42 号编程学院有相似之处，只不过互联网不是编程学院，而是《银河漫游指南》中的一个没有问题的答案。当硅谷的公司以互联网链接技术为武器，开始寻找需要解决的问题时，首先争相被解决的是那些简单的问题。比如我们是否一定需要邮寄狗粮？那些快被我们遗忘的熟人，是否一定需要联系？这种无关紧要的问题最容易解决，也因此首先得到了解决。文迪拉的谷歌前同事西斯·斯腾伯格说过，大多数的硅谷产品都是基于“生产那些容易生产的东西，至于人们需要不需要另当别论”的理念生产出来的。

文迪拉认为在教育技术领域中，几十年来经历的也是同样的过程。“从历史来看，我认为我们在教育领域使用技术的方式是非常危险的，”他说，“为了能用技术解决问题，人们采用的方法竟然是将问题简化。”

秉持由外而内教育理念的教育者认为，成功的学习所涉及的方面复杂而繁多，不可能简单自动地进行。文迪拉走到一块白板前，在上面画了一个看起来像蜗牛壳的东西。“如果我们追溯到杜威时期，”他说，“他提倡的教育就是这种体验式的学习循环。”

杜威在1910年出版的《我们如何思维》(*How We Think*)一书中，将“完整的思维行为”分解为五个步骤：确定一个开放性问题(他称之为“感知困难”)；了解导致这个问题的可能原因；提出可能的解决方案；测试这个解决方案的可行性；得出结论或者进一步探究。根据这一理论和其他类似的理论，有些教育家也提出了和他相似的理论。每当我们发现世界上的新事物时，都会经历这五个步骤。现在许多采用由外而内教学理念的学校，其教学也是以同样的螺旋形式展开的。即使是传统的学校也会采用著名的五步科学方法进行教学：确定问题、形成假设、检验假设、分析数据、得出结论。

文迪拉以及其他接受过体验式学习的人认为，大多数教学技术（比如 Scratch 和 Logo 编程语言）存在的问题就在于省略了这些步骤。从斯金纳用铜和木头制成的教学机器的机械算法起，教育软件行业已经将大部分精力投入到学习周期中最容易自动进行的部分，即识别问题和提出解决方案。

其最终结果就是，我们在学习中只能接触到学习周期中的一小部分，所学的知识也是表面的、肤浅的。以这种方式获得的答案又需要为其寻找真正的问题，如《银河漫游指南》中的数字 42，学生缺乏真正需要的“感知困难”，因此所获得的知识也就像氦气一样成为惰性知识。

奥特创新学校希望通过其技术平台支持整个学习周期。每天早上，教师们都会根据学生的兴趣和学习程度制定一份活动列表并打印出来，学生按照列表的内容进行学习，这也可以确保学生不会错过任何重要的内容。大多数时候，学生是拿着打印出来的内容而不是对着屏幕互动。“不过电脑屏幕后端有一个应用程序，教师就是在这个应用程序中创建活动列表的。”文迪拉说。学生按照列表中的内容逐步学习时，学生和教师的进度就被记录在了奥特创新学校的软件中。

“我的女儿今年7岁，在我们的一个实验学校读三年级，”文迪拉说，“我们的最后一次家长会就是在她的主导下进行的。这就是一次典型的家长会：30分钟，在教室里进行。只不过我女儿坐在我和妻子中间、两个教师的对面。她手里有一张表格，上面列出了9项她将要学习的内容，是她和教师们一起填写完成的。她要完成她的目标。有些目标是学术性的，有些是非学术性的。这些目标都会传到我们应用程序中并显示出来。她按照制定的目标一点点进步，这个程序还包含自己的反思、教师的评价，还有标准化的评分项目。”

标准化评分可能会让人感到吃惊，但文迪拉认为，这是学习过程中必不可少的。“我们是以全国性标准和价值观为基础进行评估的，能够体现出一个孩子在阅读、英语和数学等核心科目中的学习情况，”他说，“我认为这是很多学校理解有误的问题之一，他们鼓吹应该让孩子们发展自我意识，让孩子们享受学校生活，让孩子们相互之间以及和身边人建立联系。但如果在这样的环境下学习的孩子，最后说出2加2等于香蕉的荒谬答案，那么，这类学校就不一定适合学生未来的发展。”

当时，除了奥特创新学校的三所实验室学校外，学校还支持了1所公立学校和6所私立学校。实验室学校在八年级就停止了，但也有一些使用奥特创新学校应用程序的学校一直持续到十二年级。毕业生们的前景都很好。“多年来，我们的教学帮助每一位毕业生考入了他们第一志愿或第二志愿的学校。”文迪拉说。撇开学生因选择产生的影响不谈，学校取得成功的部分原因是奥特创新学校应用程序编制的成绩单非常科学，成绩单中不仅仅是学生所取得的数字分数和字母等级，还有学生在教育历程中的实际产出，也就是诸多项目的组合。“这些不同的项目代表了学生的学习情况以及所做的事情。也能够让学校据此做出更加准确的预测——学生是否能够在学校认真学习。”

2019 年 6 月，奥特创新学校再次转型，更名为硕学教育。硕学教育完成研究和开发阶段后，交出了实验室学校的控制权，开始专注于软件开发。这一转变引起了硅谷以及其他领域的不满。据《旧金山纪事报》（*San Francisco Chronicle*）报道：“扎克伯格资助的一家初创公司，旨在重新思考教育的路径，因这次转变宣布退出。”奥特创新学校的转向为那些批评家提供了依据，他们怀疑其所谓的整体方法是否也隐藏了旧时的还原思维，与前几代以科技为名实施个性化教育的人没有区别。或许，如一位前奥特创新学校教师在其个人博客上发贴说，奥特创新学校基于“播放列表”的系统忽略了师生关系。“我和学生之间永远隔着一台电脑，”他写道，“因此教师与学生之间的关系显得十分疏远。”批评家们还认为，就如何规范和扩大一流的、以学生为中心的教育这一真正的难题，奥特创新学校并没有进行解决，而只是勉强地解决了教育中容易解决的部分。

硕学教育的浪潮显然过早地退却了。但它所遭受的打击说明将由外而内的教学方法硬塞进建立在传统模式上的教育机构之中，将要面临种种挑战。最重要的是，硕学教育仍然是一家营利性企业，目前尚不清楚它是否会说服更多富有的学校付费购买其平台。因此，即使它有办法消除那些批评家的担忧，而是否能够获得足够的支持者且继续发挥重要影响力，我们仍将拭目以待。

有时越过障碍物最快的方法不是直接通过，而是绕行。离开这条街道，走进蒙氏学校，我们可以看到这个学校组织者的抱负几乎和硕学教育一样大，不同的是，他们无意将其方法强加在现有的教育机构之上。

当你走进蒙氏学校的教室，看到 20 多个 4—6 岁的孩子正在安静地学习，你会不由自主地保持安静。他们并不是完全沉默不语，是在低声地进行学习活动、相互交谈，这里没有尖叫或大喊的声音，也没有奔跑打闹的现象。但是你会发现学生们有的坐在桌子前，有的坐在地板上，都在全神贯注地看书学习。学生们如此认真专注，以至于走进教室就好像走进了某个礼拜场所。进教室观摩的时候，一定要小心不要干扰学生们的学习。

教室里有大约一半的学生在自学，另一半的学生 2—3 人组成一组共同学习；只见一个孩子手里握着一根紫色蜡笔正在画画，专心沉着地至少画了 15 分钟。另一个孩子正在把不同长度的彩色木棍摆成一个三角形；还有一个小男孩，年龄应该还不到 4 岁，把剪下的塑料字母摆放在一块小地垫上，旁边还有一排图片。教室里有两位全职教师和一位家长可以轻声四处走动。一位教师轻声走过去，跪在这个孩子旁边，低声教他如何玩。之后，他把垫子和字母都收起来，拿起一支铅笔又开始新的活动。这时，你不禁有一种奇怪的感觉：这么小的孩子就能把铅笔握得那么完美，实属罕见。

在这所蒙氏学校里，学生每天会花 2—3 个小时玩这样的游戏。当然，学生们也有可能是在努力学习，或者两者兼有。对于一个正处于在复杂、不断变化的大脑晶格中构建抽象世界模型的孩子而言，游戏和学习之间其实并没有清晰的界限。

蒙氏教育百余年的传统，强调的就是要将学习和游戏结合起来。蒙台梭利一生的心血反映了让 · 皮亚杰的教育理念，他在蒙氏学校经过观察调研，于 1923 年出版了其著作《儿童的语言与思维》（*The Language and Thought of the Child*），并在后来担任瑞士蒙氏教育协会的主席。他们两人都将学习者视为积极的主体，能够主动收集信息，而不是将学生视为一张白板，等待着知识的填充。他们总结出了一系列儿童学习过程的发展阶段，并认为这些是儿童积累知识时的自然发展阶段。回顾过去，皮亚杰和蒙台梭利之间最重要的区别不在于理念的内容，而在于传播理念的媒介：皮亚杰将自己的研究成果倾注于学术文献，而蒙台梭利则将她几十年来积累的观察结果，在以她的名字命名的学校中付诸实践。

蒙台梭利生活在意大利罗马，学习了多年的自然科学之后，于 1896 年获得了医学博士学位（一位女性取得如此高的学术成就在当时当地是极其罕见的）。与此同时，美国经历了杜威实验学校的诞生和衰落以及桑代克的崛起，而蒙台梭利则将研究重点放在了那些患有智力障碍的儿童身上。在罗马，患有智力障碍的孩子通常被送进收容所，有的甚至被单独监禁起来，受到看管人不人道的待遇，有时甚至会在吃饭时“不小心”把食物扔进孩子们的房间里。教育研究员安吉丽娜·李拉德在其著作《蒙台梭利：天才背后的科学》（*Montessori: The Science Behind the Genius*）中写道：“蒙台梭利认为孩子们抓起地板上的食物碎屑不是因为对食物的渴望，而是对刺激的渴望。”为了满足孩子们获得这种渴望，蒙台梭利引入了一套物理治疗法，通过一种木制玩具满足孩子们对刺激的渴望。1901 年，她治疗的孩子通过了一项针对智力健全学生的全国教育考试，这一成绩为蒙台梭利赢得了广泛声誉。

对于自己取得的成绩，她感到的并不是骄傲，而是惊愕。这次考试的结果意味着大多数学生能够发挥出更大的潜力，也许她对存在智力障碍的孩子所使用的方法也能让世界各地的孩子受益。在接下来的 50 年里，虽然她的学校已经遍布世界各地，但是她仍然孜孜不倦地继续开发、实地测试以及修改教学材料和方法。和所有人一样，皮亚杰深知学习需要从杂乱的数据中抽取出一般规律。他后来写道：“蒙台梭利把她从患有智力障碍的孩子那里总结出的方法应用到智力正常的孩子身上。”结果“这种方法受到普遍欢迎，在全世界内产生了不可估量的影响。”

在学生学习的早期阶段，这种方法广泛应用于玩具。虽为玩具但不仅仅是玩具，在蒙氏学校里，每间教室四面墙的货架上摆满了各种玩具。这些玩具式教具有助于实现大量发现式学习的目的，例如帮助学生学习物体的数量、尺寸和质量守恒定律。虽然学生在校的大部分活动看似比较凌乱，但学习环境却是经过精心设计的。玩具教具是按照从左到右、从下到上、由简至难的顺序摆放的。学生可以根据自己的个人兴趣挑选学习玩具。不过，玩这些玩具有一条最重要的规则，那就是只有在教师或大一点的学生教会你如何使用教室里的玩具后，你才能取来玩。

由于历史上私立学校和公立学校的学生在社会经济背景方面存在较大差异，因此很难从随机的对照试验中评估出蒙台梭利的学生的学习结果。然而，近年来，越来越多的证据表明蒙台梭利的教育理念具有突出优势。1997 年，威斯康星州密尔沃基市做了一项研究，将一组 5 岁的孩子随机分配到各所蒙氏学校和传统公立学校中。蒙氏学校的学生在一系列标准化的学业测试和行为测试中的表现都优于传统公立学校的学生。2017 年，康涅狄格州也进行了类似的试验，结果更进一步证明了蒙氏教育的优越性。更重要的是，在 2017 年的研究中，蒙氏学校中低收入和高收入家庭学龄前儿童之间的成绩差距缩小了，而对照组试验中两者的差距没有缩小。

其实，蒙氏幼儿园的突出成果主要体现在读和写方面。了解蒙台梭利的人可能都会误认为，蒙氏教育侧重于培养学生选择和发现方面的能力，这有可能会导致其陷入全语言运动式的认知灾难。但事实上，尽管蒙氏识字训练确实依赖于某种形式的发现学习，但总体方法实际上是强调单词发音，并在字母和词块的外观和声音之间建立重要的感知联系。这一过程在学生们还没有学习字母之前就开始了。通过使用蒙氏教具，比如一种木制气缸，学生们利用上面的一个小把手操纵气缸，就能训练他们用手去完成复杂的、对体力要求较高的任务，如正确地握铅笔。而用于培养学生写字能力的教学玩具，能够帮助学生用铅笔画出清晰的线条，待到学生们练习到一定程度后，他们就开始画（或者是写）各种形状，这些形状就是成年人眼里的字母。当教师跪在孩子们旁边，教孩子们一边涂鸦每个字母的形状一边读出字母音（不是字母名称音，而是字母在单词中的发音），学生们再按照他们所写和背诵的字母组合排成一行时，孩子们眼中闪烁着恍然大悟的光芒，惊叹于字母竟然自然而然地就变成了单词。总之，蒙氏教育的学生将单词的拼读分解成几个易于掌握的步骤，在不知不觉中就掌握了拼与读，这对许多人来说都是很难一次性完成的。事实上，这种学习过程与我们所了解的阅读在大脑中的运作方式相契合，因此足以证明整体、自上而下的研究的可行性。早在几十年前，蒙台梭利通过观察所所做的预测，功能磁共振扫描仪研究花费了多年才得以证实。

然而，并不是所有的蒙氏教育项目都取得了同等的成效。成效最高的蒙氏学校基本都是“高保真”或“正宗的蒙氏”项目——这就是主要的症结所在。“蒙台梭利”这个名字并不是一个商标，对玛利娅·蒙台梭利久经磨炼总结出的教学方法，各个学校采用的程度也是大相径庭。因此，即使是那些明显充斥着“另类”学校的地区，也很难接触到真正的玛丽亚·蒙台梭利的教学方法。

正是由于马萨诸塞州的剑桥市也缺乏这种教学方法，我的朋友塞普·卡姆瓦尔在麻省理工学院和剑桥公共图书馆之间的地方创办了第一所蒙氏学校。卡姆瓦尔是一位注重个性化的前谷歌员工，他也在麻省理工学院工作，离米奇·雷斯尼克不远，那时他正在为他两岁的孩子寻找一个幼儿园。他深入研究了幼儿早期教育的相关文献，最终将目标锁定在了蒙氏学校。但是，当地公立蒙氏学校的入学名额极为有限，因此卡姆瓦尔决定自己创建一所蒙氏学校。

对他的决定产生影响的不仅是蒙台梭利的著作以及关于她的介绍，还有建筑师克里斯托弗·亚历山大。1977 年他与人合著了一本书——《建筑的模式语言》(*A Pattern Language*)，书中指出，如果城市有机会根据城市中人们的需要有机发展，城市就能得到更好的发展，这与罗伯特·摩西的城市规划风格相左。亚历山大和其合著者在书中提出了面向街道创建诸多小型店面式学校的想法，这样既能减少管理开销，同时又能打破大型学校的建筑魔咒。作者写道，大型学校普遍携带“控制标识”。

当剑桥市有了这种可以用于建立店面式学校的空间时，卡姆瓦尔迅速行动，选定了第一个蒙氏学校的校址。这一理念不仅与标准的教学策略截然不同，也否定了霍瑞思·曼及其之后教育家们持有的“学习应在一个集中的大型机构中进行”的观点。蒙氏教育坚持分散式办学理念，这也是与奥特创新学校的主要区别之一。这两类学校的创始人有诸多相似之处，如背景、资金来源以及大多数教学理念。他们还在一些作为生活实验室的学校试验了空中传感器和机器学习算法，卡姆瓦尔甚至还是奥特创新学校的顾问。不过曾经的奥特创新学校，也就是现在的硕学教育，所做的努力是融入现有的学校，而蒙氏教育则努力在现有学校的缝隙中脱颖而出，就像从人行道裂缝中长出的蒲公英一样。

事实上，蒙氏学校的传播采用的是与城市规划者最佳规划方案相悖的方法：有丝分裂。每一所蒙氏学校都像一朵野花一样有可供繁殖的种子，由两位受过蒙氏教育培训的教师负责播种。每当学生的人数超过教室所能容纳的人数时，学校就像细胞一样开始分裂。一个教师留下，而另一个教师就去附近再成立一所学校。从蒙氏教育的全国分布图中，我们可以看到学校就是按照这种生长模式发展的。曾经只有一所蒙氏学校的地方，现在都涌现出了一批学校。蒙氏学校不仅出现在波士顿、纽约、华盛顿特区和旧金山湾区等富裕的沿海地区，还出现在明尼苏达州、印第安纳州和波多黎各的圣胡安地区。

一所学校的教育体系所能达到的总体效果，至少在理论上，应该是呈指数增长，同时兼顾成本效益、质量和公平公正。

艾莉森·斯科尔斯曾为马萨诸塞州的蒙氏学校发展做出了巨大

贡献。她说，蒙氏学校一直秉持着“积极反对种族主义”的态度。“我们的学校里有很多学生都来自低收入家庭或经历过创伤的家庭，他们与富有家庭的孩子相比，在学习上并不存在所谓的成绩差距，这一点在传统的幼儿园或其他早期教育中并未得到体现。”蒙氏教育之所以能够取得这样的成绩，一方面是因为个性化的方法本身就是世界性的；另一方面是因为蒙氏教育积极以多种方式推动文化包容性。“今年秋天我们计划在罗克斯伯里建一所以非洲为中心的学校，”斯科尔斯说。他正坐在剑桥蒲公英蒙氏幼儿园拐角处的咖啡馆里。“这所学校的墙上艺术可能会不同于蒲公英蒙氏学校，也不同于紫罗兰蒙氏学校，紫罗兰蒙氏学校是我们的西班牙与英语双语的学校。”

对于希望大规模实现这种文化包容性的学校来说，成本问题是重中之重。截至 2019 年，剑桥的公立学校中每名学生每年的办学成本为 2.9 万美元（全州平均为 1.6 万美元），当地幼儿园每名学生每年的办学成本介于 1.2 万～ 1.8 万美元之间。相比之下，马萨诸塞州的蒙氏学校每名学生的成本在 1.2 万～ 1.5 万美元之间，给教师支付的薪资也很具竞争力。有一些家长自费支付全部费用，也有许多人享受了需求回避政策和财政资助政策。但即使是全额付费也比当地许多传统的幼儿园和小学费用低得多。蒙氏学校成本相对较低的主要原因是，学校的师生比一直高于传统学校，因为学生可以根据自己的兴趣自由选择所学知识，也无须过度的教师管理。蒙氏学校规模小、设施少，与传统学校相比更容易维护，而且也不存在测试成本。最关键的是，与传统的拥有几百人或几千人的学校不同，蒙氏学校不需要大量管理人员来管理学生。

没有行政上层建筑的监督，就会存在教学质量良莠不齐的风险。虽然所有学校都存在这种风险，但在采取由外而内教学思想的学校，如果没有上层建筑的监督，学生的学习情况尤其难以量化。蒙氏教育通过在其内部组建监督联盟的方式，要求每个学校的董事会中必须有一名相邻学校的教师，这样在一定程度上消除了教学质量不一致的情况。此外，定性评价也是用来衡量孩子学习情况的有力措施。蒙氏教育的教师们总是非常详细地记录每个孩子的进步，可以算得上是硕学教育电子记录软件的纸质版。通过这些记录，我们可以看出孩子们的学习是否达到了标准要求。

另外，学校采用的监控技术也起到了一定的监督作用。和 2019 年以前的奥特创新学校一样，蒙氏学校也在一些教室里配备了空中录像设备，这些设备与学生鞋里和教室里教学玩具中的微型蓝牙跟踪器相结合，能够向远程计算机学习软件传输数据。最终，蒙氏教育的研究团队希望创建一个客观、量化的数据集，与教师的详细记录保持一致，丰富蒙氏教育对学习的研究内容。

简而言之，这种方法带来了极其困难的问题。我们很难说这种基于机器解析的数据能够像教师记录的信息那样具有洞察力，也很难说这些“匿名”学生的数据是否存在被滥用的风险。然而，不管这种特殊的研究方法最终能否成为教育领域中的金科玉律，但从更广义来说，硕学教育和蒙氏教育仍然有其明确的发展目标：大规模实施个性化教育，努力让教师成为学生智力发展的中心。蒙氏教育研究和创新负责人泰德・奎因说过，在遵从由内而外传统的教育中，注重个性化的技术专家总会以某种方式尝试“自动化教学过程”。这绝对不是我们要下的赌注。我们要考虑人的因素。

如果我们围绕个性化教育进行大讨论，那么可以看出硕学教育和蒙氏教育实际上采取的是一种折中的做法。一方面，如果你希望看到个性化教育大规模发展，但是现有的体验式学习周期中并没有太多的个性化因素，那么，你可以按照自己的进度构建一个自动信息传递系统。但是，如果你也像杜威、蒙台梭利和皮亚杰一样，认为学习过程是由学生的探索思维驱动的，那么你就有必要用一个同等复杂的对象来满足这种思维。目前，只有人类的思维能够满足这一要求，只有人类的努力，才能把教科书改进得更好。现在，我们看到了由教师驱动的、规模庞大的教育体系的兴起，这些体系正是为实现这一目标而设计的。也许有一天，这一体系能够培养出数百万个像克莱尔・王这样的学生，在微积分中有所突破。

但是奇怪的是，有一种体验式学习方法虽然与所有的教育原则相悖，却兴旺发展起来。硕学教育和蒙氏教育所采取的折中策略，对位于硅谷办公大楼中的 42 号编程学院不起作用。这所学校采取的是以项目为基础的发现式学习模式，教育过程中并不涉及教师。

乔什和勒内一开始没能进入 42 号编程学院，对他们来说是一种毁灭性的打击。在学校的“鱼池”编程挑战班学习的一个月时间里，他们看到了一幅前景光明的画面，他们将能够对隐藏在可见世界中由 1 和 0 构成的无形王国掌控自如。硅谷 42 号编程学院的教学负责人盖坦·朱文后来解释，42 号编程学院一直秉承的办学思想就是“一切自动进行”。学校不设招生部门，每个地点运行的数百台计算机和 24 小时的服务器也没有专门的技术支持，学生们也没有统一的课本，学校里基本也没有教师，抑或说那里的每个人都是教师。42 号编程学院的学生完成编码项目时，需要互相帮助和互相评估。

看上去这种教学理念似曾相识，和我见过的第二批导生制学校的理念十分接近。尽管 42 号编程学院的教师们一开始并没有计划模仿安德鲁 · 贝尔的教学方法，但学校成立之初的各种条件都与之十分相似。例如，两者都有资助人，其资源虽巨大但并非无限，这也导致了解决方案的相似性。然而，两者之间也存在一个关键区别：42 号编程学院的学生互相教授的不是课本里的知识，而是解决问题的思路。当一个学生在编码项目中感知到困难时，按照杜威的理念，他首先会在项目的配套材料中寻找答案，或者在谷歌上搜索答案。如果这样仍解决不了问题，他就会求助同学。问题越棘手，引来围观探讨的学生就越多，如同牡蛎中的刺激物一般，引来珍珠质的层层包裹。有时，有的学生也会邀请优秀的学生就自己的方案一起进行辩论。一般情况下，只有遇到最难克服的障碍时，学生才有可能见到教师，但这样的情况几乎从未发生过。硅谷 42 号编程学院有 1 000 多名学生，却只有 20 名工作人员，其中教师仅 4 名。

尽管如此，这套教学系统却运行稳定。其成功的秘密在于，42 编程学院与外界几乎完全隔绝。从经济学的角度来看，学生和学校之间的关系是学校出售教育，学生是教育的消费者。但是出售知识与出售其他东西不同。“如果我把水卖给你，”朱文解释说，“那我就没有这瓶水了。但是如果我卖给你的是一个知识或一个问题的建议，我并不会失去这些知识。”因此，在 42 号编程学院这样几乎封闭的教育系统中，学生们在互相帮助、互相解决问题的过程中，学校内部的知识库只会不断增长。

这种类似经济的形式，效果却优于常见的评估手段。如果你想让一个级别比你高的学生来评估你的最新项目，你必须支付一定的费用，而为了获得这些费用，你必须去帮那些级别比你低的学生的项目做评估。这种机制不仅具有成本效益，而且还能迫使学生定期重温过去的科目，有助于形成长期记忆。42 号编程学院的认知优势并不仅限于此。只要遇到与自己水平相当又具有挑战性的新项目，学生们都会充满热情，这也是激发学生好奇心的秘诀。学生们在相互教学的过程中，使涉及信息编码的神经通路和信息提取的神经通路均得到了锻炼。

综上所述，42 号编程学院所采取的特殊教育方法和原则，都与认知大厦中的某些优势相对应。这些方法和原则让人感觉一旦进入其中，便很难自拔。

乔什和勒内参加的“鱼池”编程挑战班是学校的第一个挑战班，他们几乎从没失败过。在推出第三期“鱼池”编程挑战班之前，学校主动为他们提供了另一个学习机会。同样的规则，也是28天的艰苦训练，只不过又多了一层困难。这一次，由于宿舍已满，他们没有房间可住。

但他们还是抓住了这次机会。为了在学校旁边的民宿租一个房间，乔什卖掉了自己的车；勒内则选择睡在自己的车里，导致他腰酸背痛。乔什同情他，于是让他搬来和他一起住。如果说这次训练与第一次的培训有什么不同的话，那就是他们这次更加努力了，因为他们目标明确，知道自己需要什么样的知识。最后，当28天的学习结束时，他们赢得了通过第一道大门的权利。

今天，随着认知科学知识的不断丰富，已经能够证明某些由外而内教学法的正确性，这也是难得的发展。不仅如此，由外而内的教学法还首次得到扩展，规模可观。可能在42号编程学院项目中突出的发现就是，基于项目的学习是实现规模化发展的关键。

对于某些科目而言，的确如此。编码课程就适用于基于项目的学习结构，因为代码最终是需要受到检测的。而其他课程，就需要采用不同的教学方法。有的时候，简单传统由内而外的教学策略可能更有效。“有时将浅显的死读书的学习方法应用于自动学习系统中也是可行的，”文迪拉说，“我认为那种学习方法也并非完全无用。”

至于应该在自动学习过程中的什么时候运用这种死读书的方法，

仍在研究之中。人们在数据分析和机器学习中取得的最新进展，再加上科学家们对认知科学未知领域的不断探索，为教育研究带来了新景象：一条由内而外的教育之路通向大众教育，与星际探索学校、42 号编程学院、奥特创新学校和蒙氏学校开辟的一条由外而内教学法的新道路并行不悖。许多财力雄厚的机构已经通过使用先进的算法，而不是人类的思维开发出各种满足每个学生认知复杂性的教学方法。令人高兴的是，这种思想正日趋流行。

第八章

教育技术的应用

为了让更多的人在学习方面取得成效，人们开始尝试将由外而内和由内而外这两种教学法结合起来。通过前面的叙述，我们已经了解到那些坚持由外而内教学法的教育家，正在努力通过新的教学技术和教育结构广泛传播一流的学习实践，力图让更多的学生受益。

由内而外教学法则是将学习完全破解，它渐渐地已经显露出其中存在的缺点。由内而外教学方法最主要的问题在于，对于学生的学习情况难以进行评估，以致存在一定程度的风险。100 多年前，桑代克和其盟友自认为他们已经把学习这台机器拆解成为最小组成部件，能一目了然地看清其中的所有齿轮或链轮。但是结果证明，他们的这一做法将学习过度简化，因此建立在这种思想蓝图上的教育系统也是过度简化的：只体现出了学习这一现实中粗糙、模糊的一面，对学习的研究未免有些草率马虎。

尽管从那时起我们就开始积累丰富的科学知识，但是今天坚持由内而外教学法的思想家们仍然面临着与前辈们本质上相同的盲目：

我们是否已经对学习有了充分的了解，能够从头开始建立一个更有效的系统？毕竟，我们对学习的这件事仍然充满了各种亟待解答的问题以及一些未知的问题。此外，还有许多开放性问题，如个体的大脑如何在各种不同的环境下运作……这种种不确定性，除了那些坚持由内而外教学法的教育家会不顾一切地将这个理念坚持到底，其他人都不得不望而却步。

其实，由内而外的教学法也有其内在优势。首先，我们希望改进的教育结构虽然已经过时，但其本身是建立在由内而外教育理念基础之上的，所以通过修复的手段对其进行改进相对容易一些，这就像一个病人需要通过手术换上亲属的肾脏一样。其次，一旦我们把某样东西的本质剥离出来，细致入微地对其进行解释，那么，想要大规模再造这样东西就变得容易得多。一张胶卷照片和一张数码照片哪个更美观，取决于你询问的对象。但只有数码相机才能用数值的方式显示出照片中由红、蓝和绿三种颜色组成的复杂影像，生成一个图像文件，可以在互联网上随时再现，既能保证质量还无须高成本。

最终，既让人们充满好奇又颇具争议的是，当技术发展到一定阶段后，由内而外的方法就与由外而内的方法相交相汇，并超越由外而内的策略。现在智能手机自带相机的功能就比胶卷相机的功能强大得多。将这种精简的方法应用于由内而外的教学法中，很可能为我们带来目前无法预测到的教学机会。

正是出于这些原因，我们可以看出教育中还存在一些从未想到过的改革的可能性。当麻省理工学院计划开辟一条通往有效学习的教育之路时，我们将核心放在了由内而外的教学法上。我们不仅是在线教育材料的提供者，我们还将为认知科学学科及其他学科的研究员与教育实践研究员之间建立一条沟通通道。

蒙古理工学院

我们做出这一决定之后，这个决定在几年时间内惠及数以百万计的学生，我希望在未来的日子里，还会有更多的学生受益。生活在蒙古首都乌兰巴托一幢高楼里的一名高中生，就是第一批受益学习者中的一员。

“我九年级时对数学和科学非常感兴趣，”巴图诗蒙·延甘巴亚在麻省理工学院的学生中心一边吃着沙威玛[①]一边说，“但蒙古和俄罗斯等国的高中数学课，教师只是要求我们做一大堆数学练习。学生们根本不知道为什么要费力地去解这些数学方程式，也不知道在我们的现实生活中如何使用这些方程式。”

不过，巴图诗蒙所在的学校有一个优势：麻省理工学院的第一位蒙古籍学生恩赫蒙赫·祖尔甘金就在这个学校任教。2011 年年末，在乌兰巴托巴图诗蒙所在学校担任校长的祖尔甘金听说了自己

① 沙威玛，一道阿拉伯肉食，含有羊肉、鸡肉、火鸡肉、牛肉、小牛肉或混合肉。置于烤肉叉（通常垂直摆放）上烧烤，可以烤一整天。

的母校开设了慕课（MOOC）教育的消息。这个缩写词听起来有些好笑，实际上的意思是大型开放式网络课程（Massive Open Online Course）。这个名字最早出现在 2008 年，很快便家喻户晓。2011 年，斯坦福大学推出了三门在线公开课程。

同年 12 月，麻省理工学院负责慕课开发的分支机构 MITx 宣布一门开放课程正式上线：课程 6.002x，即电路与电子课程。祖尔甘金鼓励学生们利用课余时间学习这些免费课程。当巴图诗蒙听到他说学习了这些课程就能明白 iPhone 手机的工作原理时，巴图诗蒙立即振作起了精神。那时，蒙古已经开始大面积使用 3G 网络，即使生活在草原上的游牧家庭也能上网。巴图诗蒙的母亲是一名医生，父亲是一个地毯制造商，他们都购买了智能手机。由于当时智能手机在蒙古还是比较神奇的事物，没有人知道其中的奥秘，出于好奇，巴图诗蒙以及其他 19 名学生报名参加了麻省理工学院的在线课程。

再回到马萨诸塞州。就在麻省理工学院开放课程上线前不久，有一天我在匆忙中穿过校园，突然遇到了负责课程 6.002x 的教授阿南特·阿加瓦尔，他是 MITx 整体工作的带头人，同时也是麻省理工学院著名的计算机科学与人工智能实验室（简称 CSAIL）的负责人。我们两人最近都睡眠不足，我每隔几周就要往返新加坡一次，阿加瓦尔连续几个月都在夜以继日地工作。当得知 MITx 为这门在线课程的准备付出巨大努力并已见成效时，我激动不已，于是问他预计有多少学生会报名学习这门课程。

“我希望不少于 5 000 名学生，否则就有些尴尬了，”他笑着说，“但最好不要超过 1 万或 2 万人，因为我现在严重缺觉，再不休息身体就要出问题了。”

当年 5 月，课程 6.002x 正式上线时，报名注册的人数高达 15.5 万人。这些学员当中，有 2.3 万人在第一个问题集的学习中就花了很长时间，巴图诗蒙就是其中之一。他说，他的英语水平有限，很难跟上阿加瓦尔的讲课速度，但每当阿加瓦尔使用通用的数学语言时，巴图诗蒙仅看方程式就能听懂。每学完一个主题，巴图诗蒙就用蒙古语为同学们录制一段解说视频，相信如果安德鲁 · 贝尔仍然在世，一定会为此感到自豪。

期中考试时，有大约 9 000 名学生顺利过关，巴图诗蒙就是其中之一。课程结束时，有 7 000 名学生顺利通过考试，巴图诗蒙也是其中之一。

在最初注册报名的 15 万学员中，只有 340 人获得了满分。当然巴图诗蒙也是其中之一。

考试结果出来后不久，《纽约时报》杂志的一名记者打电话采访了巴图诗蒙，并发表了一篇题为“乌兰巴托的天才男孩”的文章。很快巴图诗蒙成了当地的名人，并准备填写大学申报书。

巴图诗蒙开始迎接自己的美好未来时，慕课也迎来了自己的美好未来。这种分散式、自定学习进度的在线学习新形式，能够拯救甚至召回那些被我一开始称为“教育扬谷机”的教育制度剥夺学习机会的人。阿加瓦尔后来说，MITx 还拥有一群热切的观众，其中包括那些不能上大学的人，一批曾因各种原因，如地域、职业、家庭、年龄、健康、以前的考试成绩或其他原因被“教育扬谷机”过度淘汰的学生，他们有的曾经认为大学课程过难，有的认为教育成本太高。

如果说慕课能够在很大程度上挖掘个人的潜力，那么对群体潜在能力的释放更是有着难以估算的作用。像克莱尔·王一样的孩子可以说是幸运的，他们在很小的时候就被贴上了“天才”的标签，但与他们一起悄然前行的一定还有成百上千能力卓越的学习者，由于种种原因才华被埋没，没有机会发挥出来。世界各地的国家，如果希望解决学习中长期存在的深层次问题，就需要发掘并培养这些才华横溢的学习者，这与继续优化像克莱尔这样的天才学生具有同样重要的意义。1979 年生物学家斯蒂芬·杰·古尔德写道：“我的确对爱因斯坦的大脑的重量和脑回路感兴趣，但是相比而言，我更对生活在并牺牲在棉花地和血汗工厂里与爱因斯坦具有同等天赋的人感兴趣。”

我认为他的这几句话感人至深。事实上，我发现我们所错失的“爱因斯坦们”，也许不会成为一代天才，但他们一定也能在长久的学习中学有所成，也能在社会中体现出其所学知识的价值。如果他们没有被“教育扬谷机”过早地淘汰（我最近就差点被淘汰），也能成为有识之士。

从解决诸如气候变化等世界性重大问题的角度来看，比起我是如何被淘汰的，我更关注我是如何被救赎的。救赎我的不是善良的僧侣或教育工作者，而是一家油田服务公司。这份工作改变了我的生活，也让我的生活因此越来越好。但与此同时，气候变化所带来的重大问题日益严重，迫切需要多样化的教育资源和技术培训培养出能够解决这一问题的人才。因此，我和许多教育观察者之所以对慕课如此着迷，部分原因是慕课能够为人们开辟出新的学习途径。有了这一学习途径，或许有一天，会有更多的人致力于太阳能装置的开发和应用，而不是从事石油钻井工作。然而，早期推崇慕课的人们很快就发现，若要使慕课惠及全世界的学习者，仅仅以在线课程的形式向他们扔一个所谓的救生圈，即使这些课程是一流的、免费的，也是远远不够的。更为复杂的是，在被人们称为教育科技的这个大领域中又涌入了大量的新内容，慕课只是其中的一部分。仅仅几年时间里，教育科技领域便彰显出不稳定性，涌现出成千上万个风险投资公司，从小型初创公司到令人敬畏的巨头公司，纷纷涉足这一领域。这种发展趋势其实也无可厚非，毕竟伟大的事物总是要经过千锤百炼才能脱颖而出。或许有一天，有一些公司可能会因为他们对学习大脑模型信心程度的担忧，开发出比慕课更深入的教学系统。历史从未善待过教育界的狂妄之人，尽管一开始公众对教育科技也是笑脸相迎，然而一旦有所失误人们必然会很快将其抛弃。

我仍然坚信我们可以从技术的角度创建一个高度个性化的、全新的教育系统，只是现在时机还不成熟。此外，我们所面对的外部压力也越来越大。

全新大脑

麻省理工学院倾力推动免费个性化的学习方法至少可以追溯到20世纪90年代末。首先是在1997年，埃里克·格里姆森教授和托马斯·洛萨诺–佩雷斯教授为学生们创建了一个计算机科学入门课的在线课程。据我所知，这门在线课程首次在视频讲座中加入了练习，这种结构现在已经成为MITx课程的主流形式。接下来是开放式课程（简称OCW），这是一种美好的教育理念，产生于互联网历史上的一个动荡时期，当时，也就是在第一次互联网泡沫破灭之前，许多重点大学纷纷利用网络销售其品牌教育，从而获取利益。计算机科学先驱、开放式课程的创始人之一哈尔·阿伯尔森回忆说，这个领域本应是“一座绝对金矿”，而麻省理工学院却姗姗来迟。为了弄清楚其他大学的这种半私立模式是否值得效仿，麻省理工学院聘请了两家管理咨询公司。在此需要提及的是，这种半私立模式是吉坦贾利·斯瓦米博士提出来的，当时他也是其中一家公司的顾问，算是误打误撞，碰巧去对了地方。两家公司对此都没有表现出乐观的态度，但其中一家提出了一个有趣的建议：与其在网上销售教育内容，为什么不直接免费赠送呢?

大多数教职员工都支持这个建议，我也不例外。我匆忙离开北海石油平台之后的几年里，生活虽然不像以前那样戏剧化，但也是相当愉快的。以前我在阅读机械和电气工程的教科书时，总是不得不用手指强行把眼睑撑开，逼着自己学习。我在大脑中建立的世界模型，每一个新知识点都是杂乱的，然后与后面进入的知识点堆砌在一起，就如同把奇形怪状的汽车零件随意地放进一个大箱子一样。如果我们不知道如何系统地摆放这些杂乱无章的零件，这些零件奇特的棱角和锋利的尖角不仅会相互刮擦碰撞，而且还会占据许多不必要的空间。而现在，我们有能力把这些零部件合理地交叉摆放起来，也有能力轻松地把零件拼装成一个整体。因此，离开石油平台后，我专心读书，或者通过互联网学习，学习体验与我以前的完全不同，心情也比之前更愉快。

我所获得的还不止这些。以前，每当我想要丰富或修改我所构建的工程知识时，总是费力地挖掘各种原则，以便将新的知识与整体结构有机地结合起来。当我最需要工作记忆的时候，我的这种行为总是给我的工作记忆带来过度的认知负担。幸好我熟知过间隔学习法、交叉间隔学习法和记忆提取实践，因此现在对于基础工程和物理原理我能做到信手拈来。这些知识就如同我身体的一部分一样，成为我构建更多知识的强大工具。

正因为我有了现在这个全新的大脑，我才能够在学习中畅行，这是自中学以来我第一次有这种畅行无阻的感觉。当我坐着直升机从油井平台上下来时，便计划回归学校学习。我学完了所有硕士学位的课程，后来又学习了机械工程博士课程，并获得了博士学位，最终获得了麻省理工学院机械工程系的工作机会。

之后我开始从教，站在讲台上，逐渐认识到生活中的种种挑战。自己独立学习时，要克服学习中出现的各种问题已经很难了，比如，不完全正确的解释、误解、困惑和遗忘以及认知负荷的限制。然而，要把别人大脑中的这种混乱情况理顺难度又上升了一个级别。从我个人的经验来看，学习其实并不是一场战斗。在我前往石油钻井平台工作之前，也曾有过感觉学习很轻松的罕见时刻。例如，有一次，我在大学里制造出一个蛇形机器人，现在想起来，我仍然有种莫名的喜悦感。但这种转瞬即逝的激动时刻总是让人觉得这是学习过程中难得的例外。我明白大多数情况下，学习是一项残酷无情而且竞争激烈的工作，学生们在教师的红笔之下“苟且偷生”。尽管我尽了最大努力想证明学习并非如此，但我的许多学生却不敢与我苟同。

1997 年，我受邀协助教授亚历山大・斯洛克姆建设课程 2.007。斯洛克姆是一位传奇教授，他从伍迪・弗劳尔斯的手中接过了课程 2.007。那一年机器人比赛的主题是体育项目，机器人竞相把各种球推到对手的那一边（我还记得当年的冠军蒂莫西・舒带着他的坦克状冲击战警比赛，一举战胜比它更复杂的对手的情形）。

我发现课程 2.007 的确有其与众不同的地方。该课程以项目为基础，有助于学生将工程内容情境化，比传统的讲座与考试结合的模式更加有效。因为只要学生在实验室里感知到杜威所说的“困难”，他们就会主动从讲座内容中寻求解决方案。同时，学生们根据在本学期所学课程制造机器人时，总是不可避免地要反复重温前期在课堂中所学的知识。这样既应用了间隔学习法又进行了记忆提取练习，因而起到了事半功倍的效果。

最重要的是，课程 2.007 所营造的学习氛围，反倒使“教育扬谷机”这一设备显得有些画蛇添足了。在这门课中，学生们追求的不再是高分，而是对知识更深层次的理解。由于学期末的机器人竞赛对学生的成绩没有直接影响，所以学生也没有特别大的心理负担，他们勇于冒险、不怕犯错，并能从错误中吸取教训。但如果采用传统的成绩单式测试，学生们就不可能有这样的体验。

课程 2.007 以一种近乎毛细管作用[①]的方式将知识注入到学生的大脑中，我也承认同样的事情仍在我身上发生着。有一天，我和我的同事兼密友大卫·布洛克一起聊天，他是一位机器人专家，在我对面的大楼里工作。多年来，世界各地的人们一直用一种体积庞大、价格昂贵的电子转发器系统，即射频识别（RFID）电子标签，跟踪车辆和其他大型库存物品的运输。布洛克想知道能否通过把这些追踪器传输的所有数据简化成单个数字，并将其余的数据放在互联网上托管，从而大幅度简化追踪器（因而能够节能，不再需要使用

① 如果某液体可以浸润某物质，那么在该液体中插入一根直径较小、用该物质做成的细管，细管中的液体上升；如果某液体不能浸润某物质，那么在该液体中插入一根直径较小、用该物质做成的细管，细管中液体就会下降。细管中液面的上升或下降就是毛细管作用，也称毛细现象。

电池)。

我当时听了，惊得眼睛瞪得和茶杯口一样大，因为我意识到，如果能生产出如此简单的 RFID 芯片，那么其生产成本将会大幅下降。这样的话，这类追踪器不仅能够用来追踪全球供应链中移动的大型货品，如汽车、集装箱、牲畜等，还可以用来追踪小型物品。我粗略估算了一下，这种简单的被动式 RFID 芯片的生产成本每个将不足 10 美分（事实上，后来制造成本还不到 3 美分），价格如此便宜，必能为我所用。要是我能抓住这个机会，就能看到我下一个十年的职业发展前景。如果我真的抓住了这个机会，可能会为每个人创造一些持久的价值，因为这项技术能够降低包括食品在内的商品零售价格，使供应商和消费者均受益。

我和布洛克还有其他几个合作伙伴一起，成立了一个名为麻省理工学院自动识别实验室的团队，致力于研究简化 RFID 技术。实验室团队中的一位成员凯文·阿什顿让我们看到了超廉价的 RFID 不仅对全球供应链有益，也能使本地库存管理受益。我们可以用这个系统记录图书馆里的每一本书、仓库里的每一个箱子、盖璞公司的每一件毛衣。利用这项技术，我们还能开发出智能防盗装置，只对未付款的物品发出警报（这种装置现在在零售商店中相当普遍）。阿什顿还创造了一个著名的名词“物联网”，用以形容这个物物相联的世界。

现在唯一的问题就是我如何能学会一切相关知识。我致力于研究如何使 RFID 满足不同类型用户的需求，因而我需要快速学习不同领域中跨度极大的相关知识。我需要快速学习应用于 RFID 的电子工程和计算机科学原理，熟悉半导体制造业，了解全球物流业和科技初创企业普遍关注的问题。我们与几家初创公司合作开发了物理库存货签，并与其他公司合作开发了更好、更便宜的标签阅读器设备。我们甚至向公司巨头们示好，因为他们更能为我们提供支持。我个人也创办了一家公司，致力于创建基于云计算的开源软件，以供新 RFID 电子标签使用。这一切都需要我进行学习，而学习规模更是前所未有，因此我也无法假装这是一件轻松愉快的事。但这次，至少我知道怎么学习了。我以前并不是很清楚如何将新学的知识整合到我已有的图式之中，而现在我有能力这么做了。于是，我喝着咖啡，熬着夜，与同事一起交流，没过多久，现代 RFID 技术应运而生。今天，我可以毫不夸张地说，整个世界都是在我们的系统上稳定运行着。现在全球所使用的 RFID 电子标签超过数十亿个，零售业、供应链、高速公路收费站、宠物招领处，甚至警察局里都在用我们的电子标签追踪证据。

MITx

2003 年，当我们的 RFID 项目奔向终点的时候，阿加瓦尔办公桌下的一台计算机服务器突然亮了灯。这台服务器中运行着一个古怪的小程序，叫作 WebSim，它是世界上第一个虚拟电路实验室。“我对在线学习非常感兴趣，”阿加瓦尔后来回忆说，“但是我当时心里暗想，除非我能说服自己建出一个在线实验室，否则这条路是不可能长远的。”于是他设计了一个程序，他的学生能够在电脑上随意摆弄导体、电阻、电容器、晶体管等各种虚拟配置。当时，这个处于概念验证阶段的虚拟实验室对阿加瓦尔来说已经足够了。“我当时应该把整个电路课程都做成在线课程，然而，我错失了机会。真遗憾！”他说。2008年，麻省理工学院的毕业生萨尔曼·可汗开始在YouTube上发布视频，旨在帮助学生解决学习中出现的棘手问题。他后来创建了非营利性的可汗学院，一举成名，受人瞩目。2011年，我们遇到了一个新的竞争对手。我之前提到过，斯坦福大学宣布提供三门在线开放课程，这三门课程很快造就了两个盈利性慕课提供商的出现：课程时代（Coursera）和优达学城（Udacity）。

如在20世纪90年代末的互联网热潮一样，麻省理工学院再一次成为科技教育派对中的后来者。麻省理工学院再次以免费赠送商品的形式予以回应。

“MITx项目于2011年12月18日正式启动。”阿加瓦尔喋喋不休地说个不停，就好像是默念自己孩子的生日一样。同年早些时候，麻省理工学院时任教务长的拉斐尔·里夫召开了一次麻省理工学院的高层会议，讨论应该如何应对大学教育中正在发生的巨大变化。里夫长期以来一直致力于扩大麻省理工学院的教育规模，而斯坦福大学公开在线课程的上线为教育领域带来了新的紧迫感。

当时，普遍的做法是在多个国家建立分校，要么从头开始建设，要么与当地的大学合作。最具代表性的就是新加坡科技设计大学，它是我们最近与新加坡政府联合主办的一所学校，我对这所学校非常熟悉，负责过学校的教学设计工作。

这个项目为我们创造了一个难得的机会，让我们提炼出了麻省理工学院最初办学的核心教学原则。麻省理工学院最初办学时，目标是创建一个在波士顿周边大学中更务实的技术型学院，学院创始人制定的校训是：既要学会动脑，又要学会动手。从建校开始，学校的教学特色就是“从做中学”，并在死记硬背的学习方法盛行之时，将实验室教学纳入教学工作之中。1868 年的一位学生证实：“这种教学方法对我们所有人来说都是全新的，不知不觉中我们就告别了旧时的背诵式学习方法。我们从实验和经验中学到了知识。”在新加坡从头开始建设一所全新的大学，也为我们创造了重新认识麻省理工学院创始理念的机会。例如，麻省理工学院始终坚持每个学生在申请专业之前都要学习两个学期的跨学科核心课程，而新加坡科技设计大学设计了三个学期的共享课程，旨在让学生具备坚实的生物、物理、计算机和人文基础知识。在麻省理工学院，像课程 2.007 这样的开放式设计课程都是选修课，而新加坡科技设计大学则把这样的课程作为跨学科的必修课程。新加坡科技设计大学大幅削减了讲座式教学的数量，取而代之的是以技术为主的学习研讨会、实验室和工作室式教学。我们正在建设的学校能够实现这种教学设想，这种教学环境与典型的美国大学相比，突出的特点就是拥有开放式和模块化的教室和实验室。

约三年后，新加坡科技设计大学已能够稳定运行，于是我回到了麻省理工学院，那时学校正在计划下一步的发展，发展计划中就包括慕课开发。在2011年召开的领导层会议中，学校的发展思路仍然倾向于按照新加坡科技设计大学的思路建设实体学校。我仍然清晰地记得时任麻省理工学院计算机科学实验室负责人的阿加瓦尔如何改变这一思想的情形。他问领导小组，与其在不同的城市修建小规模的新分校，为什么不能为全世界创建一个虚拟的麻省理工学院?

很难想象当时的领导小组会如何回应如此具有挑战性的想法。但是我知道的是，到会议结束时，麻省理工学院明显并不打算建设什么虚拟学校。然而，在不到一周的时间里，似乎每个人的想法都同时改变了，就好像学院里的领导们清晨从床上爬起来，伸了个懒腰，就同时决定支持在线学习这个大项目。

阿加瓦尔迅速采取行动。那个时候眯着眼睛看网络教育中的世界，就好像站在黎明前的黑暗中，看着团团巨大且不祥的黑影在远处涌动。谁也不知道第二天太阳升起后，这些黑影的真面目会是什么。例如，没人知道斯坦福会采用哪种模式运作线上课程，营利性还是非营利性、私营合伙方式还是学院形式、开源平台还是封闭式平台。但无论采取什么样的模式，其影响力都是巨大的，一两年之内就会出现其他类似的实体。阿加瓦尔相信，在这样一个还不成熟的世界里，我们唯一要做的就是大步前进，留下我们自己的印记。

正是抱着这样的心态，麻省理工学院宣布创办自己的慕课公司。由于麻省理工学院近期有过将课程内容免费放到网上的经历，这一举措有助于形成具有类似开放精神的慕课世界：任何人都可以免费获得资源，甚至可以在开源平台上运行资源。然而，如果阿加瓦尔想在慕课领域稳定之前做出这一声明，就必须先宣布自己的意图，然后再开始创建。于是，他于 2011 年 12 月在互联网上公布了他的慕课计划，第一期课程定于 2012 年 2 月开始开放。

为了实现诺言，麻省理工学院从两个方面展开了工作：一是创立麻省理工学院在线课程平台，二是建立第一个概念验证阶段的课程。前者的成果就是建立了 MITx 平台，取这个名字的目的本来是希望人们能够很快记住，但结果未能如愿；而后者原本计划推出的是一门计算机科学课程，但是当时阿加瓦尔所邀请的每个计算机科学教授都没有时间。

他靠在椅子上，用手揉着眼睛，突然想到了一个办法，竟然“咯咯”地笑了起来。最终，MITx 的第一门在线课程不是计划中的计算机科学课程，而是电路入门课程，由阿加瓦尔亲自授课。因此，除了开发平台之外，他还承担了授课工作，他在麻省理工学院的职责就是管理麻省理工学院最大的研究实验室——计算机科学与人工智能实验室，而这个平台又是实验室的重心。

他需要一个新实验室，以适应 MITx 所需的规模，而这还不是他唯一需要的。幸运的是，在项目启动以来的第一次自我保护行动中，阿加瓦尔聚集了一群被称为“学术杀手”的帮手。

“他们中的每一个人都堪称世界级专家，”他说，“格里·苏斯曼是麻省理工学院著名的计算机科学家和人工智能先驱，他设计了所有的问题集，所设计的问题全面又实用。”计算机科学与人工智能实验室的高级讲师克里斯·推孟建立了新版阿加瓦尔虚拟电路实验室；另一位教授雅各布·怀特设计的方程求解器有助于电路模拟器的开发。“他能将微分方程讲得娓娓动听。”阿加瓦尔说。此外还有，埃克·庄，一位核磁共振量子计算领域中的先驱，后来协助创建了麻省理工学院重要的数字化学习办公室——他建立了另一套所需的方程求解器。“埃克·庄悄声离开，第二天就为这个平台设计了一个线性方程求解器。就这样神速！因此可以说，电路入门课程直到现在仍然是最先进的在线课程之一。”

课程还需要录制全新的讲座视频作为课程补充。一开始阿加瓦尔认为没必要这样做。他本打算使用他在大课堂上课时拍摄的旧视频，以便节省时间，但是，他说：“我的团队劝我重做，我执拗不过，只得让步了。”新视频的录制采用了萨尔曼·可汗的方法，一边放录音，一边在平板电脑中的幻灯片上根据内容边写边画。（研究小组发现，可汗学院的视频非常实用，以至于在有的情况下，他们认为无须改变原视频，直接链接他的视频资源就可以了。）同时，他们保留了大课堂中录制的视频，用于场面较大的课堂演示，如需要在学生面前使用电锯的课堂教学。也许阿加瓦尔做出的最疯狂的举动（现在回想起来，也是最具先见之明的举动）便是尝试将校内课程与在线课程结合起来，大量学生志愿者参与了这个项目。这一决定使得阿加瓦尔备受时间约束，但也带来了一些好处。首先，以这种方式，阿加瓦尔就可以“翻转”校内课堂：学生们在上课前观看在线讲座，上课时就能与阿加瓦尔和其他导师一起进行练习，然后再录制视频作为在线补充学习资料。如我们所见，这种教学结构的基本原理是令人信服的，学生可以根据自己的情况调整课程的时间和速度，利用课堂时间积极地从记忆中提取信息并加以应用。

其次，更重要的是，面授课有助于证明虚拟课堂的真实性，就像用黄金支持美元纸币一样。面授课和在线课程同样广泛，同样严格，也提高了在线课程的重要性。

一个学期结束后，互联网另一端数万名神秘学生的故事开始广泛流传。巴图诗蒙的名字引起了阿加瓦尔的注意，此外，还有印度年轻人阿莫尔·巴韦也引起了他的注意。阿莫尔·巴韦对阿加瓦尔的课程非常感兴趣，并创建了自己的在线学习平台。两个年轻人最终都前往麻省理工学院深造，并以优异的成绩毕业。

与此同时，MITx 也在迅速扩大规模。就在阿加瓦尔的电路入门课程上线的同时，里夫正在与哈佛大学的领导交谈。2012 年 5 月，这两所大学宣布成立了一家非营利公司：edX 学习平台。新平台将依托 MITx 的软件平台，快速发布在线课程，不仅有麻省理工学院和哈佛大学开设的课程（MITx 仍然以这两所大学的课程为主），还有来自其他学院和大学的课程。

教育科技大爆发

开放在线学习的项目就这样轰轰烈烈地拉开了序幕，发展的脚步紧张而急促，几乎让人感到窒息，人们甚至臆测仅靠慕课就能拯救这个世界。2013 年年初，《纽约时报》专栏作家托马斯·弗里德曼写道："慕课释放了 10 亿个大脑的智慧，解决了世界中存在的最大问题，还有什么比这更具潜力呢？"《纽约时报》的另一篇文章宣布 2012 年为"慕课年"，此后视频在线学习逐年递增。根据在慕课供应商中充当搜索引擎的"课程中心"提供的数据，截至 2018 年年底，全球 900 多所高校共提供了 11 400 门课程，累计注册学习的学生达到 1 亿人。

然而仅在短短的几年时间内，人们对慕课的期望开始下降。有些慕课一开始，报名学习的人数呈指数级增长，但现在出现了停滞现象，一部分原因是最初的炒作热潮逐渐消退，还有一部分原因是学生可学习的课程类型在不断增加，虽然吸引了更多学生加入课程，但每门课程中参与的人数却被分摊少了。另外，各门课程的完成率变得越来越低，这让教育观察家们感到头疼。然而，更令人担忧的是，几年后学生的社会经济统计数据明显出了问题。虽然有很多像巴图诗蒙这样温暖人心的故事，但是相对而言，慕课对富裕人群的益处更大。尽管其他慕课供应商都将他们的注册人数做了保密处理，大规模开放在线课堂平台（edX）却公开了他们的统计数据。通过对这些数据进行的一系列深入的研究，人们发现来自富裕地区的学生在 edX 的注册报名人数（免费）和获得结业证书的人数（从 2015 年开始，证书的费用在 50 美元到 300 美元之间）中都占很大比例。

尽管存在这些值得警醒的结果，毋庸置疑的是 edX 仍然帮助了许多学习者。这些学习者出于各种原因不符合在大学或研究生学院学习的要求。例如，就年龄而言，在 edX 上注册的学生中年龄较大的人数量较多，表明其用户群多为处于在职的学习者。就阿加瓦尔的第一门在线课程电路入门来说，通过考试的学生中，有一半年龄在 26 岁以上，其中一人已经 74 岁了；仅 5% 是高中年龄段的学生。很明显，不符合传统学校学习要求的人都涌向了 edX。然而，世界上最贫穷的群体，也是最大的潜在学习者群体，并没有走上通往这个平台的道路。因此，在慕课登上世界舞台，像拉斯维加斯的职业拳击手一样风光了不到五年后，慕课的支持者们，也包括我自己，一直不愿接受的事实发生了，如 2017 年优达学城的一位官员所说："慕课已经死亡了"。

事实上，慕课是达到了发展的巅峰阶段。阿加瓦尔于 2019 年指出:“我们每周招收的学生人数仍有 10 万余名。现在我们每周招收的学生人数比历史上任何时候都多。”

然而，那些过度热切的教育观察家之所以仍想提前为慕课发放死亡证明，还有另外一个原因：正当慕课的供应商还在在线学习模糊的未来中砥砺前行时，一些新型的实体项目已蹒跚着走出了迷雾。

2010 年中期，一场由风险投资驱动的盛会正在被当时称为教育科技的领域中进行。诸多新公司从各个能想到的角度进军这个行业，比如，内容交付、学生资助、测试和评估、教育研究、课堂管理等。2018 年，一家资本公司在描述整个领域的情况时，共统计出了 1.5 万家这个行业的公司，绘出了一张复杂的分布图，其复杂程度简直与大脑白质不相上下。

分布图的一个纽带，即“数字化课件”铺天盖地地充斥于学生的学习之中，技术机构声称制作这些数字化课件是为了促进学习，既能满足个性化学习又能立足于认知科学。学校、家庭和大学已经采取了五花八门的学习方法促进学生学习。有的学校采用了翻转课堂教学法，如密歇根州克林顿市的克林顿戴尔高中，以学校自己制作的教学视频为主，可汗学院的教学视频作为补充，同时分别在两个平台上举办讲座。世界上的许多国际学校现在采用的是远程教学方式，由在线供应商“Pamoja 教育”提供技术支持。教师在远端教学，学生可以利用一周中的闲暇时间进行学习。现在在遍布美国的“虚拟学校”中也能看到类似的教育方法，学校允许学生在家里上课，通过在线或通电话的方式与教师交流。同时，那些既重视时间灵活性又倾向于把学生集中在一个地方学习的学校采用了一种“灵活”的模式，学生仅靠软件的指引即可随心所欲地度过每一天。类似案例，不胜枚举。

目前这些名目繁多的方法中，最刻板的可能就是学生们都以大致相同的速度学习内容大致相同的课程。还有一类方法是将共享课堂经验解构成杰克逊·波洛克的画作，自由地沿着节奏和内容的轴线绘画。再有一类方法由于受到基础软件的限制，最近才走在时代前端，软件的核心是建立在“假定”语句的基础上，类似于一种冒险游戏：冒险进入阴森的地下室，请翻到第 10 页；如果要报警，请翻到第 12 页。

然而，如今主导我们生活的各种算法变得越来越复杂，教育科技也难以幸免。如我在上一章中提到的，像塞普·卡姆瓦尔和马克斯·文迪拉这样主张由外而内教学法又有研究意识的教育工作者，已经将机器学习算法作为一种筛选手段进行试验，探索学生行为中的有益模式。不过他们还没有发现太多有用的信息，但是将相似的技术应用到由内而外教学法的框架中，理论上可以产生一定效果，任何足够大胆的教育者都可以立即采用。

在教育科技学习的泻湖中，最受瞩目的那条鱼就是国际商用机器公司（IBM），它围绕著名的华生问答系统构建了自己的教育产品。2011 年，华生问答系统在智力抢答游戏节目中击败两位冠军，一举成名！人类参赛者面临的主要挑战是信息存储和信息提取，而华生问答系统就不存在这种问题，虽然在比赛期间与互联网断开了连接，但是系统预加载的大量语料库，包括整个维基百科的内容，已经足够应对挑战。相反，华生问答系统面临的挑战在智力抢答游戏中对人类参赛者来说反而是最容易的部分：只需要听懂节目主持人亚历克斯·特雷贝克大声提出的问题就可以了。人类来到这个世界的时候，其大脑结构就是专门用来处理语音的。你应该还记得，阅读、口语和听力都涉及语音。有人可能会说我们就是语言分析机器，从历史上看，我们确实在这方面比任何计算机都强得多。在过去的几十年里，随着计算能力的提高，机器学习已经从理论走向实践，计算机也迎头赶上。机器学习的思想可以追溯到神经科学理论，该理论中“一起激发的神经元将会连在一起”这句朗朗上口的话是由麦吉尔大学的唐纳德·赫布①首先提出的。在赫布的理论中，突触通过强度变化连接在一起能够形成记忆的基础。几乎与赫布的理论同步，计算机科学家开始思考大脑的突触和神经元如何能以计算机的代码形式而不是在我们的

① 我们在第二章首次接触到了他的名字，如果你对他的名字已经淡忘的话，那么有必要再回顾一下。但是如果你还记得他所提出的关于记忆模型的基本理念，那么按照比约克夫妇的理论，是因为有一些具有竞争性的名字把你记忆中赫布的名字挤出去了。也可能是因为你有几个星期没有看这本书了，缺乏持续的刺激，记忆中曾经一起激发的突触随着时间的流逝，连接性变弱，因此你忘记了他的名字。 幸运的是，我们在此有机会再次将那些连接在一起的突触重新激发起来，充分体现间隔练习的好处。看看这一次赫布的名字是否能在你的记忆中停留得更久！（原注）

肉体中表现出来。例如，我们可以建立一个虚拟神经元，然后训练这个神经元，使之学会“激发”或“不激发”（也就是说，给出一个“是”或“否”的答案），以应对许多组合输入（例如数码相机传感器中的单个感光元件）。只需一个这样的虚拟神经元就能识别一个书写的形状是否是一个给定的字母，这一功能与大脑信箱的功能非常相似。然而，当你将虚拟神经元层层叠加，使得每一层的“是”或“否”输出下一层时，虚拟神经元的模式识别能力就能开始发挥作用。今天，“深度学习”系统中就有20层以上的神经元。在这些最复杂的系统中，第1层的输入和第20层的输出之间所发生的大部分情况，都是观察者无法观察到的。由于这种体系的不透明性，以及深度学习系统在我们生活中的普遍性，一些现代计算机科学杰出人士呼吁建立一个新的、统一的领域来研究这些体系的影响，他们将这种新思想称为机器行为。通过对一系列周期性变化的观察，该领域尝试将行为主义代表人物斯金纳、华生和桑代克的理念应用于计算机算法中。

IBM的华生问答系统正是采用了这种算法，因而能够从英语口语中提取语义，并将其与丰富的知识库进行匹配，最终才能在智力抢答游戏中击败智慧超群的人类竞争对手！当人们开始慢慢接受智力竞赛的新霸王时，IBM已经开始努力把它的问答系统引入每一个可以想到的经济领域，如医疗保健、金融、法律等行业，甚至将其引入梦幻橄榄球游戏中。2016年，为了推动这一体系的发展，IBM

宣布成立华生教育。

目前，华生教育已经推出了两款主要产品：华生课堂系统和华生导师系统。这两款产品就像雅努斯[①]一个头上的两张脸，分别面向教师和学生。IBM 的工程师为这个核心系统注入了大量信息，比如，地质学课程的基础内容。理论上，系统会把这些内容按照独立的主题进行打包。

IBM 华生教育全球战略负责人亚历克斯·卡普兰一边折着一个纸盒一边说："我们必须把系统应用于具体的领域中。华生系统里包含了地质学的全部知识。正是因为有了这些知识，华生系统才能根据所有主要概念之间的相互关系画出一个概念图，学生们才能学习这个关于地质学的概念图。"

系统通过几种不同的方式（就华生课堂系统而言，主要是通过课堂上的标准化测试数据；而就华生导师系统而言，主要是通过基于文本的聊天机器人提出的问题）能够绘制出特定学生关于一门课程重要内容的个人学习轨迹。

IBM 与教育出版巨头培生教育出版集团合作开发的导师教育系统像一只聪明的猫头鹰站在你的肩膀上，在你阅读电子教科书时，回答你提出的各种问题。只要你安装了这个系统，就可以实现系统设定的目标：帮助你掌握每个单元或章节中的重要概念，通过合适

① 雅努斯，罗马人的门神，也是罗马人的保护神。传说中，雅努斯有两副面孔：一个在前，一个在脑后；一个看着过去，一个看着未来。

的问题和相关段落中的提示加深你对知识的理解。这种掌握学习法不同于大多数课堂中的掌握学习法，该系统并未将“掌握”定义为对一门课程的考试，或是一周的单元测试分数要达到95分甚至更高，而是将学习主题完全细化，这样学生对问题的掌握不再是以数字来衡量，而是以二元方式衡量。如“氧气是地壳中最丰富的元素”这个问题，你要么知道，要么不知道，不存在模糊不清的情况。

不过，这类技术要成为人类教师的合格替代品，还有很长的路要走。目前，一想到由聊天机器人教历史课，哪怕是最好的机器人，也会让人忍俊不禁，因此那些担心职业会受到威胁的教师也是杞人忧天了。但话说回来，机器学习软件与过去的各类软件有很大的不同，机器学习软件最大的突破不是解决“是否”的问题，而是解决“何时”的问题。

在未来的几年里，我们将看到华生系统为我们带来的更多突破。例如，总部位于中国杭州的松鼠人工智能公司，不仅帮助国内学生备考每个学期末的标准化考试，也同样服务于纽约市公立学校的诸多学生。系统将学校的学科细化到极致：将中学数学中的内容细化到1万个独特的知识点，学生们就像吃豆人一样，按照自己个性化的路线大口“吃掉”这些知识点。松鼠公司创始人德里克·李在麻省理工学院期刊《技术评论》(*Technology Review*)中表示：“未来的人类教师就像一名自动驾驶飞机中的飞行员，主要是充当故障保险装置的作用，同时为乘客提供重要的情感安慰。”

这种以机器学习为驱动的教育科技大部分都适用于 STEM（科学、技术、工程、数学）领域，因为这些领域中轮廓鲜明的边界和明确的问题更容易实现自动化，但是这一技术并不适用于所有学科。事实上，机器学习已经侵入到论文的教学和批改中，这的确令人惊奇。这一做法带来了一定希望，但也存在巨大隐患。基于人类教师批改过的论文所设计的机器学习算法，可以学习论文中人类教师的批改方式在短时间内批改数量巨大的论文。例如，GRE 考试是美国研究生入学考试，它采用了一种名为“e-rater”的机器学习论文批改系统。2018 年 GRE 的母公司公布了一项内部研究，这项内部研究深入探究了 e-rater 系统的运行情况（这类系统的运作方式仍然是一个不可知的黑匣子，只能从外部进行观察）。然而研究结果并不尽如人意。人们发现系统对篇幅较长的论文评分都偏高，无论学生们在论文中的用词多么冗长，总能受到系统的青睐。一些学生为了得高分，抄写背下来的中的段落，这些段落虽然与他们的文章完全无关，却能增加篇幅，提高分数。更令人担忧的是，该系统对非裔美国人的文章评出的分数普遍低于人类评分员评出的分数。这可能是（此项研究的作者们对此并不确定）机器学习中一个众所周知的问题造成的结果：用于设计学习算法的数据中如果存在一点偏差，当算法独立运行时，偏差就会成倍放大。也就是说，人类设计者无意中创造了一种具有种族歧视的算法。

以机器学习为驱动的教育软件，在某些情况下的确有前景，但在大多数情况下完全是反乌托邦[①]的，也让慕课所取得的进步看起来就像婴儿的脚步一样不稳。对于麻省理工学院最早开发的一些慕课，由于我们深知我们并不了解关于学习的一切，因此我们坚持在教学中保持人类教师教学：视频后面是人类讲师，留言板上是学生的留言。诚然，如果按照我们所设想的规模发展，面对面的教学方式其实很难全面落实。但是，但凡我们知道这个体系中还存在一些未知的对教育发展有益的方面，在人类与网络相结合的情况下，我们可能还会保留这些体系。我们现在买的食物大多是预先包装好的，但这些食物最初都是生长在地球的土壤里的。相比之下，以机器学习为动力的个性化教育项目更像是在实验室里培育出来的合成食品，这种合成食品本应含有我们所知的每一种营养素——但令人意想不到的是，这种合食品中可能缺少了一种营养素或包含了一种毒素。

不管怎么说，采取以机器学习为主导的学校，虽然取得了一定的成就，但也可能存在一定缺陷，这一点并不难想象。机器学习算法是将学校各学科知识分解成极为细小的知识点，这样有助于解释课程中的每一个知识点，却无法在教学过程中将这些细小零散的知识点有机地整合起来。也就是说，学生能够学会微积分知识，却不会用微积分知识进行思考。更糟糕的是，如果将机器学习算法专门用于优化标准化测试的结果，系统将有可能陷入一种不利于认知的

① 反乌托邦又称反面乌托邦，是乌托邦的反义语，多指一种不得人心、令人恐惧的假想社群或社会，是与理想社会相反的，一种极端恶劣的社会最终形态。

学习陷阱，比如集中学习，这种方式的确会在短期内产生良好效果，却很难长期保持。对于这些机械的认知问题，那些持有由外而内教学思想的教育者仍然发出了一些耳熟能详的反驳之声：例如，即使能够保证学生学习速度和学习顺序的个性化，但是机器学习算法忽视了激发学生学习的动机，或者让学生产生好奇的原因。

正当我仔细思考这些问题和其他相关问题时，时任麻省理工学院系主任的苏珊·西尔贝让我和她的一位博士生谈一谈。

三角州的教育问题

此时的我在麻省理工学院扮演了一个独特的角色。探索学习以及如何最好地促进学习，仍然是人类所面临的最紧迫也是最吸引人的问题之一。麻省理工学院的许多院系发现他们所从事的研究，如指南针上的指针一样会从不同方向指向学习，这不足为奇。这种发展方向以令人惊讶的方式将各种学科结合在一起，也将数学家、分子生物学家、语言学家、计算机科学家、心理学家、物理学家的力量聚集起来。学者们讨论的范围扩大到教育艺术领域，并吸引更多其他学科的专家：经济学家、社会科学家、教师、历史学家和艺术家。

把这么多学科一下结合起来，是人们连想都不敢想的事，更不要说着手去做了。然而，我们必须做点什么。无论这些研究学科与学习在哪个方面出现交叉，研究者总是在最前线，从外到内、从内到外或从中间的某个地方对未知的领域进行探索。如果我们无法把所有研究人员聚集在一个房间里共同进行研究，那么我们就需要寻找某种方法，至少要建立一个框架，使他们的研究既能共存又能独立开展。

因此，2016 年，麻省理工学院宣布组建一个跨学科联合小组，即开放学习部门。现在的开放学习部门又分成了两个部门：研究部门和发展部门。研究部门负责麻省理工学院综合学习计划，亦称 MITili（意为“强大”），由著名的神经科学家加布里埃利领导。MITili 汇集了各个不同的研究方向。而发展部门成立了数字化学习办公室，为校园内外的学习者提供在线学习媒体（包括 MITx 课程）。此外还有一个由安利捷慈善平台出资创办的独立机构，汇集了世界各地最佳的教育实践。

这些充满智慧的领域需要一只信鸽穿梭其中传递信息，而这只信鸽就是我，一个喜欢大学课程的家伙，而且还上了两次大学。信鸽这个职位非常独特，据我所知，其他主要研究机构都没有设置同类职位，因而能担任这个职位也是我莫大的荣幸。我的职责是把不同领域的研究之线穿过现实世界实践的针眼，这项任务非常艰巨，因此我需要求助于专家。所以，当西尔贝—— 一位动力学专家，让我和她的学生马克·艾迪诺夫谈谈时，我立刻打开日程表，确定与他交谈的时间。

关于艾迪诺夫我有故事要讲。他是麻省理工学院的一名博士生，加入了自由之夏学院，该学院派博士生到密西西比州欠发达地区为即将上大学的高中毕业生开展研讨会。他的博士论文研究的是“网络计算的兴起如何影响美国社会的政策”，似乎与这项任务没有什么关系，但是他在密西西比州竟然发现了计算机信息处理技术和政府之间的交叉点，这是他所见过的最令人震惊的交叉关系。于是，他开始反复访问密西西比州，并成为一名民族志学者，试图破解教育科技对那里的学校产生如此巨大影响的原因。他说：“现在派教师去密西西比河三角洲一带任教非常艰难，那里的学校特别穷，而且种族分化十分严重。”雪上加霜的是，该地区教师资源极度短缺，此外那里的学校也没有能力为教师提供具有竞争力的工资。1997 年，那里的情况异常严峻，以至于密西西比州立法机构通过了一项“紧急教师短缺法案”，如今该地区的教师短缺情况比过去更是严重了 6 倍，这对非洲裔学生比例较高的贫困地区产生了严重影响。

为了弥补教师严重短缺的情况，三角洲各地区开始求助于科学技术。这些技术有的使用起来简单，有的困难。例如，艾迪诺夫描述了一个高中西班牙语课堂，学生们在没有教师的情况下，只得在教室里观看另一所学校上课的视频。还有些情况非常复杂，学生们坐在教室里，在谷歌网络笔记本上浏览数字课件，却没有专业教师指导，而在教室里指导学生的是缺乏知识的“协助者”。这种情况在三角洲地区越来越普遍。根据《今日密西西比》(*Mississippi Today*)以及非营利组织和独立新闻的报道，在密西西比地区的课堂中，学生可以访问由教育科技公司 Edgenuity[①] 提供的在线门户网站，或者该州其他七家经批准的在线门户的网站。在线课程分为多个部分，有课前热身、教学（也就是讲座视频）、知识小书、课后作业、小测验等，每单元结束后还有大测验。

Edgenuity 公司的一位代表在一封电子邮件中写道："公平地说，这些学校并没有按照公司推荐的方法使用这些教学产品，这些教学产品本应在有专业教师指导的情况下使用。这一要求有其重要意义，因为在线学习工具最好应与人类教学结合。如果课堂中没有教师，那么学生们的问题就一直得不到解答。"一个学生对《今日密西西比》的记者说："我们全靠自己学习一些我们应该学习的知识，这对我们来说有些困难。如果我有问题要问，该怎么办？我不可能问电脑，而我们教室里的那个教师，就是问她，她也不知道。"

同样值得关注的是，如果在整个教学过程中没有一个熟悉教学内容的人进行指导，教学就会直接与标准化测试连接（已经非常普遍），学生将受制于教学软件。学校之所以会将有限的预算投入数字化课件公司之中，原因之一是，这些公司承诺能帮助学生在标准化考试中取得好成绩。艾迪诺夫说："学校的校长面临着一个选择，要么聘请一个专业教师，要么求助于销售软件或数据的公司，通常情况下，这些公司都会承诺考试及格率。因此，在整个高中，英语课

---

① Edgenuity 成立于 1998 年，位于美国亚利桑那州，是一家为 6 ~ 12 年级学生提供在线课程与服务的供应商。

上的学生从没拿过书，这种现象很常见。”数字化课件为学生提供的知识与标准化考试的内容相关。“学生基本上就是在为学术能力测试备考，为了考出理想的成绩，有时一连几天反复学习一个知识点，”他说，“学生们重复学习的频率非常非常高。”

关于在线课程，艾迪诺夫观察到的最令人担忧的情况是，这种教学方式对教室里的那些成年人（不懂教学的协助员或驻校安全人员）的影响。他们可能会转变成权威的代言人，而不是知识的代言人。“这位‘教师’的专长只是管理课堂纪律，别无其他，”艾迪诺夫说，“在我看来，这是大多数项目都忽略的问题，许多项目都没有考虑到教室里这个角色的存在。我真希望教室里的那个人充当的不是协助员或者驻校安全人员的角色。”

尽管如此，我仍然对教育科技有信心。我相信教育科技具有促进人类繁荣的潜力，能够让更多人走进学习的世界，让我们在深远的教育之旅中走得更远。教育科技，能够增强教师的力量；教育科技，能够灵活运用由内而外和由外而内教育思想的研究成果；教育科技，能够使学习更人性化、更全面，因此也能让不同背景的学生更容易掌握学习的方法。

显而易见的是，这一切都将经历复杂的过程。对慕课有效性的研究不断表明，尽管最近全球移动互联网取得了惊人的发展，但并不能保证所有人都能参加在线教育。现在，地球上大约有一半的人都在使用互联网。仅在印度，使用互联网的人口自 2007 年以来就增加了 13 倍。然而，一个拥有智能手机或联网笔记本电脑的人不能参加在线课程的原因有很多，如自由时间有限、精力不足等。

尤为重要的是，在线课程中是否配有懂专业知识的教师。密西西比河三角洲地区的学生只是大趋势的一个代表。麻省理工学院的 J-PAL 组织（J-WEL 的姐妹组织）专注于解决全球贫困问题，是由最近的诺贝尔奖获得者埃丝特·杜弗洛和阿比吉特·班纳吉共同成立的。他们就 2019 年的研究进行了一项大规模的回顾，研究结果表明，传统课堂上学生的表现往往优于在线课程的，当然只上在线课程也比什么都不学要好得多。然而，那些通过在线课程学习同时又有专业教师指导的学生，他们的学习效果和传统课堂中的学生一样好。如果在线系统创建个性化的学习路径（特别是在数学方面，通常需要机器学习机制辅助），学生学习后的成绩和那些接受了私人辅导的学生一样好——私人辅导是个性化教育的黄金标准。

慕课的学生巴图诗蒙本人也获得了私人辅导，他那担任校长的麻省理工学院校友首先为他辅导了课程 6.002x，后来校长的一个朋友，来自斯坦福大学的访问助教，也为他提供了私人辅导。教育研究者贾斯汀 · 里奇最近主持了许多独立慕课研究。他说，巴图诗蒙的故事不是一个人的故事，而是麻省理工学院校友团和一群致力于提高蒙古教育质量的人的故事。《纽约时报》关于巴图诗蒙的文章中称他是“乌兰巴托的天才男孩”，里奇指出：“这个标题应改为‘乌兰巴托的天才男孩和他知识渊博的教师们’。”尽管有了慕课总比什么都没有要强得多，但人们也过于夸大慕课的好处了。我认为特别是对年龄较小的学生们来说，更需要一个能解答自己问题的人类教师。

J-PAL 组织的研究并没有区分出数字化课件中使用的各种虚拟“认知智能体”之间的差异。随着机器学习的有效范例层出不穷，我们看到学生们，尤其是年龄较大的学生，通过教育技术独立学习取得了显著成果，至少某些内容的学习效果与获得了私人导师辅导的效果相同。但是，无论技术取得怎样的进步，广泛的社会背景和制度背景最终都是决定或打破技术学习的最重要因素。

以课程 2.007 为例，这门课程在培训未来机器人专家时，所提出的最苛刻的标准是，一项技术如果只能在实验室里完美运行，但在自然条件下不起作用，那这项技术就被认定为失败。就教育技术而言，自然条件是指教育技术不仅要适用于财力强大的学校，也要适用于资金短缺的学校，而且在使用时教育软件可以取代教师的角色。

密西西比州的教育情况，最让我感到不安的是，教育技术可能让三角洲地区的学生们感到失望；但同样的技术作为教学工具，由富裕地区经验丰富的教师使用，就会产生相反且有益的效果。这听起来似乎不是什么大问题，但事实是，这样的技术就像筛子一样，只对富人有利，对穷人不利。如果你作为一个技术专家的基本目标，并非立足于每一个人，尤其是穷人，那么这样的技术还不如没有。

因为这样的技术非但没有重新调整“教育扬谷机”的筛选标准，使其更加宽容，反而有可能强化其偏见性，这才是最糟糕的。

对教育技术的思考

今天对学生造成伤害的教育技术，无异于井中投毒，将会阻碍未来技术的更好发展。200年前，西方世界第一次出现个性化教育时，贝尔的追随者和模仿者（尤其是兰卡斯特）开办了许多不合格的学校，使依赖于导生制教学法的学校散发出更浓郁的贫穷的气息。很明显，这样的学校只有别人家的孩子才可以接受，你我一定不会把孩子送到这样的学校中去。

尤其是兰卡斯特，即便将大部分精力投入到对学生不良行为的奇葩惩罚上，也没有起到多大效果。兰卡斯特在教育体系中实行的管理纪律和惩罚学生的方式，虽然曾经失败了，但是在今天的密西西比河三角洲地区的学校中又以一种令人不安的方式重获新生，只不过学生们不是在教师而是在维持纪律者监督下学习。这种方式是导致学生对所有与学校有关的事情产生怨愤的直接原因。

现在美国到底有多少学校正在用数字化课件取代教师，我们不得而知，更不用说全世界有多少学校这样做了，毕竟为学校提供数字化课件服务的公司都不计其数。就这个问题我询问了教育技术行业和相关智库中的一些旁观者，他们说在三角洲地区出现的情况实属罕见。许多与数字化课件结构相似的教育项目，在教育领域中发挥着不同的作用，也如雨后春笋般涌入学校中。例如，“重获学分”（Credit recovery）项目（这是指允许高中生重修那些考试不及格或者因种种原因落下的课程的项目）往往也会依赖在线课程。同样，很难说究竟有多少学校采取了这种教学策略，每个学校对在线“重获学分”课程使用的具体方法各不相同，最终取得的教学效果也不同。但这种现象的确很普遍：2011 年，美国 90% 的学区都采用了某种形式的“重获学分”策略。

随着在线学习不断深入学区、教室和家庭，我越来越担心，在其全部潜力得以实现之前将引发公众的强烈抗议。人们最近发现了在线教育的一个问题，即如何处理学生数据的问题。我指的不仅仅是我们都担心的、普遍的隐私问题，有些毫无责任感的公司会通过网络追踪我们的一举一动，并出售这些信息。一想到这里，就令人不由得感到毛骨悚然，我虽然对此也颇感担忧，但更让我担心的是，在线学习的学生数据被输入到“教育扬谷机”中，而这必将影响到那些努力学习的学生。

传统中，一个学生的学业进步是通过相对稀疏的数据集反映出来的，数据主要来自考试成绩和大作业的完成情况。但个性化教育则是对学生进行高度精细化、持续不断的评估，即无休无止的权衡、分类和排名。而且在线学习课程可以根据学生的学习习惯、移动鼠标光标的速度和面部表情对学生进行排名，想一想就令人感到毛骨悚然。顺便说一句，MITx 不存在这些情况。

相对而言没那么令人毛骨悚然的是，持续的评估制度可能代表着我们对学生分类方式的改进。42 号编程学校为期 28 天的“鱼池”编程挑战班就在一定程度上采取了这一思路，对学生的持续评估比考试成绩和推荐信对学生描述得更细致，更能体现学生的学习情况。但是，让学生每时每刻都感觉有意义、有价值，这种想法也着实令人深感不安。我说过，某些性格类型的学生非常适合传统的“教育扬谷机”的筛选方式。也许偶尔的评测和连续的评估并不能解决“教育扬谷机”存在的教育问题，只是更适合于新的性格类型。更令人担忧的是，如果一个学生每点击一次鼠标，每敲下一键盘，每解答一次问题，都要永久地被记录下来，那么他就永远不会像课程 2.007 的学生那样具有真正敢于冒险和勇于承受失败的勇气。如果未来提供个性化教育系统的供应商想要避免因对学生进行分类而牺牲学习效果的情况，他们必须允许学生犯错误，而且这些错误不应被记录下来，更不应永久地留存在记录中。

如果以机器学习为技术支持的个性化学习仅仅是用一个简化的“教育扬谷机”取代原有的扬谷机，那么我们有理由怀疑这是否是一条值得探索的技术途径，抑或我们是否应该让其顺其自然地发展。尽管这种想法听起来不错，但如果仅仅因为机器学习的教学能力超出了当今课堂教学的范围就任由其自由发展，那将是一个重大错误。

以福克斯·哈勒尔所做的工作为例。他学识渊博，同时在麻省理工学院计算机科学与人工智能实验室和比较媒体研究系任职。哈勒尔根据本土机器学习系统，创作出了许多交互式多媒体计算机艺术作品。此外，他对认知语言学有着深刻的理解，他认为认知语言学是认知革命中相对激烈的战场之一。他的工作以一个重要的理论假设为依据，借用认知语言学家乔治·拉考夫的观点来说，就是我们通过认知隐喻的嵌套结构来理解世界。这些认知隐喻有的很简单，而且普遍存在，有着深刻的感觉运动根源；但也有一些认知隐喻因文化而异，还有一些则具有个人特质性。根据拉考夫的理论，正是这些认知隐喻使我们对世界的每一次体验都是独一无二的。哈勒尔的软件艺术作品旨在搭建个人和文化隐喻的桥梁，帮助我们透过他构建的现实认识这个世界。这是一项宏伟的工程，已从多个方面开始进行，同时这也是一个重要的原理验证过程。技术系统不仅可以将人类的经验过于简单化，也可以将一个人的教育以独特的方式复杂化。机器学习有如此强大的技术前景，如果在教育中被放弃，应该也是一种不幸。

无管怎样，放弃是不太可能的。比较有可能的是，像科幻小说家威廉·吉布森所说，随着机器学习未来的到来，教育仍将继续呈现出发展不均的情况。不可避免的是，一项技术与传统教育方式的分歧越大，那么这项技术与现有学校的兼容性就越差。事实上，正是出于这个原因，IBM 华生公司将大部分精力从中小学教育转移到了要求不那么严格的高等教育和根本没有规则的专业教育上。IBM 的亚历克斯·卡普兰说：“这里就是教育的西部荒原。”试想尖端教育科技如果继续按以下方式发展：第一，在现有的学校夹缝中，以卡姆瓦尔蒙氏学校为模式发展。第二，在发展中国家广阔的开放空间中发展。在发展中国家，我们很可能会看到所谓的技术跨越效应，即发展中国家的发展领先于发达国家。例如，发展中国家能够跳过固定电话阶段，直接采用移动互联网（我个人在印度的家中就见证了这一点），或者跳过过时的电子转账，直接建立无缝对接的移动银行。那么，世界上的欠发达地区以及世界各地的非传统教育的学生，在新的技术辅助教育模式的武装下，能否超越那些早已接受这种模式的发达国家的学生？

“这种情况已经发生了。”现任 edX 首席执行官的阿加瓦尔说。在圣何塞州立大学的电路分析课程中，2012 年学生的通过率为 55%。“当他们在校园里使用了 edX 课程后，通过率飙升至 91%。成功实现了超越，”他压低了声音，继续说，“不过我们试图淡化其影响力，因为比较危险。”技术人员现在正在努力工作，关注系统的“危险”，准确地说应该是系统的前景。早晚有一天，这种系统能够广泛地传播素质教育，同时能够改善教育现状。

在过去的几年里，即使科技能够挑战“教育扬谷机”的残酷筛选，但事实证明，扬谷机具有强大的韧性，能够弯曲那些可以弯曲的科技，并超越那些不能弯曲的科技。

所以我们现在处于一个较为尴尬的境地。无论你喜欢的方法是由外而内的还是由内而外的，或者两者兼而有之，仅靠提高学习水平并不足以改善教育现状。现在仍然运行着一种体系，固执地将学生们分成小麦或糠，依据的因素与学生作为学习者的潜力毫无关系，更不要说学生作为一个人的潜力了。

也许，如果我们真心要帮助世界各地的人们挖掘他们未被开发的潜在能力的话，现在是时候直面这个问题了。

第九章

最后一战

这是课程 2.007 机器人竞赛的第二天，也是最后一天。特邀嘉宾弗劳尔斯走上领奖台，拉开了今天活动的序幕。他站在台上扫视着人群，身后隐约可见“死亡之星”机器人巨大的身影。

弗劳尔斯平时性格开朗，但今天他并不是来宣布好消息的。他说，美国人的知识结构发生了转变，这是一种危险的信号。

“例如，现在这个国家只有不到一半的成年人接受进化论思想，”他说，“这太疯狂了。我们正在排挤一切与科学相关的真理。美国环保署竟然把科学家们从管理机构中清除了出去。”

“现在需要引起广泛关注的重大问题就是财富分配问题。如果你父母的收入水平在全国排名前 1%，”他指着一张幻灯片——上面是哈佛大学经济学家哈吉·柴提的研究成果——继续说“那么你的收入水平有可能可以排到全国前 30%。但是如果你父母的收入水平属于倒数的 1% 之内，那么你的收入也就在全国倒数的 30% 之内。而我们完全可以改变这种状况。”

坐在麻省理工学院约翰逊溜冰场的观众中有 100 多名课程 2.007 班的学生，此外还有好几百名观赛者和校友，其中有 32 名参赛者经过奋力拼搏，最终进入了决赛。弗劳尔斯对着观众说："现在需要你们来拯救大家。"

当时正值 5 月下旬，正是学生们即将告别学校的时刻，台上的演讲者用心良苦，试图将代际责任这件笔挺的大衣披到下面毫无准备的年轻人的肩上。如果说谁有权力要求他的学生立即行动起来的话，弗劳尔斯当仁不让，因为他已经以细微但是直接的方式，帮助他的学生们准备好了。他通过课程 2.007 创造了一片教育绿洲，学生们在这里能够快速地将工程设计知识情境化并加以应用。通过这样的锻炼，他们有能力以机器人技术为载体按照自己的意志影响周围环境。一直奋战到决赛的参赛者艾米・方后来说："我学到的东西贴合实际，能够直接应用于现实生活。"

此时台下的观众一个个意气风发，看上去对未来充满了希望。进入决赛的 32 名参赛者中，有 16 名选手是通过昨天残酷的循环赛进入了今天的决赛（共有 95 名选手参加了循环赛）。仅剩的幸存者们昨天花了一整晚的时间制定决赛策略，并对参赛机器人做了最后的修复。此外，还有一队 16 人的参赛组，大部分都拥有顶级机器人，正等待着接受公开挑战。他们是通过"天梯"获得现在的参赛权的。"天梯"是教授们几周前预留下来的比赛名额，主要是留给实验室里那些最有希望得分的学员。"天梯"队的队员有：前博茨大战参赛者亚历克斯·哈托里；梁智怡，她的机器人不仅能旋转两个圆柱形推进器，还能把一个小机器人送到X翼战斗机的上甲板上，用于攻击对手；最令人意想不到的是，游泳运动员布兰登竟然也是“天梯”队的一员，毕竟刚开始设计机器人时他可是问题重重。

不过，最受观众欢迎的当属汤姆·弗雷约夫斯基。他来自芝加哥，身材瘦长、面容高冷，把卧室当成工作室，经常一个人在里面摆弄机器人。和当年诸多顶级参赛者一样，他也设计了一种叉形装置，能够插入X翼战斗机下推进器的方形孔中并旋转。汤姆的叉形装置非常可靠，装置连接在一个柔韧性很好的橡胶联轴上，这样即使机器人与推进器的表面没有完全对齐，推进器也可以旋转。这一巧妙的设计，再加上极富战略性的编码，使汤姆彰显巨大优势。每一轮完整的淘汰赛用时2分钟，但在前30秒的时间里只能展示机器人无人控制自动运行的情况，在这段时间内的得分都将加倍。待到提示音响起后，再进行90秒的遥控操作展示。大多数学生都是在前30秒内想方设法获得分数，但汤姆不需要。因为到遥控操作展示开始时，他已经通过下推进器自动旋转一项获得了416分。然后，也是最精彩的部分——当机器人自动运行结束开始遥控操作展示时，汤姆的机器人仍可以继续旋转推进器，立即又为他赢得了208分。结果，到第32秒时，汤姆就已经获得了惊人的624分，基本稳坐胜者宝座。用温特教授的话来说，他的机器人所向无敌。理论上来说，其他人也可能通过累积得分获得如此高分，只是没人能像他这样连续得分。

然而，一个人的突然出现让汤姆始料未及。此人名叫理查德·莫耶，他在最后的关键时刻未能进入“天梯队”。因此，他不得不通过昨天的循环赛一路过关斩将进入决赛，成为一匹黑马。在昨天的第一轮比赛中，人们就被他的机器人惊掉了下巴，眼睛一直盯着记分牌。只见他的机器人和汤姆的一样，在自动运行期间漫步到推进器前，接着机器人身上的一个马达启动了，发出割草机般的咆哮声音，比所有其他机器人的声音都大。很快有人传言，理查德把比赛提供的马达改装得面目全非，成为独一无二的马达。

到本轮比赛结束时，理查德的分数非常醒目：912 分。汤姆露出了不自然的微笑。坐在旁边的布兰登心想，理查德会不会就这样凭借一个改装马达一举夺魁。“幸亏他的马达没有烧坏，”他说，声音里带着一丝庆幸，“要是马达坏了，连个替换的都没有。”

进入决赛的 32 名参赛者认真聆听了弗劳尔斯的话，心中充满了渴望，而不是恐惧。不管今天的结果如何，都不会对大家造成不良影响。就算学生参赛的机器人最后变成了一堆废铁，也不会对他们的未来有任何影响，因为学期末的比赛与学生的成绩没有直接关系。实际上，这些参赛学生一直是在某种程度的安全区内学习，他们敢于在学习中冒险、犯错，并从错误中吸取教训。学生们在这个安全圣地，激情大于恐惧，课程 2.007 也正是因为拥有这个安全圣地取得了一切教学成就，如成功激发了学生的好奇心，通过实战实现了工程基础知识情境化的教学目的。课程 2.007 那具有竞争性的温室环境并没有增加“教育扬谷机”存在的危险，反而让其看上去像一个多余的摆设。

就布兰登而言，这场比赛相当于一次机会，放弃昔日不成功的剪刀形机器人，重新开始。“我决定从头开始。”他说。他重新设计了几个新机器人，注意不是一个而是几个，他采用了梁智怡的直接驱动法，使用了推进器旋转叉，这些机器人虽然看上去仍有些摇摇晃晃，但不可否认的是，机器人最终让推进器嗡嗡作响，旋转起来了。学生们在课程 2.007 的怀抱中有一种安全感，得到了一种新体验，这种体验符合麻省理工学院校训的要求。麻省理工学院的校训早在 1861 年就确立了，在校园里随处可见。“既要学会动脑，又要学会动手”，这一校训比桑代克的理念早了 35 年，也比学分和大学的联邦认证理念还要早。最重要的是，这一校训比我们所谓的自由精英管理但却冷酷无情、影响我们一生的教育体系还要早。这一教育体系将教学功能等同于一台扬谷机。

现在，每当我思考如何为更多人提供真正有效的教育时，总是情不自禁地想到课程 2.007。课程 2.007 将学校的“教育扬谷机”功能与其教学功能分离开来，说明我们至少有办法重新思考“教育扬谷机”的使用方式，使教育从本质上更具包容性。

微硕士项目

从最广义上说，挖掘更多人的学习潜力，抑或改善一个人的生活其实很简单，只需优化教育教学，并且扩大人们接受教育的机会就可以做到。然而，如我们所见，这两个杠杆在运行的过程中时常相互矛盾。在教育实践中注入现代认知科学和个性化学习的教育改革最初取得了一定成功，但遗憾的是涉及范围有限，只在一些小型的实验学校实施，或者只能惠及传统教育机构以外的学生，比如职业中期的专业人士或在蒙古农村长大的孩子。这些人构成了 IBM 亚历克斯所说的仍未开辟的“西部荒原”。这无疑是一个有意义的试验场，却把所有已经在校园围墙内的人拒之门外。

我们如何才能确保那些惠及“西部荒原”的教育方法能够让更多人受益？我们又如何确保这些学生把所学的知识回馈给社会时，既能实现个人利益又能对周围社会做出贡献呢？此外，我们有没有可能扩大“西部荒原”的疆域，接纳更多学生前来学习？

我虽然无法告诉你哪种教育方法是万能的，哪种教育方法能够适用于所有年龄段的学生及所有学科，并能在世界各地通用，但我至少可以告诉你麻省理工学院所采取的方法。

麻省理工学院在高等教育领域发挥了重大影响力，与此同时，某些类型的高等教育已经走向成熟。2015 年，当 MITx 和 edx 的发展势如破竹之时，我产生了一种难以形容的感觉，我想，既然人人都在转变，我们当然也能转变。当时，包括 edX 在内的慕课供应商已经开始尝试向学生颁发奖章和结业证书，理论上是为了学生今后能够向雇主证明他们的学习情况。然而，在现实生活中颁发一种新的而且是不是被普遍认可的证书所产生的问题不亚于印刷一种新货币所带来的问题。只有首先证明这些证书具有价值，才能在广泛的市场中实现其价值。不过我们手里有一张独有的王牌。我们也可以像颁发校内麻省理工学院学位一样颁发在线证书——校内学位或许是麻省理工学院最有价值的资产。

我们不敢拿麻省理工学院的学士学位进行试验，因为这个学位非常神圣，不容轻视，也不敢拿学校的博士学位进行试验。然而，硕士学位却不同，这个学位只要稍加用心便可获得。我试想，要是我们把硕士课程一分为二，把最适合在线学习的部分放到网上，把那些需要面对面交流的部分放在课堂上面授，结果会怎么样？如果只有这些内容倒也不算思想激进，因为这种方式实质上有些类似翻转课堂，但是这个计划的第二部分势必会挑战麻省理工学院既定的秩序。

我认为，第一部分的在线学习课程实际上是将一个学期内的高强度课程通过在线授课的形式，让学生在一年内或更长的时间内完成学业。我们最终将这个证书命名为微硕士学位证，它可以作为获得硕士学位第二部分，即校内面授部分的录取依据。以这样的方式，我们首先可以通过在线学习的方式使成千上万名学生得到硕士教育的机会。而那些希望学得更深、期望崭露头角的学生，也有机会到学校里进行集中面授学习。在线课程和校内课程结合起来，学生们就将获得完整的硕士学位。

这是理想的结果。但实际上，这种设置潜在的受益者是那些从未涉足校园的在线微硕士证书持有者。正是因为麻省理工学院将学生最初的在线课程证书视为学生从网上课程转到校内课程的重要依据，这样就赋予了广阔世界中那数十个、数百个独立微硕士证书的价值。我们的在线硕士证书将得到学校的认可。

根据特定的硕士项目，我们决定开始试行这个计划。以微硕士项目作为入口，将在很大程度上扩大申请硕士学位的人才库。从理论上说，这个项目为传统的校内硕士班注入了新鲜血液，这些来自世界各地各行各业的微硕士学生将提高我们最终送入社会的硕士毕业生的质量。

现在最大的问题是哪个学院愿意将自己的硕士课程进行这样的改革。好在，这并不难。我直接找到了尤西·谢菲，他是麻省理工学院运输和物流中心的负责人。谢菲的部门开设了一门供应链管理硕士课程，我在研究无线射频识别项目时，因研究中涉及工业供应链的相关内容，和他打交道较多，便熟悉起来。谢菲的教学团队已经无法快速培养出满足行业需求的供应链专业人才。这就意味着，只要我们能够保证毕业生的质量，那么将有大量正规公司愿意承认这种新的供应链管理硕士证书。谢菲与我一拍即合。作为创业者，他连续开创了五家公司，事业成功。他决定迅速行动起来，作为开创一种新型硕士学位的领头者，他深知若在整个麻省理工学院推广微硕士项目，等待我们的将是种种挑战。

当我对谢菲提出试行微硕士项目的想法时，他显得颇有激情。他后来回忆说：“时机正好。”他邀请该中心的执行主任克里斯·卡普里斯加入，请他设计新的学位证书，并教授一些相关课程。谢菲对他说：“克里斯，我们必须快马加鞭。就像创业一样，速度就是一切。”大家已经预料这个计划在推进过程中势必会受到来自学校内部的阻力。“即使阻力重重，我们也要尝试，我会让麻省理工学院接受我们的计划。”谢菲说。

最后一切都如愿以偿地进行了。整个过程并没有说得这么简单，经历了各种曲折，但最后麻省理工学院的管理层和教职员工都认真听取了他们的计划，且计划最终得以顺利实施。谢菲、卡普里斯和一位高级物流研究员伊娃·庞塞（负责微硕士项目的日常运营）从现有的供应链 MITx 课程中选择了三门，又增加了两门，共创建了五门系列课程。那些从 2014 年就开始学习在线供应链管理课程的学生就有机会获得微硕士证书，甚至有可能到麻省理工学院校园里学习并获得完整的硕士学位。

波琳娜·格斯伯克特就是其中之一。她是一位土生土长的莫斯科人，职业生涯早期的大部分时间都是在德国通用电气公司的热力服务部门工作。她在大学辅修了物流专业，工作中有时会遇到为大型汽轮机采购备件的问题，在不知不觉中她为工作单位引入了一些新奇的物流原理。获得商学院毕业证后，她开始寻找相应的后续课程。一位朋友向她推荐了 MITx 学习平台，她在上面发现了一套全新的供应链管理微硕士课程。她仔细研究了这个项目，发现这些课程可以提高她分析问题和量化事物的能力，这才是供应链动力学课程的优势，而这是她在知识相对粗略的本科课程中不曾涉及的。不过，与其他在线课程不同的是，新型微硕士课程只在每学年的固定时间开课。她查看了下一期课程的开课时间，刚好就在当天三个小时后开始。她说："谢谢你，上帝。今天让我找到了寻找已久的课程。"

斯里德普蒂·基丹比通过不同的路径也找到了微硕士课程，最终和格斯伯克特成为了同班同学。她来自印度，在印度一所著名的私立学校获得了机械工程学士学位。毕业后，她在斯伦贝谢公司担任供应链工程师，这家公司也是我大学毕业后第一份工作的公司。她甚至也在石油钻井塔上接受过一段时间的训练。之后，她在世界各地活跃了几年，从印度的普纳到休斯敦，再到新加坡，并在新加坡进入了咨询界。接着她和丈夫组建了自己的家庭。"我带着两个孩子从事咨询工作太不方便了。"她说。于是她辞掉了工作。与此同时，她的丈夫接受了纽约市的一份工作，于是她们举家搬迁。不久后，她想要重返快节奏、高强度的工作岗位，但是不能像以前那样奔波于世界各地。她考虑过回学校继续深造，甚至打算攻读传统的工商管理硕士学位，但由于时间的限制，成为泡影。

然而，微硕士项目不同。“这个项目对我来说最有利，既可以工作又不耽误学习，还不用往学校跑，在家就能学。”基丹比说。

她一边上着在线课程，一边开始求职。“我主要寻找的是初创公司，”她说，“这样的公司灵活性强，易于接受创新思想。我去了美国互联网租衣电商公司 、净菜电商公司、电脑软件 3D 设计公司，以及不同行业的几家公司找工作。”

她说：“在面试过程中，微硕士证书成了我非常有利的加分项。”特别是在租衣电商公司，其首席物流总监听到她正在攻读物流专业的微硕士学位，惊得目瞪口呆。原来他自己也在利用业余时间攻读这个学位，因此他知道这个过程有多么辛苦。“他最终未能获得证书，”她说，“但是他对我说：‘真不敢相信你能把那么深奥的算术题都弄明白，看来你的数学确实很出色，”这家公司最终雇用了她。

供应链管理微硕士课程要求非常严格，若想要获得成功，就必须刻苦努力。学完五门课程中每门课大约都需要三个的月时间。基丹比说，一开始她计划学完在线课程就去学校参加面授课程，但是“我的家人都担心我坚持不下去。于是我说，就让我试试吧。或许我喜欢上了这门课，就能坚持下去。”事实证明，学习这些课程并没有给她繁忙的生活增添负担，反而让她学到了很多使用的知识，生活变得更加充实。

格斯伯克特和她的经历类似，至少在一开始的确很相似。她说，微硕士项目要求很高。报名之前，她已经定好了去菲律宾的机票，准备去度假，结果她是一边度假一边学完了第一门课程中第三周和第四周的内容。“我周围的人都去潜水了，而我却坐在房间里努力学习，”她说，“不过我认为这样做十分值得。我只是不想错过上课的时间。我学完了第一门基础课，而且成绩还不错。”

事实上，她前两门课的成绩都得了优。她在日记中写道，她计划继续学习微硕士项目后半部分的校园面授课程，她立志每门课程的成绩都要超过 90 分。她笑着说：“也许我有机会继续学习。当时，我并不知道我的成绩可以超过 90 分。”

远在大洋彼岸的基丹比开始学习网上开放课程时，公司的老板给了她充足的时间。“他说：‘我知道你的期中考试就要到了。没关系，休息一下，好好考试。’他知道学习这门课程有多么紧张。他给了我很大帮助。”她说。

就在她开始上第二门和第三门课时，租衣电商公司计划扩大公司的发展规模。从公司的名字不难猜出公司所从事的业务，主要以出租名牌服装为主，以发送、接收和清洗服装为配套服务，因此需要高效的物流做后盾。然而，这家快速发展中的公司，其每一件服装都要经过新泽西州的一家干洗工厂，这也是造成物流瓶颈的重要原因。“显然这会影响物流的速度”，她说，“根据我在一门高度分析性供应链设计课程中学到的理念，我创建了一个物流网络战略模型。”她给老板展示了她的模型，老板又把模型展示给了首席运营官、财务总监，最后展示给了公司所有人。公司采纳了她的计划，在德克萨斯州的阿灵顿建立了一个新的配送中心，那里能够处理40% 的服装流量。

基丹比的事业蒸蒸日上，因此当她表示想要继续参加校内面授硕士课程时，她的同事们纷纷感到不解。“大家都说，我现在事业如此成功，根本不需要硕士学位。”她说。但是一位毕业于麻省理工学院传统硕士课程的同事把她拉到一边和她说‘ 不要管别人怎么说，你应该去上学，否则你会后悔的。’”

然而，能否被麻省理工学院面授课程录取，基丹比和格斯伯克特都没有把握。“对于录取情况我一无所知，”基丹比说，“我也不知道谁是我的竞争对手。”格斯伯克特在系列课程中的第三门课中遇到了困难。“期末考试里有一道题非常难，”她说，“所以，这门课我的成绩不太好，好像只是得了个‘良好’。我想我没机会上面授课程了。”不过她不是唯一一个认为这道题难的人。格斯伯克特说：“我认识几个人，他们以前上课时在留言板上很活跃，但是遇到这个难题时也都备受挫折，一个个也不吭声了。”

然而，就在同一周，她收到了麻省理工学院的一封电子邮件，请她注册成为一名社区助教，帮助其他在学习中遇到困难的学生。她认为这是一个好的信号，说明她仍然有机会进入面授课，于是欣然同意。

总体来说，这两位学生通过微硕士项目获得硕士学位共花费了16 个月的时间，其中包括在网络摄像头的监控下进行的一次决定性期末考试。“有一个人，”格斯伯克特说，“当时在苏丹工作，考试的关键时候突然没有了网络信号。有传言说，他把公司的网络信号全部占用了。他插上电源，接通了互联网。他说：‘我引发的一切问题只能明天解决了，但现在我要先应对考试。’”

“8 月 1 日，我们收到了录取通知书。”她说。

“我决定去上学。当时我非常激动，”基丹比说，“有那么几年，我想去上学却没有机会。但现在机会来了，我就要努力拼搏一番。”

改良版“教育扬谷机”

毋庸置疑的是，即使有了微硕士项目，也并不意味所有人都可以申请供应链管理硕士学位，教育的筛选现象仍然存在。目前，已有 30 万人至少注册了一门供应链微硕士课程，其中只有 3 万人获得了课程的结业证书，1 800 人获得了微硕士证书。硕士面授课程只为在线学习者预留了 40 多个名额，而在这 1 800 名学生中，约有 15% 的人都申请了前往学校参加面授班的学习，这些学生被称为混合型学生，将会插入已经学习了两个学期的传统班级里学习。该项目的主要负责人之一庞塞说，那些参加过在线学习的学生成绩普遍优秀，他们在参加面授课程之前已经历过自我评判筛选，因此不会再浪费时间。即使是那些没有进入校园参加面授的学生，也会被授予极富价值的微硕士证书，这意味着这学生长达一年半的艰辛努力绝不是浪费时间。只要他们完成了课程学习，只需要花费 1 000 美元就能获得学位证书，如果他们愿意参加期末考试的话，也只需要支付1 200 美元。这笔钱与普通硕士学位的学费相比，只是九牛一毛。

虽然这种新的筛选过程还没有达到理想的程度，但至少比传统的录取方式更理想，挖掘了更多人的潜力。

这个项目如此成功，与克里斯·卡普里斯谨慎地将促进学习型考试与招生型考试分开有着不可分割的关系。最初，在 MITx 的供应链项目课程还没有设置校园面授部分时，卡普里斯把考试视为一种纯粹的教学工具。他说："老实说，作弊现象很严重。但这也没关系。普通测试旨在鼓励协作精神，获得即时反馈，并促进比约克夫妇所提倡的提取努力，从学生的认知角度来说，这是使课程具有合理性的一个重要部分。如果学生作弊，他们就是在自欺欺人。"

然而，当这门课程纳入微硕士项目后，学生有资格获得麻省理工学院的学分时，一切都变了。"考试评估也变得至关重要，"卡普里斯说，"考试中犯一个小错就有可能被取消考试资格，这样作弊就行不通了，但是这种做法却削弱了考试的教学价值。"卡普里斯通过增加测试数量，解决了这个问题。如今，容易作弊的普通测试仍然存在，但是也有期中考试和期末考试这类重大考试。幸亏有了物理学家埃克·庄开发的随机化技术，学生们基本不可能作弊。

从认知角度来看，筛选功能并没有对在线课程的内容产生太大的影响。总而言之，虽然在线教学有以学习为中心进行测试、教学视频可暂停亦可回放、视频时长通常控制在 10 分钟内等优势，但是我们仍不能武断地认为在线教学一定比面授更好。

因为管理校内硕士学位招生的人和管理微硕士项目招生的人是同一批人，所以在评估学生时，即使学生有一两次考试成绩不理想，也不影响招生教师们从整体对学生的学习进行评价。从格斯伯克特的情况就可以看出，虽然一次失利的考试对她的课程成绩造成了重大影响，但招生团队认为这一次的失利是可以忽略不计的。“这就是在线学习的好处，”她说，“教师们会考虑你的总体表现。如果有一次没考好，他们会问你的整体学习情况如何？如果整体表现不错就不会受影响。”

“到学生们完成微硕士课程时，我们可能比学生们的母亲更了解他们，”尤西·谢菲说，“他们想了些什么、做了些什么，我们了解得一清二楚。所以我们能选出最好的学生。”

与传统的招生程序相比，微硕士项目的招生范围更广，它吸引了大量所谓的传统加混合型硕士学位申请人。谢菲俯下身，扬起眉毛说：“在这门课的传统硕士班中，有一个混合型学生，他连学士学位都没有。这个情况我们没有告诉任何人。他已经工作了，是个聪明睿智的人。他在在线课程部分取得了优异的成绩。于是我们有一个大胆的想法，把他插到麻省理工学院的传统班级中，看看他的表现如何。结果证明他成绩优异，在班里出类拔萃，”他说。他们现在已公开表示可以接受那些没有学士学位，但是成绩优异的硕士研究生申请人了。

这个项目最有实力的佐证，就是那些混合型学生在校内面授班里的出色表现。贾斯汀・里奇和一位合作者进行了一项独立研究，研究对供应链管理硕士课程中混合型学生和传统型学生进行了对比。结果发现，混合型学生不仅在供应链管理课程中成绩优于传统型学生，在其他课程中也同样优于传统型学生，甚至比麻省理工学院的大部分学生都优秀。这些发现证明，在学校的传统视野之外，存在着巨大的人类潜力等待被发掘。

今天，供应链管理微硕士课程并不是唯一一个能让你走进麻省理工学院的在线课程。虽然我仍存有私心，认为我们的硕士项目是世界一流的，但五大洲中共有 21 所大学都提供了类似的课程。你可以通过在线课程获得学分，供应链管理课程只是这众多项目中的第一个。截至 2019 年年中，全世界的大学共开设了 52 门微硕士课程，其中有 4 门是由麻省理工学院开设的。

或许微硕士项目最重要的方面是我们能够有意识地审视究竟是什么使高等教育的学位具有如此高的价值，以及传统高等教育的哪些方面仍与学生的目标不相符，甚至与学生的目标背道而驰。

诚然，一些一流学院和大学的管理者都在低声议论既然在线教育取得了如此成就，为什么学生们仍然会申请精英学校。他们认为学校的价值体现在三个方面：学习的内容、遇到的人和获得的证书。再加上校园生活的几个要素，比如体育、派对、爬满常春藤的教学楼，这就是许多美国大学为本科生和硕士生提供的刻板形象。

微硕士项目把“学习的内容”放在了首位，同时保留了“遇到的人”这一要素，重要性仅次于学到的知识。的确，微硕士项目中没有大学的物质基础设施，也缺乏一些临时性的大学组织生活。但是，微硕士项目真正改变的，也是刻意务实改变的，就是在“获得的证书”方面。这说明“获得的证书”从来就不是只有高等教育才有的要素。获得证书具有两面性，既证明了被学校录取的学生有光明的发展前景，同时也暗示了那些没有被录取的学生相对黯淡的前景。微硕士项目摒弃了这种教条的思维方式。它的核心任务就是摒弃从第一次智力测试中延续下来的观点，即以同龄人的分数作为标准衡量一个人的分数。在微硕士课程中，如果你证明了自己的实力，那么无论有多少个“你”，你都能获得证书。

这种“在线课程 + 校内面授”的模式也有其缺点：先向学生输入大量硬知识，然后才着手解决复杂的实践问题。我们不可能用复杂的问题来激发学生的好奇心，提高学习者的积极性，以及将知识背景化。但是这种模式至少对那些已经参加工作然后申请硕士学位的成年学生来说，获得的收益大于付出的成本。我们把特定领域的硬知识放到网上，能够让世界上相当多的一部分人受益，否则他们可能永远也没有这样的学习机会。

然而，你可能会想，既然已经输送了知识，还有什么必要考察动手能力呢？由于动手能力很难通过网络进行培养，学生亲自到校内培养的成本又太高，研究者们对解决问题是否可以作为一种独立的品德进行教授意见不一，因此，有人会说我们只坚持通过网络教授硬知识和技能就可以了。

对于这个问题，我的答案很简单：如果教育的最终目的是培养出能够改变世界的学习者，那么对动手能力的培养绝不可少，并且还应扩大培养学生动手能力的途径。在钻井平台实地解决问题，在学校写出一篇关于后结构主义文学的论文，为医院病人提出治疗方案，或者设计和制造一个机器人，动手能力都是激活教育的关键。若要我们的大脑完全彻底地领悟某物，我们的手也必须能够“领悟”。

一个人需要通过动手解决复杂的问题从而拯救自己。在机械工程世界里有一个鲜活的例子，那就是弗劳尔斯。弗劳尔斯从小就与奇形怪状的机器打交道。他小时候生活在路易斯安那州的一个乡村里，当地锯木厂生产时产生了数吨废木材，大部分都是巨大的活边板。锯木厂里总有两个不幸的家伙，他们的工作就是把那些废木材拖到一个燃烧的木堆旁，然后扔进去烧掉。弗劳尔斯说：“那里热得要命，干这个活简直就是一份苦差事。”所以他的父亲（一名电焊工）拿了一根直径的 30 英寸的管子，在外面焊接了一个齿状物，能够以 2 000 转 / 分的速度旋转，样子丑陋无比。这个工具旋转时能把木板转起来卡在管子上，然后射到远处的火堆里。“砰！木材就掉进火堆里了。用这个工具把木板扔到一百米远的地方都没有问题。”他说。他父亲瞄火堆瞄得非常准，甚至还可以用这个工具把东西堆起来。

高中时，弗劳尔斯开着一辆前面有轮子，后面像坦克履带一样的军车去约会。他说："我能把这辆半履带式军车开进本地奶品皇后[①]前，我太开心了。"但他的约会对象却拒绝坐这辆车。他最得意的作品是一辆改装的跑车，那辆车是他用他所能找到的所有材料改装而成的。"我没有多少钱，所以这辆车看上去很粗糙，但是速度非常快。有一次我被罚款了，因为车上没有头灯和尾灯，没有合适的排气管等一大堆东西，连挡泥板也没有，"他笑着说，"好在我还活着。"

虽然弗劳尔斯年纪轻轻时就展示出了非凡的设计能力，但他并没有上大学的打算。不过，在高中最后一个学期，一位从事社会研究的教师了解到他的兴趣，把他叫到一边。他注意到弗劳尔斯的左臂无法完全伸展，这是因为他上二年级时从一棵树上摔下来，左臂多处骨折造成的。教师说："孩子，我们要为你做残疾鉴定。"一家医院的整形外科医生正式认定弗劳尔斯为残疾，他因此获得了领取大学奖学金的好机会。他说："我放弃了去油田找工作的念头，也放弃了购买一辆高级克尔维特[②]的想法。"他走上了求学之路，先是进入了路易斯安那州纳契托什的西北州立大学，然后是路易斯安那理工大学，最后进入麻省理工学院。

---

① 美国著名的冰淇淋连锁品牌。

② 一般指雪佛兰科尔维特，是美国国宝级的超级跑车，亦是通用旗下最高端的超级肌肉跑车品牌。

弗劳尔斯在 2.007 机器人比赛开幕式上简单地向大家讲述了这个故事，引起了一位学生的共鸣。他就是理查德，那个黑马参赛者，他的机器人让最受欢迎的弗雷约夫斯基都敬畏三分。理查德比同班同学大几岁，因此与同学们的关系并不亲近。在实验室里，当其他人都三三两两组成小组共同合作时，他常常独自工作，脸上带着平静的微笑。尽管如此，他的机器人刚一启动推进器的那一刻，学生们都立刻围了过来，被机器人那摩托车式的咆哮声吸引。

不仅理查德改装的马达是班里最为独特的，他本人也很独特。他童年时生活在弗吉尼亚州西南部的一个郊区，父亲是大学教授，教生物学和生物化学两门课程。理查德 14 岁时，家里发生了变故。他们搬了家，在一个农场里生活和工作。理查德只能接受家庭教育。他们一家人搬来时是夏天，理查德需要做农活，比如，养牛、种植有机蔬菜和有机种子作物。秋天，本该是新学年开始的时候。“我的新学年从来没有开始过，因为我们很忙，”他说，“我的父母告诉我，‘农场生活本身就是一个非常好的教育平台。你在这里学的东西可能比在学校学得还多。’”他在农场中接触到了各种农业设备，负责修理拖拉机、汽车和全地形车。在这一过程中，他对机器故障以及如何排除故障有了大致的了解。他还尝试制造农具。有趣的是，他最引以为豪的自制机器可以通过将空气吹进装有种子的柱状物中去除谷物中的壳、杂草和石子等。“我自制了一台扬谷机。”他说。但事实上分离谷子与谷壳比他想象的难得多。他说：“我试着造了一堆样式各异的门，利用门的开合作用分离谷物，但是没有起到作用。我能想象到该如何控制机器，但是做不到。”最终，他不断调整，机器终于起作用了。对于一个没经过培训的年轻工程师来说，这已是一个很了不起的成就。但是这台机器效率低下，并没有达到他对谷物所期望的清理程度。

最终，他意识到自己缺乏正规的工程设计教育。现在他 18 岁了，决定放弃高中，通过自学在当地一所社区学院获得了课程助理的资格。在那里，他又申请了麻省理工学院。

得知理查德的经历后，弗劳尔斯推测他可能是麻省理工学院的招生主任录取的，主任也是一名课程 2.007 的毕业生。但不管是谁把他招进来的，都是正确的选择。理查德的机器人不仅使其他学生为之感到震撼，也让他的教授们喝彩。

“VS-11”是供所有课程 2.007 学生使用的小型电动机。“它是强大的电动机，理查德从中取出了一些齿轮，”温特解释说，“这种做法我是第一次见。”

在所有供课程 2.007 班学生使用的电机中，VS-11 能够产生最大扭矩，但大多数学生都不会用它来旋转推进器，因为这是一个伺服电机，功能是缓慢移动到设定位置，而且旋转时不超过 180 度。把电机改成连续转动的模式相对容易，但是转动的速度仍然缓慢。

然而，理查德发现 VS-11 只是表面转速很慢。马达本身是隐藏在 VS-11 的塑料外壳里旋转。介于马达和外壳之间的是一系列齿轮，这些齿轮将壳内马达的极速转动转化为可测量的、不可抑制的扭矩。“马达的齿轮齿数比大概是 200 或 400 比 1。这个比例相当大。”温特说。

学生们如果想用 VS-11 快速转动轮子，通常是做一个外接变速箱，将其扭矩转换回速度，但这样又不可避免地会引起摩擦，耗费 VS-11 的大部分动力。理查德并没有这样做，而是打开了马达的外壳。“取出部分齿轮，使最后的齿数比为 10 比 1，”温特说，“变速级别少，轴承又好，因此，不会因为摩擦而损失太多扭力。”这项技术不仅需要钟表匠般的精细操作，而且理查德还需要自制一块电路板用于更换马达的电路板。

温特钦佩地摇摇头说：“是个聪明的家伙。”

解决问题能力

在当天的第一场比赛中就能明显看出课程 2.007 的学生学到了很多知识。例如，在本学期刚开始时，艾米 · 方对齿轮如何影响电机的扭矩输出方面有着良好的理论基础，但她不知道如何将齿轮组合在一起形成变速器。而到了课程结束时，她因自己制造的变速器获奖，这个变速器可以将三个电机的动力传递到 X 翼战斗机的推进器上。

教育中的一个难题是，学生们是否在学习过程中提高了解决复杂问题的能力，一些教育家认为这无法证明。布兰登放弃了第一次的设计后，在短短几周的时间里组装了一个可旋转推进器的机器人。之后他又在几天内组装了另一个机器人，由他的助手乔什操作。这种辅助机器人，根据竞赛规则是合规的，但必须采用截然不同的控制方案，也就是只能用电子游戏控制器来控制，而不能用模型飞机遥控器控制，这又是一个全新的工程设计挑战。不过，他很快就全部解决了这些问题。在学习和实践过程中，他显然学到了许多关于工程和设计的深奥知识。

这些深奥的知识究竟是什么知识呢？有趣的是，马哈詹和雷斯尼克二人分别是由内而外和由外而内教学法的代表人物，他们所提倡的学习理念，在课程 2.007 中均有体现。

雷斯尼克主张的由外而内教学法最具直观性。通过实际动手制作，学生的图式之树将会长得更加枝繁叶茂："一旦我开始创作，就能产生新想法。"雷斯尼克说。例如，一个学生在使用帕帕拉多实验室的自动车床制造某种类型的槽轴的过程中，还会发现车床的其他用途，很快就能利用车床制造其他物体。如果仅仅通过学习使用一台机器就能丰富一个人的学识，那么学习建造一台机器自然能够将丰富程度再提高一个级别。例如，从课程 2.007 班毕业的每个学生都能通过发明机器人来解决日常琐事，比如家务。他们有能力解决周围环境中的问题，世界也因此一点一滴地发生着改变。

不过，这门课究竟是真的提高了学生解决问题的能力，还是仅仅增加了学生长期记忆中高度组织、相互关联的数据分支，仍未形成最终定论。毕竟，与车床相关的知识只是初级知识。事实上，课程 2.007 的许多内容都是通过在线视频的形式直接讲解的。而且，如马哈詹所说，表面上看课程 2.007 中涉及大量探索式学习，但仔细观察就会发现，这门课程其实是高度结构化的。它系统地将发现过程分解为易于管理的步骤。像布兰登、艾米·方和梁智怡这样的学生可能会感觉自己被扔进了学习池水的最深处，既沉不下去也游不上来。但事实上，这门课程战略性地将一系列救生圈放在了他们触手可及的地方。这些救生圈主要是课程的一系列实操作业，迫使学生获得工程设计要求的某些知识后，才能开始设计自己的竞赛机器人。“他们不是被扔进水池的。教师们明确告诉过他们所要经历的一切，首先要弄清楚制造一个机器人的原理，然后再开始实验，”马哈詹说，“教师们会教会他们相关理论，还会教会他们如何协作，所以这根本不能算作发现式学习。”

为庆祝机器人大赛正式开始，麻省理工学院无伴奏合唱团演唱了国歌，赢得了热烈的掌声。接着，喇叭里又传来了另一首歌——约翰·威廉姆斯的电影《星球大战》中的主题曲，以鼓舞在场的每一位参赛选手和观众。温特和他的搭档金尚培教授分别身着《星球大战》中黑武士达斯·维德和楚巴卡的服装，从幕布后面冲出来。观众们立即沸腾了。

首场比赛也是理查德当晚的第一场比赛。他的机器人“龙卷风”自动缓缓地向上移到下推进器处，然后高速旋转，发出特有的咆哮声。机器人采用了摩擦驱动原理，即在推进器表面转动小轮子，就像留声机上面的一个小独轮车一样。在最后进入决赛的 32 名参赛者中，只有理查德和艾米·方使用了这种设计策略。接着，这个机器人做了一件汤姆的机器人无法做到的事情。在理查德的手动控制下，机器人飞上电梯，在上推进器上重复刚才的壮举。它触到上面的一个按钮，砰地一声按下去，顿时响起了《星球大战》中莫斯艾斯利酒吧里的音乐，这一设计又一次提高了他的总成绩。到比赛结束时，记分牌上赫然显示出了 937.5 的高分，这是机器人大赛迄今为止的最高分。他的竞争对手们再没有机会夺冠了。

第一轮比赛的其余选手就被无情地淘汰了。大多数精心设计的机器人都败在了旋转推进器方面，显然这是今年比赛中的制胜策略。布兰登和他的室友乔什每人有一对这样的旋转机器人，在比赛中分别担任对方的助手。他们的第一次合作不禁让人捏了一把汗，乔什控制的机器人总是无法完全对准下推进器。而布兰登在仅剩的几秒钟时间里将机器人送上升降机，成功地旋转了上推进器，取得了胜利。

他们的第二次协作，这一次准确地说是乔什的比赛，两人仓促地战胜了艾米·方和她挚爱的机器人“孤鸽战机”。当“孤鸽战机”接近下推进器时，不知何故一个轮子卡在了游戏板的中间，也就是 X 翼机身下面的壕沟。艾米试图旋转推进器，然而一切已是徒劳，机器人摇摇晃晃地掉了下来。“孤鸽战机”就这样败下阵来，温特为之感到惋惜。“艾米做过重要分析，这次失误了，”他对观众说，“我喜欢她的设计。”

乔什的机器人也可能在16强淘汰赛中被同样的中央战壕吞噬。布兰登和乔什共同努力，尝试了两次，还获得了两次特写镜头。现在他们只剩下最后一次机会，布兰登想要尽力一搏，但是形势看上去对他不利。16强比赛时，他的对手是詹姆斯·李，和布兰登一样，詹姆斯·李也有一个助手，帮他操控他的两个机器人，“邦妮”和“克莱德”。其中较大的机器人“邦妮”将伸缩塔延伸到上推进器前面。“他的两个机器人就像螳螂一样，体型大一点的是雌螳螂。”温特讲解着。布兰登把机器人送上电梯，把顶部推进器旋转到每秒25弧度的最高速度。与此同时，詹姆斯·李的机器人邦妮正在尝试解决对齐问题，但是只对齐了一点。

不过，只对齐了一点也起到了很大作用，因为到现在为止，体型较小的机器人克莱德已经到达上甲板，并把一个挂钩插入悬挂在X翼战斗机驾驶舱正上方的光剑基座上了。光剑沉重的手柄就像钟摆一样，任何一个参赛者，只要能把光剑的手柄拉得足够远，积分就能增加三倍。布兰登两眼发红，用他的机器人去撞击克莱德。这是当晚出现的第一个蓄意破坏者，比赛规定只有当机器人到达上甲板后才能使用这一招数，此时两个机器人扭打在一起。“哇，这就是黑暗力量！”温特解说。尽管布兰登尽了最大的努力，光剑仍在不断倾斜，达到了45度。看来这场比赛花落谁家，仍有悬念。乔什仍在后台默默地操控机器人旋转下推进器。最终，是乔什沉着的操作，而不是布兰登的蓄意破坏将这对组合带进了前 8 强。

梁智怡几周前就开始制定破坏计划，不知不觉中针对每个对手制定了一套不一样的破坏计划。他的大机器人和其他几个人的一样，可以在手风琴式的平台上将推进器旋转叉向上伸，从前面旋转两个推进器。他聪明有才华，发现这种升降式平台也可以用作自己的私人电梯，能够在比赛开始时将一个专门进行破坏的小型机器人送到上甲板，在上面现开展各种各样的恶作剧。

看着比赛安排表，他发现他首先遇到的麻烦是帕特里克·申，他的机器人也可以从前面旋转两个推进器。“老实说，我可能会让我的第二个机器人下来拦住他，”他说。梁智怡把这种战略称为“进入速度与激情状态”。从技术上讲只要不危及周围的人，这种做法是合规的。

就连参加过电视节目“博茨大战”比赛的学生亚历克斯·哈托里提到梁智怡都感到有些担忧。“我没有和他分到一个组，算我幸运。”他说。

然而，在实践中，梁智怡发现用自制电梯把小机器人送到 X 翼战斗机上甲板的过程比他预想的复杂得多，他还需要快速创建一个跳板，因为在头两轮比赛中，他的小型破坏机器人两次都从桥上掉了下来，没有起到任何作用。第二轮时，下面的观众已经看明白了梁智怡的策略，看到机器人掉下来时，都为之叹息，他们想看这个机器人的表演。第二场比赛结束时，尽管计划没有成功，观众们仍然高喊梁智怡的名字。他进入了1/4决赛。“我没想到我能进前8强，”他说话的时候睁大了眼睛。他拥抱了他的助手加布里埃尔，然后两人都急匆匆地回去修补机器人。之后，他取得了更好的成绩，他的机器人在下一轮的比赛中轻松战胜了一个在错误的时刻从顶部推进器中挣脱出来的机器人。梁智怡将进入半决赛，也就是理查德和他的机器人“龙卷风”惨遭厄运的比赛。

与此同时，布兰登要与参加过“博茨大战”的亚历克斯·哈托利展开较量，后者的双胞胎机器人理论上能够为他赢得难以想象的高分。然而，这场比赛一开始，双方却频频出现失误，布兰登的机器人摔下来，正好砸在乔什操控的机器人身上——引来观众们阵阵叹息。看情况，双方在这场比赛中会打个平手，如果是这样，重量较轻的一组机器人将晋级。但是乔什和布兰登有一个亚历克斯没有的优势：他们认真阅读过规则手册中的详细内容，了解到回合开始时他们如果可以拖下一个暴风战士，也可以得分。如果把风暴士兵推到中央战壕，可以为他们赢得5分。这本来是为那些机器人比较简单的参赛者设计的得分项，而那些简单的机器人在昨天就都被淘汰了。现在，比赛只剩下最后10秒了，因此这项规则是他们唯一的希望。乔什的机器人虽然仍能直立，但当初也不是为这个任务而设计，而且当布兰登沉重的金属机器人砸在它身上的那一刻，它好像就不能动了。“还有五秒。”温特宣布。风暴士兵侧滑，观众看着巨型屏幕上的场景，开始低声议论。“四秒。”温特说。乔什一下加大机器人的动力。还剩三秒钟，他的机器人突然坠入战壕，把风暴战士也一起拖进战壕。布兰登队获得五分。突然间，整晚都比较克制的观众们，突然像失控了一般，高声欢呼起来。许多观众都是出于同学的情面才来观看这场比赛的，但现在他们意识到他们有幸碰到了当年最精彩的赛事。

约翰逊溜冰场的观众之所以对布兰登和梁智怡的表现反应如此热烈，部分原因是他们身上已经流露出一种职业选手所具有的自信。在 1/4 决赛还没结束时，有那么一刻，梁智怡转过身来和他的搭档击掌，这一幕不禁让人想起短跑运动员尤塞恩·博尔特在 100 米短跑中回头看了一眼其他对手的那一幕。梁智怡展现的自信见证了一个人取得成就时的喜悦。

伍迪·弗劳尔斯后来在描述麻省理工学院培养动手能力的秘密目的时，提到了这种感觉。他重申，教育就是教你学会“用微积分进行思考”。这句话实际上包含了两个部分：第一部分是外向部分，你必须理解微积分与周围世界的深层联系，这样你才能用微积分解决各种问题。微积分的知识必须广泛情境化，用马哈詹最喜欢用的词来说就是“过度学习”，这样你才可以在需要时调取这方面知识，同时不会造成工作记忆的堵塞。

第二部分是内向部分，虽然不那么直观，但同样重要。教育意味着获得一种第二天性的理解能力，即作为一名潜在的变革推动者，你将如何运用自己所学的知识和技能影响世界。弗劳尔斯说:“我认为真正的教育是培养一个人具备理性自尊的过程。”也就是说，对于那些立志影响世界的人来说，知识和技能永无止境。你只有证明自己掌握了这些知识和技能，才能理解这些知识在现实世界中的相关性。

“我过去经常参加各类会议，有一次一个会议在谈到课程 2.007 时，我深感受挫，”弗劳尔斯说，“有所学校的一名教师站起来说，‘我们的教学中也有创造性练习。我曾经做过一份咨询工作，遇到我不知道如何解决的问题，就把这个问题作为一个创造性练习交给学生们解决。而你们总是想着打击学生。我认为这是最愚蠢的事，你们为什么要把一个人的创造性自我像扔垃圾一样毁掉呢？’培养学生的创造性自我，正是教育中培养动手能力的体现。本学期初，温特向学生介绍了他和其他教师在课程 2.007 中提出的设计过程。“设计并不是你有了一个伟大的想法，然后就能制造出一枚“土星五号”，火箭载你去月球，”温特说，“试着在脑海中想象一个“土星五号”火箭的样子，不仅要想象火箭的形状，还要想到火箭底部每个推进器中的每个 O 型环。火箭比自由女神像高 60 英尺，由复杂的机械和电子设备相互连接。这是一项巨大且复杂的设计，而人们不具备把这些细节都记在脑子里的认知能力。他们必须把这些知识分解成更小、更容易驾驭的部分。”

他播放了一张幻灯片，上面是一张图表，这张图表最初是由产品设计师达米安·纽曼制作的。幻灯片背景为白色，上面有一条黑色曲线，看起来就像某人用钢笔胡乱签的名字一样。只不过这个曲线是从左到右绕着某个看不见的中心轴疯狂循环，最后出现了一条水平线。“曲线基本上是从研究和概念开始的，”温特指着图表中最弯曲、最左边的部分说，“这个部分繁杂的循环代表了解决复杂问题的多种途径。通过研究和勤奋思索能够消除其中的一些可能性。”接着，他指着图表中略显有序的中间部分说：“待你评估了自己的想法，缩小了选择范围，就得到了最精华的部分”他又指向图表中几条线交汇的一个点说：“叮咚，最终设计成形了。”

“当你第一次面对一个复杂的设计问题时，早餐前，你可能认为还有诸多不可能解决的因素。但是早餐快结束时，你就已经能够对宇宙中可能发生的事做出绝对的预测，”弗劳尔斯说，“我认识一些非常优秀的设计师，他们在哪里都能适应，从不会因为自己所处的位置而感到困惑。

“对我来说，优秀的设计是人们首先形成粗略的设计，然后对设计思路进行反复打磨，最终形成灵活且精准的设计。”

灵活且精准，如果这听起来像是吸引观众观看体育赛事的标准，那就对了。约翰逊溜冰场的观众为布兰登站起来鼓掌跺脚和高呼梁智怡名字时的声音，这种声音如果你能用化学方法分离出来的话就是：展示机器人时的精准性，以及操作机器人时的灵活性。

在课程 2.007 参赛者所展现出来的精准性和灵活性中，我找到了最有力的论据，帮助我们进一步理清教育中被忽视的方面。在课程 2.007 这个小宇宙中，学生们不仅能从学习的恐惧中解脱出来，而且那些曾经顽固的教学分歧，比如解决问题是否具有可教性，也不再那么紧迫了。解决问题的能力梁智怡和布兰登可能具备也可能还不具备，但是他们作为机器人专家的自信肯定是通过课程 2.007 深思熟虑、高度结构化的实践教学方法获得的。一旦你认为培养学生的创造性自我是教育中至关重要的内容，那么关于解决问题是否可教这一古老问题所存在的分歧也就失去了紧迫性。不管这些技能是否可教，若要培养创造性自我，都需要采取注重实际操作、循序渐进的发现式教学策略。只有通过对动手能力的培养塑造自信感，设计才可以不断优化，直至成形。这种自我意识能够帮助你坚定意志，无论你今后是参与制订政府政策、撰写文章、制作机器人，或是谱写交响乐，都将底气十足，不慌不乱。

即使让你来设计新的教育标准，你依然能够成竹在胸。回首过去，如果我不具备这种创造性自我意识，就不可能想到微硕士项目这一可行的教育途径。在任何一个复杂领域建立新标准都如同制造火箭，需要涉及的零部件数不胜数。我们着手为全球供应链系统制订 RFID 新标准时，幸运地找到了制胜之道，将所有与项目相关的活动件都全部整合起来。经历了这次项目，我才在做微硕士项目时信心十足。我深知没把握是何种情形，更体验过克服没把握又是什么感觉。我也知道，如果我们能找到一种方法赋予标准一定的价值，我们就能把这种标准延续下去。我们所做的恰恰是这样正是因为认真思考了学历证书对其所有者存在的价值，所以创造了微硕士证书，将其最大价值与最小排他性结合起来。

总而言之，如果现有的教育结构仍将阻碍广泛应用、认知人性化的学习，那么未来的学习者就需要换乘一种新火箭了。如我们所见，许多教育组织都在积极尝试宏伟的新计划，为学生创造更多的学习机会。特别是在麻省理工学院，各种新的教育方案层出不穷，有的正在计划中，有的正在实施中，有的已经卓有成效。整体来看，它们就像是一条连贯的、可供选择的高级学习之路。

事实上，就像“土星五号”火箭一样，制定教育改革计划也需要考虑诸多相关因素。以下是几个最关键的因素。首先，这条可选择的教育路径中最成熟的元素就是我们不断增加的免费在线课程，如微硕士项目。学生不仅能够在网上学习这些课程，还可以将其作为进入校园深入学习的入学凭证。通过深入学习，学生不仅能获得硕士学位，还能接受职业生涯中期的集中培训。这类培训目前在麻省理工学院较为普遍。其次，从时间间隔的角度来看，这种把整个学期的实践学习挤在一个星期内完成的做法，算不上最优安排，但对于参加培训的人来说，鉴于他们紧张的日程安排，这种做法又是必要的。“最后，我们正在计划建立一对一的学徒制度，为学生提供更深层次的学习。学徒制学习不再由教授担任指导，而是由企业家、投资者、公司高管们直接指导。”埃尔丁·贝希莫夫说。他是这个项目研究的负责人。

仅仅这三个要素就足以创造出一条可行的、非传统的道路，能够通向特定领域中的知识超级大国。首先，学生通过在线学习将学习到知识和技能，然后通过实操集中训练营将知识情境化，同时培养学生健康的创造性自我意识，最后通过学徒制将知识转化为应用，直接用于解决某个领域中出现的问题。

这种具有潜力的教育发展，与我们众所周知的研究生教育不同，主要适合于那些不符合获取传统高级学位条件的人们。但是这并不是说，传统的学位项目就不能融入同样的教学因素。在大学阶段，混合式教学或翻转课堂是明显的认知人性化的教学方法，很容易融入传统的教育结构中。这样的教学设置带来了一个潜在的机会，即一门翻转课程的在线部分不一定必须由教授这门课的大学亲自制作。为了鼓励其他学院和大学将我们的在线材料纳入他们的翻转课堂中，麻省理工学院数字学习办公室主任、物理学家克里希纳·拉贾戈帕尔发起了一个名为“xMinor”的项目。这个项目的总体思路是：如果你是一个文科学院或社区学院的学生，想修一门学校没有开设的课程，比如量子计算课程，你就可以从麻省理工学院或其他提供这门课程的学校通过远程学习的方式选修这门课。当然，学习过程中你仍需要一个指导教授，将你的在线材料与你在大学所学习的知识融合在一起，也就是说在线学习是动脑学习知识的部分，而这位教授负责的是动手的实操部分。“在这个项目中，教育工作者的角色和以前一样重要，”拉贾戈帕尔解释说，“只是在这种混合课程中，“教育工作者所做的就是将知识与实践融合在一起”。

为了把这些松散的教育理念融合成连贯的整体，我经过潜心思考，想到了一种能够统领这一切的标准，即建立一种模块化、分布式成绩单，由学生自己拥有，而不是由教育机构掌握。建立这样一种通用的成绩单网络，与建立用于跟踪世界各地几十亿个各不相同的 RFID 电子标签的通用网络没有太大区别。

这种成绩单网络能够使学生获得更自由的学习体验，他们能够在多所高等教育机构同时进行学习，将校园内面授课程与网络课程相结合，并根据个人需要获得传统学位证书和新型学历认证。这一系统不必局限于传统成绩单，即我们所周知的以数字表示分数的成绩单。网络成绩单可以是各个项目的组合，能够让招生办公室的负责人更全面地了解入学申请人。

对于这样的成绩单网络项目，我们还处于设想的初期阶段，等待我们的将是一长串已知和未知的障碍。然而，从微硕士项目中获得的经验证明，创造新的教育标准绝非不可行。我们就像课程 2.007 中初出茅庐的机器人专家：那些曾经看似根本不可能解决的问题，现在对我们来说，已然心中有数。

然而，即使我们最狂野的梦想能够成真，也实现了为更多人以更容易的方式获得更多的知识的目标，但是仍然有一些学校存在排他性，通过“你遇到的人”和“你得到的证书”赋予在校学生所谓的价值。幸运的是，一流的学习机会将不再被锁在这些学校的大门后面。在未来的几年里，越来越多的人将有机会学到需要学习的知识。

决战胜负

课程 2.007 的半决赛中，温特实验室的后起之秀们与淘汰赛中最受欢迎的参赛者们展开了对决：梁智怡对理查德，布兰登对汤姆。这一次，一想到梁智怡和布兰登所展现出的明显破坏欲望，比赛结果似乎并没有成为定局。然而，梁智怡很快成了机械故障的受害者；而布兰登的机器人虽然成功地从 X 翼的机身上掉下来砸在了汤姆的机器人身上，但也只是轻微一击，不仅力度小，而且已为时过晚。

在理查德和汤姆的最后决战中，赛场内回荡着黑色安息日乐队的那首经典歌曲《钢铁侠》。汤姆蹲下身，盯着机器人行动的轨迹。在比赛刚开始几秒钟，理查德的“龙卷风”就成功袭击了中间偏左的目标。机器人的推进器旋转轮开始转动，但是推进器仍一动不动，“龙卷风”滑到了一边，失去了控制。结果是理查德在机器人自动运行阶段未得分，虽然他很快采取了手动控制模式，并通过旋转两个推进器得了分，但是汤姆仍然处于领先位置。汤姆从一开始就是最受瞩目的参赛者，他顶着当晚的光辉，温特和金尚培教授把他举起来扛在肩上，在观众面前以作夸耀。

但比赛正式结束前还有一场比赛。这场比赛比决赛更精彩。是为进入了半决赛但未获冠军的选手举办的安慰赛，也是温特实验室冠军赛中的最后一场比赛。布兰登和梁智怡都做好了必胜的准备。

在自动运行阶段结束时，梁智怡的双胞胎机器人停在了星际战斗机的机身下，一切准备就绪。手动控制阶段开始了，布兰登急忙将机器人送上电梯。梁智怡打开踏板，他的第二个机器人由加布里埃尔控制，机器人爬上了X翼战斗机的顶部，先于布兰登的机器人到达了上甲板。梁智怡的私人电梯最终实现了预期的功能，观众们终于见证了这期待已久的时刻。当布兰登的机器人也到达上甲板时，比赛进入了高潮。加布里埃尔奋力阻击，防止他的机器人与顶部推进器耦合。比赛中一度出现混乱，观众还没看明白发生了什么，上推进器就旋转了起来。观众可以听到厮杀的声音，接着一段视频显示了发生的一切：加布里埃尔正试图把布兰登的机器人从上推进器中驱逐出来，而布兰登的机器人被卡在推进器中，使用电动机的全力驱动轮子，使推进器达到最大转速，布兰登得分。但是很快，形势又急速发生转变。乔什把布兰登机器人所在侧的下推进器旋转到了最大速度，梁智怡也把他这一侧的上推进器旋转到了最大速度。现在梁智怡只需降下剪刀式升降机，旋转下推进器，就能获胜，但如果布兰登能阻止这一切的发生，那这场比赛他就是胜者。加布里埃尔的机器人还在上甲板上碍手碍脚，但它并不是由布兰登操控的机器人的对手，布兰登突破它的包围，独自从X翼战斗机的机身驶出。观众们感觉到比赛已成定局，激动得全都站了起来。梁智怡将旋转器插入下推进器开始旋转，没人知道速度究竟有多快，布兰登的机器人在上方摇摇晃晃，险些掉下来。接着，只听一声响亮的撞击声，布兰登的机器人掉落在梁智怡剪刀式升降机器人的上面，把它砸翻在地。尘埃落定后，记分牌上出现了一个不可思议的结果：312.5 分比 312.5 分，平局。

这时，实验室指导教师丹尼·布劳恩斯坦庄严地走上台，身上穿着一件绝地武士的长袍，手里拿着一个自制天平。布兰登把他的两个机器人放在天平的一边，梁智怡把他的机器人放在另一边。天平一直锁着，两边保持水平。布劳恩斯坦拉下一个拉杆，解锁天平。一边的机器人朝地板沉下，而另一边的则高高翘起，如获胜的职业拳击手高举的手一样。

布兰登获胜。

用黑武士达斯·维德经典不朽的话来说，曾经的学徒现在已成了大师。

后记

弗劳尔斯向布兰登以及课程 2.007 班其他学生发表演讲后两年，也就是 2019 年，因手术并发症逝世，享年 75 岁。这一消息对麻省理工学院以及广大学习者群体都是一个沉重的打击。除了麻省理工学院著名的机器人课程毕业生以外，弗劳尔斯还通过由他协助创办的、风靡全球的“FIRST[①] 机器人大赛”吸引了数百万人，该组织在几十个国家组织了数场学生之间的机器人比赛。他还在美国公共电视网的电视节目《美国科学前沿》（*Scientific American Frontiers*）中当过三年主持人，在他的倡导下，美国大量高中和大学的课程都是基于课程 2.007 模式设置的，因此可以毫不夸张地说，他为世界上相当大一部分人的教育做出了贡献。他名字的影响力已经和教育神殿中其他重要人物的名字并驾齐驱。

200 年前，一阵响亮的炮声宣告了神殿两位成员贝尔和兰卡斯特遗产的终结。1817 年，当兰卡斯特学校在年轻的美国如雨后春笋般涌现时，纽约州长、兰卡斯特最著名的支持者德威特·克林顿

① “For Inspiration and Recognition of Science and Technology”的缩写，意思是“对科学技术的启发和认可”。

宣布了建设伊利运河的计划。这条水道将通过哈德逊河及其泥泞的支流莫霍克河把北美五大湖与大西洋连接起来，全长363英里。最初人们嘲笑这是有野心的政治家想出的不自量力的计划，被戏称为“克林顿的荒唐项目”。但出人意料的是，这个项目却在预算之内历时八年完成了。1825年，项目竣工时，纽约州宣布，在整条运河沿线，即从伊利湖岸开始一直到纽约市鸣放礼炮以示庆祝。炮声从头至尾持续了一个半小时。

这条运河的竣工的确值得庆祝：有了这条运河，货物的运输成本降低了95%，使纽约市成为了美国东北部的、中西部的北部和加拿大南部部分地区的主要商业中心。这条运河也彻底颠覆了沿线人民的生活。在伊利运河修建之前，农民和工匠的竞争对手主要就是周围的邻居。但是就在礼炮鸣响之后，需要考虑的因素就增加了：甜菜、靴子和威士忌桶等的全国性物价。教育历史学家大卫·拉巴雷在《总有人失败》（*Someone Has to Fail*）一书中写道：“突然之间这里的每一个麦农都开始与纽约州及以外地区的麦农展开了竞争。”在短短的几年里，许多当地的小企业，特别是家庭作坊越来越不景气，无法在价格上与来自遥远城市批量生产的商品竞争。随着运河、收费公路和铁路的兴建，那些曾经能够将当地人民引向中产阶级繁荣生活的可靠阶梯消失了，那些曾经用于维系农业社区的社会黏合剂也消失了。对此，公众采取的部分措施是接受大众教育，范围从兰卡斯特学校的贫困生扩大到几乎所有人。在这个过程中，教育家们所建立的教育规范一直沿用至今。

19 世纪末工业革命爆发后，也出现了类似情况：大规模生产走向机械化，独立的小工厂让位于大公司。通往中产阶级的阶梯再一次消失，社会巨变再一次激发对教育的改革。现在，教育正成为许多家庭走向中产阶级最明确的途径。他们开始叫嚣着要给孩子们颁发高中文凭，当时的“管理进步主义者”认为现在迫切需要有人对这些学生进行衡量和分类。如我们所见，他们的方法并不像他们所期望的那么公正，他们所设计的教育结构和实践至今还影响着我们的生活，其中就包括“教育扬谷机”。

现在我们所经历的时刻，与早期的几次分水岭时期非常相似。如弗劳尔斯在讲话中所说，我们现在的收入流动性已经停滞。机械自动化剥夺了许多人的工作机会，但同时也开辟出了新的工作岗位。这种情形与 19 世纪发生的情况惊人地相似，只是那时是机器大规模生产取代了手工大规模生产。19 世纪初的区域市场革命也是当今全球就业、人员和商品流动的一个显著前因（鉴于目前 RFID 在推动全球贸易方面起的作用，我认为我和其他人一样，为促进商品的流动做出了贡献）。有句老话说，从贸易中受益的人比从中受损的人多，贸易确实创造了赢家和输家，如果稍有疏忽，就可能会一无所有。

这些现状，再加上急速发生的技术变革，都要求教育既要与时俱进，又能永恒持久。“授之以鱼不如授之以渔”这句格言是有一定道理的，“但这也是建立在你所教的钓鱼方法终身都能用的前提之下。”虽然谋生的具体规则发生了变化，但是谋生的技能永远不会过时。在“学会学习”的清单中，我认为还应加入，面对复杂性问题时的自信，对自己工作记忆的控制；也许最重要的，用弗劳尔斯的话来说，就是培养有创造力的自我。这并不意味着我们要放弃直接的、针对特定学科的培训，但这种培训必须在学习者的时间、地点和资金方面更具宽容性，面对变化时更具灵活性。我们需要的是一种组合式的方法，一种“既要学会动脑，又要学会动手”的方法——学生既能掌握了解世界所需的硬知识，又能具备运用这些知识所需的实操技能，即运用微积分进行思考的能力。微硕士项目就是一个由两部分组合在一起的例子，但它并不是唯一的可行模型。

如果我们需要进行一次重大的教育变革，那么现在就是最佳时机，我们也就有机会根除并取代那些仍然影响着教和学的陈旧观念。幸运的是，由于我们在认知科学大厦各层所取得的成就，使我们有能力构建教育体系，这种教育体系不会干扰到学习的生物和心理过程，而是起到支持学习的作用。同时，幸亏有了强化技术的新工具和新方法，才让我们的教育变得更简便，更灵活，更能包容我们独特的差异性。

正是因为有了历史的前车之鉴，我们才能够避免前几代教育家所犯的错误。威廉·詹姆斯在 1899 年写道：“心理学是一门科学，教育学是一门艺术，科学永远不可能直接产生艺术。只有具有创造力的头脑将科学应用于实践，才能成为艺术。我希望，通过这种方式，再加上一点决断能力和基本的自信，我们就能实实在在地改善生活，挖掘世界上的更多潜力来解决我们所面临的困难问题。”

长期以来，我们盲目地遵循着各种教育传统，这些教育传统因缺乏科学依据，阻碍了各地学生的学习。而现在出现的教育方法更注重学生的学习而不是筛选，也更注重学生受教育的机会，因此这样的教育方法不容忽视。今天如果还不开启学习的新时代，又更待何时。东隅已逝，桑榆非晚。那让我们从现在就一起鸣响教育新时代的礼炮吧！